Zimmerling – Die Hanse

Dieter Zimmerling

DIE HANSE

Handelsmacht im Zeichen der Kogge

Gondrom

Bildnachweis:
Archiv für Kunst und Geschichte, Berlin: Bild 7–10, 14–21
Hamburgisches Staatsarchiv: Bild 11, 12 (Fotoaufnahme: Eckard M. Lüders)
Georg Westermann Verlag, Braunschweig: Bild 1–6, 13, 19

Schutzumschlag:
Siegel von Stralsund, 1329 (Hamburgisches Staatsarchiv, Fotoaufnahme: Eckard M. Lüders)

Kartenzeichnungen:
Jürgen Erlebach, Düsseldorf

Lizenzausgabe für Gondrom Verlag GmbH & Co. KG, Bindlach 1993
© 1976 by Econ Verlag GmbH, Düsseldorf und Wien
ISBN 3-8112-1006-8

Inhalt

Vorwort 9

1. *Kapitel: Ein Schiff, das Geschichte macht* 13
Unfreiwilliger Stapellauf vor 600 Jahren S. 15 – Die Kogge: Schlickrutscher und Ozeanriese S. 16 – Eine Bordwand vor dem Bagger S. 19 – Stadtsiegel als Checkliste S. 21 – Frostgefahr droht S. 23 – Berufsverbot für Schiffbauer S. 26 – Zwanzig Jahre im Aquarium S. 28

2. *Kapitel: Liubice, Du Schöne* 31
Eine erfolgreiche Werbekampagne S. 33 – Markenname »Lübeck« S. 35 – Ein fürstlicher Erpresser S. 36 – Handel im Aufwind S. 38 – Der Wohlstand bricht aus S. 39 – Stadtplanung vor 800 Jahren S. 42 – Der Kaiser vor den Toren S. 44

3. *Kapitel: Handel und Wandel im 11. und 12. Jahrhundert* 47
Friesen, Flamen, Skandinavier S. 49 – Der deutsche Anteil ist noch recht gering S. 50 – Vom Hausierer zum Großkaufmann S. 52 – Das Abendland auf Wanderschaft S. 54 – Als Leichen ausgegraben wurden... S. 56 – »Stadtluft macht frei« S. 58 – Wik und Burg S. 61 – Der Zug nach Osten S. 62

4. *Kapitel: Nach Gotland, Rußland und anderswo* 67
Die Genossen mit der Lilie S. 69 – »Die Schweine fressen aus silbernem Trog...« S. 70 – Vorschkerle und Stromschnellen S. 72 – Bei der Abstimmung gab es Tote S. 74 – Deutsche machen das Geschäft S. 75 – Mit den Schönen ins Bad S. 77 – Meister beim Mogeln S. 79 – Vier Schlüssel für die Geldkiste S. 80 – Taufe in Livland S. 81 – Bis nach Smolensk S. 83

5. *Kapitel: Die Osterlinge kommen* 85
Schweden: Entwicklungshelfer aus dem Harz S. 87 – Norwegen: Stockfisch für Getreide S. 90 – England: Krach mit den Kölnern S. 93 – Flandern: Der Weltmarkt des Westens S. 97 – Preußen: Militärdiktatur im Bernsteinland S. 99

6. *Kapitel: Neue Städte und Strukturen* 105
Entwicklungshilfe für Osteuropa S. 107 – ... wo es etwas zu verdienen gab S. 109 – Raubritter haben Hochkonjunktur S. 112 – Das »Aus« für die Gotländische Genossenschaft S. 114

7. *Kapitel: Die ersten Härtetests* 117
Boykott über Brügge S. 119 – Norwegen wird ausgehungert S. 121 – Keine Hilfe für Lübeck - Erich Menved S. 124 – Provinzonkel und Weltmann S. 126 – Fürstenfete vor den Toren S. 127 – Rostock zeigt die weiße Fahne S. 129 – Dänemark versinkt im Chaos S. 131

8. *Kapitel: Englands teure Zeiten* 133
Skrupelloser Schuldenmacher S. 135 – Die Krone im Pfandhaus S. 137 – Gläubiger-Kartell S. 139 – Der liebe Gott wird's schon nicht merken S. 141 – Eine historische Klamotte S. 142 – Das Kontor, das zum Bahnhof wurde S. 145 – »Let us drink the Rhenish-Wine« S. 147 – Die Hälfte für den Denunzianten S. 149 – »cheese and bread« S. 151

9. *Kapitel: Flandern unter Quarantäne* 153
Ein englischer Seeräuber S. 155 – Das Kontor unter Kontrolle S. 157 – Skandal um einen Wirt S. 159 – Von der Maas... S. 161 – ...zurück an den Rhein S. 162

10. *Kapitel: Waldemar Atterdag und die Kölner Konföderation* 165
Die eingemauerte Jungfrau S. 167 – Unvermeidlicher Konflikt S. 169 – Von den Bundesgenossen keine Spur S. 171 – Ein Bürgermeister als Schmuggler S. 172 – Hansetag in Köln S. 173 – Diplomatische Offensive S. 176 – Mit Geld die Festung erobert S. 179 – Flüche auf dem Totenbett S. 181

11. *Kapitel: 1388, das Jahr der drei Handelssperren* 183
Flexible response S. 185 – Menschenjagd, ein Folklore-Spaß S. 187 – Drei Messen für ewige Zeiten S. 190 – Nieburs »Kreuzküssung« S. 193

12. *Kapitel: Das romantische Bild* 197
Wie eine Ansichtskarte S. 199 – Schweine auf der Straße, Wanzen im Haus S. 202 – Eine grobschlächtige Gesellschaft S. 206 – Modebewußte Paradiesvögel S. 210 – Nur die Narrenkappe blieb S. 213 – Stockkonservativ, dünkelhaft und elitär S. 215

*13. Kapitel: Hildebrand Veckinchusen – ein Hansekaufmann
in Brügge* 221
Geräucherte Lehrlinge S. 223 – Patrizier und Krämer S. 226 –
Schwiegersohn gesucht S. 228 – Viel Brief', viel Ehr' S. 230 –
Wer schwatzt, zahlt S. 234 – Sauer auf den Kaiser S. 237 – In die
Falle gelockt S. 240

14. Kapitel: Christliche und unchristliche Seefahrt 243
Wie Frau Störtebeker Witwe wurde S. 245 – Kaperfahrer gechartert S. 247 – Mit einer Ambrakugel ins Mannschaftslogis S. 250 –
Keine Ahnung von Kompaß und Karte S. 253 – Seekrank? Keine
Heuer S. 256

15. Kapitel: Das organisierte Chaos 259
»Trotzdem funktioniert ihr?« S. 261 – Wie bei einem Verein
S. 263 – Drittel und Viertel S. 266 – Rallye nach Lübeck S. 268 –
Und hinterher ins Freudenhaus S. 270

16. Kapitel: Ein gefährliches Duo 275
Die friedliche Großtante S. 277 – Der unmögliche Großneffe
S. 279 – Kampf um durstige Kehlen S. 283 – Stärkung für das
Kontor S. 286 – Hoch zu Roß zurück nach Brügge S. 288

17. Kapitel: Kreuzbrav und unblutig: Revolution in Lübeck 291
Lübeck vor dem Bankrott S. 293 – »Macht doch, was ihr wollt«
S. 296 – Die Hanse – ratlos in der Krise S. 299 – Den Kaiser bestochen S. 301 – Ein gewagtes Spiel S. 305

18. Kapitel: Als der Lauf der Geschichte angehalten wurde 309
Freibeuter und Kunst-Mäzen S. 311 – »Danzigs Hunde werden
englisches Blut lecken« S. 313 – Kontor-Besetzer vom Rhein
S. 316 – Die Hanse setzt auf Sieg S. 318 – Köln kriecht zu Kreuze
S. 320

19. Kapitel: Götterdämmerung im Osten 323
Beliebt wie ein Diktator: Der Deutsche Orden S. 325 – An einem
Tag wie jeder andere: Nowgorods Ende S. 328 – Ein Sammler
russischer Erde: Iwan der Große S. 330 – Nach der Gefangenschaft Tod in der See: die letzten Kaufleute S. 331 – Ein Tycoon
mit perfekter Tarnung: Jakob Fugger ... S. 333 – ... und sein
Sprachrohr: Kaiser Maximilian S. 336

20. *Kapitel: Ein Zeitalter geht in Pension* 339
Rentner machen Politik S. 341 – Wullenwever, oder wie man schlaue Pläne schmiedet S. 344 – Ritter Meyer auf Kaperfahrt S. 346 – Schacher mit den Kronen S. 348 – Wullenwever, oder wie man trotzdem weitermacht S. 351 – Einladung zur Folter-Show S. 354 – Die zwölf Geschworenen vom Land S. 356 – Dann sank er auf die Knie S. 357

21. *Kapitel: Das letzte Gefecht* 361
Das große Aufräumen S. 363 – Nostalgie, Nostalgie S. 364 – Ein Geschäftsführer, der sich abrackert S. 368 – Weinende Ältermänner im neuen Haus S. 370 – Mit Arsen zu Tode gepflegt S. 373 – Iwans gescheiterter Blitzkrieg S. 377 – Der lahme »Adler« S. 378

22. *Kapitel: In Schönheit gestorben* 381
Hamburg schnitt die Zöpfe ab S. 383 – Lübeck zehrte von der Substanz S. 387 – »Schmierige Heringshändler und Bärenhäuter« S. 389 – Die Nachlaßverwalter S. 392

Bibliographie 395
Verzeichnis der Hansestädte 397
Namen- und Sachregister 399

Für Maike

Vorwort

Die Hanse nimmt eine einzigartige Stellung in der Geschichte ein: Sie handelte auf der politischen Bühne Europas wie ein souveräner Staat und war doch nichts anderes als ein loses Bündnis vieler einzelner Städte. Sie führte Kriege wie ein souveräner Staat, verfügte aber nicht einmal über Kriegsflotte und Heer. Sie hatte keine Verfassung, keine eigenen Finanzen, keine Beamten, kein Siegel und, mit Ausnahme des Hansetags, auch keine Institutionen, die sie als fest etablierten Verband hätten ausweisen können.
Und trotzdem überlebte das Gebilde 510 Jahre seit der Gründung Lübecks 1159 bis zum letzten Hansetag 1669. Denn der Zweck, dem die Hanse diente, wurde nie verändert. Sie war entstanden, um den deutschen Kaufmann im Ausland zu schützen und den Handel zu erweitern. Daran hielt man eisern fest.
Diese Wirtschaftsgemeinschaft beherrschte den gesamten Handel zwischen Nowgorod und Brügge, zwischen Stockholm und Köln, zwischen London und Lübeck. So lange jedenfalls, bis Kaufleute anderer Nationen ihr den Rang abliefen und der Handel sich neue Wege zum eben entdeckten Amerika erschloß. Daran war die Hanse nicht mehr beteiligt. Ihre Zeit ging langsam zu Ende. Der gute Name aber hat sich erhalten, bis heute.

1. Kapitel:
Ein Schiff, das Geschichte macht

Unfreiwilliger Stapellauf vor 600 Jahren

Diesmal kündigte sich der Frühling besonders zeitig an. Das Eis auf der Weser war schon gebrochen und trieb stromab. Schwere Regenfälle und die ungewöhnlich früh einsetzende Schneeschmelze hatten den Pegelstand beträchtlich in die Höhe getrieben. Ein wenig zu hoch, wie die Bremer und ihre Nachbarn auf dem platten Land fanden.
So recht froh mochten sie denn auch über diesen ungestümen Aufbruch ins Frühjahr 1380 nicht werden. Allzu frisch war noch die Erinnerung an die Katastrophe, die vor sechs Jahren über die Wesermarschen hereingebrochen war. »Und wiederum im Jahre des Herrn 1374 war am St. Valentinstage so großes Wasser, daß man aus der kleinen Weser über all das Land nach dem neuen Lande schiffen konnte, um die Leute und das Vieh zu retten, die da ertrinken wollten«, notierte damals der Chronist. Die rund drei Meter hohen Deiche waren machtlos gegen den Ansturm der Wassermassen und brachen. Man hatte sie inzwischen wieder repariert, gewiß, aber einen Eid darauf leisten, daß sie einer neuerlichen Sturmflut gewachsen waren, mochte nach den bisherigen Erfahrungen niemand. Hochwasser auf der Weser plus Sturmflut: das war eine brisante Mischung, die stets unkalkulierbare Risiken barg.
Ganz so schlimm kam es dann doch nicht. Der Chronist jedenfalls schweigt dazu. Die Flut aber reichte hin, einen bremischen Schiffszimmerer an den Rand des wirtschaftlichen Ruins zu treiben. Nur noch wenige Wochen Arbeit, und die Kogge, die er für einen Reeder auf Kiel gelegt hatte, wäre fertig gewesen, pünktlich zum vereinbarten Liefertermin. Der Schiffsrumpf war komplett, das Achterkastell stand, ebenso das Gangspill. Es fehlten nur noch Mast, Innenausbau sowie Ausrüstung... Der Neubau sollte nie vollendet werden. Hochwasser riß das Fahrzeug fort.

Vier Kilometer weserabwärts geriet es, wahrscheinlich schon mit Schlagseite, am linken Ufer treibend in einen Strudel, drehte sich träge um sich selbst und setzte dann hart auf. Die Grundberührung war so heftig, daß das Heckruder abbrach und das Schiff leck schlug. Sicher hätte der Werftherr sein beschädigtes Schiff später bergen können, aber: Was der Blanke Hans holt, darf der Mensch nicht zurückholen, will er nicht Unglück auf sein Haus laden – so der damals weitverbreitete Aberglaube an der Küste.
Ein kostspieliger Aberglaube, unbezahlbar jedoch für die Geschichte der Schiffahrt und die Hanseforschung. Denn am 8. Oktober 1962, rund 600 Jahre nach dem unfreiwilligen Stapellauf, wird die Kogge im Weserschlamm entdeckt, zufällig bei Baggerarbeiten im Strombett. Eine archäologische Rarität ersten Ranges lag vor den verblüfften Wissenschaftlern: Es war das erste und bisher einzige Schiff dieser Art, das gefunden wurde.

Die Kogge: Schlickrutscher und Ozeanriese

Die Bedeutung der Kogge für die Hanse kann nicht hoch genug eingeschätzt werden. Hansischer Handel ist vor allem anderen Handel über See. Ihren schier unaufhaltsamen Aufstieg zur imperialen Wirtschaftsmacht des Mittelalters verdanken Kaufleute und Städte nicht zuletzt diesem Schiffstyp, der sich von 800 bis 1200 n. Chr. vom friesischen Schlickrutscher des Wattenmeeres zum Ozeanriesen mauserte. Unschlagbar war die Kogge, was die Tragfähigkeit anbelangte. Wo dieses Schiff aufkreuzte, hatte die Konkurrenz nichts mehr zu bestellen. Besonders die skandinavischen Händler bekamen den Fortschritt in der Schiffbautechnik zu spüren. Ihre Frachter, die wesentlich weniger Ladekapazität hatten, wurden alsbald aus den Fernhandelsrouten verdrängt.

Anschauliche Hinweise auf die Leistungsfähigkeit von Koggen hat der deutsche Missionar Heinrich von Lettland in seiner Chronik hinterlassen, die er über die Ereignisse der Jahre 1225 bis 1227 in Livland schrieb. Der Gottesmann, der 1205 ins Baltikum kam und dort sein Leben lang wirkte, entwickelte im Laufe der Zeit ein Faible für Kriegsberichte. In diesem Zusammenhang sagt er an einer Stelle: »... und Gott schickte einen Priester des Bischofs, Daniel, von Gotland mit zwei Koggen, bis oben beladen mit Korn und dergleichen mehr notwendigen Dingen.« Die Ladung war für Riga bestimmt, wo 1206 große Hungersnot herrschte.

Aus weiteren Angaben Heinrichs kann gefolgert werden, daß Riga in jenem Jahr – es war 1201 gegründet worden – etwa 1000 Einwohner hatte. Das absolute Existenzminimum von einem Kilo Korn pro Kopf und Tag zugrunde gelegt, hätte einen Monatsbedarf von 30 Tonnen erfordert, um die Bevölkerung wenigstens vor dem Verhungern zu bewahren. Bis zur nächsten Ernte waren noch vier bis fünf Monate zu überbrücken. Die beiden Koggen dürften demnach rund 150 Tonnen Getreide befördert haben, mit hoher Wahrscheinlichkeit jedoch mehr, denn auch Pferde und Vieh brauchten Futter.

Wieviel Menschen auf einem derartigen Schiff Platz hatten, zeigt eine andere Episode. Ein auf neun Koggen verteiltes Pilgerheer, zu dem auch Heinrich gehörte, wurde 1215 in einen Hafen der Insel Ösel verschlagen und dort, wie der geistliche Herr schreibt, von 200 feindlichen Schiffen angegriffen. Die Stärke des Gegners lag bei etwa 12 000 Mann, 6 000 zur See, 6 000 zu Land. Üblicherweise pflegten die Esten mit vier- bis sechsfacher Überlegenheit anzurücken. Die deutsche Streitmacht müßte danach 2 000 bis 3 000 Köpfe betragen haben, pro Kogge also 222 bis 333 Krieger.

Paul Heinsius, ein Schiffahrtshistoriker, der die Zahlen zu

diesen Beispielen ermittelt hat, stellte auch für die ersten nachweislich »dicken Pötte« entsprechende Rechnungen auf und ist dabei zu erstaunlichen Ergebnissen gekommen. Einer Kölner Urkunde vom 2. Februar 1188 zufolge waren 1500 Menschen an Bord von vier Kreuzfahrer-Schiffen – höchstwahrscheinlich Koggen – gegangen und hatten Proviant für drei Jahre mitgenommen. 375 Personen befanden sich also auf jedem Segler. Heinsius hat dafür ein Gewicht von 472 Tonnen pro Einheit errechnet – eine für damalige Verhältnisse unglaublich hohe Zuladung, die schon fast die halbe Tragfähigkeit kleiner, moderner Küstenmotorschiffe erreicht. Die Quelle scheint fragwürdig, jedenfalls was die Angaben über die mitgeführten Lebensmittel anbelangt. Aber selbst bei Vorräten für nur ein Jahr ergeben sich nach Heinsius stattliche 166 Tonnen je Kogge.
Durchschnittlich konnten, so der Fachmann, diese Schiffe im 13. und 14. Jahrhundert 200 Tonnen transportieren. Oder 100 Last, wie die Gewichtsbezeichnung seinerzeit lautete. Nebenbei: Für die Kogge von Bremen hat man später eine Tragfähigkeit von 60 Last (120 Tonnen) errechnet, ein verhältnismäßig kleines Gefährt also.
Geradezu kümmerlich nehmen sich demgegenüber die skandinavischen Frachter aus. 20 bis 24 Tonnen Ladefähigkeit war im 12. und zu Beginn des 13. Jahrhunderts die Regel. Wesentlich mehr war mit den nordischen Konstruktionen, wie es scheint, nicht zu erreichen. Das berühmte wikingische Gokstadschiff, allerdings schon Mitte des 9. Jahrhunderts gebaut, konnte sogar nur etwa 9 Tonnen tragen. Es ist offenkundig, daß der steigende Tonnagebedarf als Folge des expandierenden Handels mit diesen Mini-Fahrzeugen nicht mehr befriedigt werden konnte. Der Kogge gehörte die Zukunft.

Eine Bordwand vor dem Bagger

Noch heute blutet den Schiffsarchäologen das Herz, wenn sie Seite 43 der »Leipziger Illustrierten Zeitung« vom 18. Januar 1873 aufschlagen. Dort nämlich können sie die vorzügliche Abbildung einer Kogge betrachten, die im 12. Jahrhundert gebaut sein dürfte – also noch vor der technologischen Wende um 1200, als dieser Typ plötzlich zum Großschiff geworden war. Das Fahrzeug, offenbar in sehr gutem Zustand, wird von drei Männern zerhackt. Einer schlägt mit der Axt zu, die beiden anderen wuchten gerade eine Planke über die Bordwand. Ort der traurigen Handlung ist Danzig-Brösen, wo das Boot beim Hafenausbau gefunden wurde. Außer der Beschreibung eines Herrn Bischoff blieb von der – freilich kleinen – Kogge für die Wissenschaftler nichts übrig.
Um so höher stiegen die Wellen der Begeisterung über den Bremer Fund, der von der Fachwelt als gleichrangig neben den Wikingerschiffen von Oseberg und Gokstad sowie dem schwedischen Kriegsschiff »Wasa« angesehen wird. Davon konnte allerdings der Kapitän des belgischen Saugbaggers »Arlesienne« nichts ahnen, als er am 8. Oktober 1962 mißgelaunt den Befehl gab, die Maschinen zu stoppen. Wieder kam es zu einer unliebsamen Unterbrechung, einmal mehr mußte irgendwelches Gerümpel beseitigt werden, ehe man fortfahren konnte, die Weser hier gegenüber dem Europahafen zu verbreitern und auf 5,50 Meter zu vertiefen. Schon am 17., 18. und 19. September hatten die Arbeitsberichte gemeldet: »Holz in der Pumpe«, »Holz im Saugrohr«. Das waren vergleichsweise harmlose Hindernisse. Heute aber – am 8. Oktober – versperrt plötzlich eine komplette hölzerne Bordwand den Weg für den Bagger.
Auf einen extrem niedrigen Stand war die Ebbe gefallen. Die »Arlesienne« trägt gerade die Spitze einer rund 80 Meter in

den Strom hineinragenden Landzunge ab, als über mehrere Meter Breite Sand- und Kleimassen nachrutschen und dabei ein altes Wrack freilegen. Schluß mit der Arbeit. Die Baggerleute verständigen die Hafenleute, die Hafenleute verständigen die Museumsleute – eine Routineangelegenheit. Nicht so für den Leiter der Schiffahrtsabteilung im Focke-Museum, den die Nachricht von dem Fund am selben Abend beim Betriebsfest erreicht. Man wisse nicht, was es mit dieser nautischen Antiquität auf sich habe, möglicherweise sei sie aber wertvoll.
Am nächsten Morgen beordert der ahnungsvolle Mann zwei Präparatoren des Museums zur Fundstelle, die aber unverrichteter Dinge umkehren müssen. Die Flut war so hoch gestiegen, daß nichts zu sehen war. Gegen Mittag – bei ablaufendem Wasser – fahren erneut ein paar Leute dorthin, diesmal ist der Leiter der Schiffahrtsabteilung dabei. Noch einige Meter Fußmarsch die Landzunge entlang, dann stehen sie vor dem Wrack.
Der Schiffahrtsexperte zählt fünf Decksbalken, die durch die Bordwand stoßen. Am Heck sind unverkennbar die Reste eines Kastells auszumachen. Er greift nach Metallnägeln und Holzdübeln, mit denen die Planken zusammengehalten werden und kann sie zu seiner Überraschung fast mühelos herausziehen. Dann sagt er den Satz, der die Forschung in eine neue Ära katapultiert: »Das ist eine Hanse-Kogge.«
Vermessung des Fundortes: 64,7 Meter bis 88 Meter der neuen Uferböschung und von Stromkilometer 4,004 bis 4,0105. Rumpf quer zum Strom, Bug zur Strommitte. Peilung der Kiellinie Nord 47,5 Grad Ost. Neigung des Wracks 70 Grad nach Steuerbord, 2,5 Grad nach vorn.
Maße des Schiffs: 23,5 Meter lang, 7,5 Meter breit, 7,5 Meter hoch.

Stadtsiegel als Checkliste

Die Sicherheit, mit der das Wrack als »Kogge« identifiziert werden konnte, verblüfft zunächst. Um so mehr, als es noch nicht gänzlich freigelegt, sondern größtenteils unter Sandmassen begraben war. Auch die prompte Bestimmung der Bauzeit – 13./14. Jahrhundert – erstaunt. Schließlich war bislang noch kein derartiges Schiff gefunden worden.
Für die wissenschaftlich einwandfreie Zuordnung war das auch gar nicht nötig. Denn Koggen dieses Zeitraums sind auf Stadtsiegeln abgebildet und, was das eigentlich Wichtige ist, sie werden in entsprechenden städtischen Urkunden ausdrücklich als »Koggen« bezeichnet. Zwei besonders eindrucksvolle Darstellungen aus den Hansestädten Stralsund und Elbing mögen als Beispiele dienen.
In einer Stralsunder Urkunde vom 21. Dezember 1483 heißt es: »... unser Stad Sigel ghenomed den kogghen...« Zu sehen ist ein hochbordiges Schiff mit einem stabilen Mast, an dem ein rechteckiges Rahsegel befestigt ist. Es wird vom Wind gebläht, und hoch gehen die Wellen, die das Schiff durchpflügt. Auffallend steil ragen die geraden Steven empor. Vorn und achtern befinden sich Kastelle. Ein Mann in einem mittelalterlichen Dufflecoat hält die Pinne des Heckruders. Der Schiffsrumpf ist in Klinkertechnik gebaut, denn die Planken überlappen sich dachziegelartig. Zusammengehalten werden sie von Nägeln oder Dübeln. Die Steven sind offenbar von außen auf den Bootskörper aufgesetzt. Deutlich sind die Köpfe starker Bolzen zu erkennen, die durch die Steven führen.
Ganz ähnlich sieht das urkundlich als Kogge ausgewiesene Schiff auf dem Elbinger Siegel von 1350 aus. Auch hier hohe, geklinkerte Bordwände und steile Steven. Die Stralsunder wie die Elbinger Darstellung sind vorzügliche Arbeiten zeitgenössischer Siegelstecher.

Welch hohen Grad an Abbildungstreue diese Künstler erreichten, sollte sich anhand des Fundes in der Weser zeigen. Die Städtesiegel hatten einen hervorragenden Katalog für Koggen-Charakteristika geliefert. Nun brauchte man lediglich die Checkliste abzuhaken, und man wußte: Dies hier konnte nur eine Kogge sein, nichts anderes. Es gibt aber noch einige Merkmale mehr, die diesen Schiffstyp auszeichnen, ein flacher Boden zum Beispiel mit steil angesetzten Bordwänden, der dem Fahrzeug in Rumpfmitte schon einen fast kastenförmigen Querschnitt verleiht. Zahlreiche weitere Siegel mit Schiffsmotiven, Zeichnungen, Malereien und sonstige Abbildungen, dazu einige wenige Holzreste, die als Koggen-Überbleibsel anzusprechen waren – aus diesen Quellen filterten Historiker in mühsamer Kleinarbeit die gemeinsamen Merkmale des Typs »Kogge« heraus, »Kogge abstrakt« gewissermaßen. Der gelehrte Schweiß war nicht umsonst geflossen. Die rasche und sichere Identifizierung des Bremer Fundes bewies es.
Auch die Schätzung des Alters anhand der stilistischen Kriterien erwies sich als richtig und wurde später durch naturwissenschaftliche Methoden vollauf bestätigt. Bekanntlich kann das Alter von Eichen – dem Baumaterial der Kogge – an den Jahresringen abgezählt werden. Nun sehen aber nicht alle Ringe gleich aus. Die Breite ist unterschiedlich, sie hängt von den klimatischen Verhältnissen in einem bestimmten Jahr ab. Zeichnerisch als Kurve dargestellt, ergibt sich daraus ein spezifisches Muster. Jahresringmuster für Eichen wurden rund ein Jahrtausend in die Vergangenheit zurückverfolgt. Man verglich also Holzproben der Kogge mit den vorliegenden Kurven und fand heraus: Eine Eiche, die in dem Schiff verbaut worden war, mußte 1378 gefällt worden sein. Wahrscheinlich wurde sie aus dem Gebiet des Weserberglandes nach Bremen geflößt. Die Lagerzeit des Stammes war nur

kurz, da er noch nicht von Mikroorganismen befallen war. Als Baujahr ist 1380 anzunehmen.

Frostgefahr droht

Die Jahrhunderte auf dem Grund des Flusses hatten dem Wrack erstaunlich wenig anhaben können, zumindest auf den ersten Blick. Dennoch war höchste Eile bei der Bergung geboten: Die Hölzer waren nur noch scheinbar im Verbund. Der Mann vom Focke-Museum hatte es demonstriert, als er die Nägel mit der bloßen Hand herauszog. Jeden Augenblick konnte das kostbare Schiff auseinanderfallen. Die Hauptgefahr drohte ihm von den drei bis vier Metern Sand, die sich an der Spitze der Landzunge über ihm türmten. Kamen sie ins Rutschen, war es unweigerlich um den Schatz geschehen.
In Windeseile sorgte ein Bulldozer für Abhilfe und schaffte die Erdmassen beiseite. Womit dann nur die nächste Gefahr heraufbeschworen wurde. Jetzt konnten Ebbe und Flut ungehindert durch das schützende Erdreich die Kogge umspülen, sie auswaschen und schließlich zerstören. Einen Vorgeschmack bot schon der nächste Tag. Durch die Einwirkung der Gezeiten war das Heck in Richtung Strommitte gedreht worden. Dabei ging der Achtersteven verloren und konnte erst geraume Zeit später geborgen werden. Auch ein zweiter Umstand trieb die Museums-Mannschaft zur Eile. Die Jahreszeit war fortgeschritten, man schrieb bereits Oktober. Üblicherweise war für Dezember Eisgang auf der Weser zu erwarten, und den hätte das Wrack mit Sicherheit nicht überstanden. Der Fund mußte geborgen werden, unverzüglich. Die Frage war nur: Wie?
Bergung im Stück à la »Wasa« schied von vornherein aus. Denn dazu hätte die Kogge noch festgefügt sein müssen, so wie jenes 1956 wiederentdeckte schwedische Kriegsschiff,

dessen Jungfernfahrt am Abend eines schönen Augusttages 1628 kläglich auf dem Grund des Stockholmer Hafens endete. Mit Hilfe von Stahltrossen konnte es in den Jahren 1959 bis 1961 gehoben werden. Bei diesem zerbrechlichen Wrack verboten sich Seile von selbst.

Erfolgversprechend schien eher eine andere Methode, die von den Dänen im Roskilde-Fjord erprobt wurde. Dort nämlich war man 1957 in relativ flachem Wasser auf fünf wikingische Lastschiffe gestoßen. Die Stelle wurde mit einer Spundwand umgeben, das Wasser abgepumpt, so daß die Archäologen bequem an die Boote herankamen. Entsprechende Pläne mußten aber für den Bremer Fund alsbald fallengelassen werden.

Zuviel Zeit wäre nutzlos verstrichen, um die Spundwand – die, sollte sie wirksamen Schutz bieten, immerhin rund 14 Meter hoch sein mußte – mit der gebotenen Sorgfalt rings um die Kogge einzurammen. Abgesehen davon, daß dafür etwa eine Million Mark hätten bezahlt werden müssen, ein Betrag, der so ohne weiteres nicht zur Verfügung stand. Selbst wenn man diese Hürden genommen hätte, die Frist bis zum erwarteten Wintereinbruch war zu knapp, das Wrack auf diese Art zu bergen. Zeit war dazu nötig, sehr viel Zeit. Ein überraschender Frosteinbruch, und das aufwendige Unternehmen wäre zunichte. Das durch und durch mit Wasser getränkte Holz wäre zersplittert.

So blieb nichts weiter übrig, als so zu verfahren wie schon bisher. Jeweils bei Niedrigwasser wurden die sichtbaren Teile der Kogge demontiert und darüber genaue Lagezeichnungen angefertigt. Man vertraute darauf, nach diesen Zeichnungen das Schiff wieder mit den Originalteilen aufbauen zu können.

Das, was bei Ebbe aus dem Wasser herausschaute, war verhältnismäßig schnell »abgepflückt«. Schwierigkeiten dage-

gen bereitete der verdeckte, weitaus größere Teil des Schiffes, der nur mit Taucher-Hilfe ans Tageslicht zu holen war. Der Mann mußte in totaler Finsternis arbeiten. Denn das ohnehin schmutzige Weser-Wasser wurde noch zusätzlich dadurch getrübt, daß ein Bagger den Schlamm beim Wrack vorsichtig absaugte. Vom Tastsinn des Tauchers hing jetzt Erfolg oder Mißerfolg ab. Seine Angaben entschieden darüber, ob auch für den unter Wasser liegenden Teil des Wracks brauchbare Pläne anzufertigen waren.
Aber das wissenschaftliche Kunststück gelang. Der Tauch-Profi und archäologische Laie arbeitete so präzise, daß keine Wünsche mehr offenblieben. Und er löste seine Aufgabe rechtzeitig. Bei Einbruch des Winters war die Bergung abgeschlossen.
Zu ihrem Kummer stellten die Fachleute bald fest, daß die Kogge werftneu gewesen sein mußte, als sie versank. Keinerlei Beifunde wurden gemacht, auch dann nicht, als man im Sommer 1965 das Flußbett mit einer Taucherglocke Quadratzentimeter für Quadratzentimeter absuchte. Kastelldeckbretter und -stützen wurden dabei entdeckt, Spanten- und Plankenteile aus dem Schlick gezogen. Ein Minensuchgerät spürte Kalfatklammern und verstreute Eisennägel auf. Handwerkszeug, darunter Beil und Hammer, sowie eine Ruderöse wurden gefunden. Sogar der lederne Bundschuh eines Zimmermanns kam zum Vorschein. Insgesamt konnten bei dieser Aktion einige Hundert Einzelstücke geborgen werden, mehr, als man zunächst erwartet hatte. Leider ließ keiner der Gegenstände darauf schließen, daß die Kogge wenigstens eine andere Reise als jene unternommen hatte, die direkt auf den Grund der Weser führte. Vergeblich fahndete man nach derartigen Dingen – nach einer Seekiste zum Beispiel, mit den Habseligkeiten eines mittelalterlichen Fahrensmannes, oder nach Warenresten. Nichts wurde gefunden.

Das Schiff mußte demnach in Bremen gebaut worden sein – eine neue Erkenntnis für die hansestädtischen Historiker. Bislang hatte stets gegolten, daß der bremische Schiffbau damals keine bedeutende Rolle gespielt hat, jedenfalls nicht der größerer Fahrzeuge. Offenbar war diese Annahme falsch. Wo aber befand sich die Werft?

Berufsverbot für Schiffbauer

Bremen am Anfang des 14. Jahrhunderts. Wer eine Vorstellung von der Ausdehnung der Stadt gewinnen will, spaziere den Straßenzug »Am Wall« entlang. Was innerhalb dieses Ringes liegt, entspricht der damaligen Größe. Sämtliche sieben Tore haben sich bis heute als Straßennamen erhalten. Auch die Große Weserbrücke war seinerzeit schon vorhanden, sie wird erstmals 1244 erwähnt. Die Brücke führte auf eine »insula«, den Teil des Werders, der heute »Herrlichkeit« heißt. Der »Teerhof« war zu jener Zeit ebenfalls noch Insel. Hier hatten die bremischen Schiffszimmerer ihre Buden aufgeschlagen, ein rundes Dutzend soll schon im 13. Jahrhundert vorhanden gewesen sein. Zweifellos, diese Plätze eigneten sich ausgezeichnet als Werftgelände.
Die Obrigkeit allerdings war anderer Ansicht. Kurzerhand verbot sie im Jahre 1250 den Schiffbau an dieser Stelle. Was die Herren veranlaßte, so massiv in das bodenständige Gewerbe einzugreifen, läßt sich nicht mehr feststellen. Möglicherweise hatte sich die Lobby der Wassermüller durchgesetzt, denn diese Leute fischten auf der Weser und fühlten sich durch die Werftbetriebe empfindlich gestört. Möglich ist auch, daß die Schiffbauer nur durch ein Berufsverbot zu bewegen waren, endlich dahin umzuziehen, wo sich der Mittelpunkt des Wirtschaftslebens befand: in die Balge nämlich, den mittelalterlichen Hafen Bremens.

Einen Hinweis auf das ehemalige Werftgelände findet der Besucher in der weltberühmten »Böttcherstraße«. Eine Tafel an einer Hauswand sagt ihm, daß diese Straße um 1300 »Hellingstrate« hieß. Schlendert er jetzt die »Böttcherstraße« zum Marktplatz hinauf und macht am »Schütting«, dem alten Gildehaus der Kaufmannschaft, halt, so hat er schiffbauhistorischen Boden betreten. Mit hoher Wahrscheinlichkeit wurde an dieser Stelle die Kogge gezimmert und ging von hier aus in einer Sturmnacht unfreiwillig auf ihre erste und letzte Reise.

Werft und Hafen sind längst verschwunden, ein paar Meter unter das Straßenpflaster. Als 1909 in der »Langenstraße« die Baugrube für ein Bankgebäude ausgehoben wurde, stieß man 16 Meter neben dem ehemaligen Lauf der Balge auf Spuren einer hafenartigen Erweiterung. Vier Meter unter dem heutigen Straßenniveau wurden Reste von Eichenpfählen gefunden, die in Dreiergruppen zusammenstanden und am Kopf mit Eisenringen verbunden waren. Es waren Duckdalben, an denen Schiffe festmachten. 1970 wurde wieder gegraben. Diesmal – zu archäologischen Zwecken – mitten auf dem Marktplatz. Die Suche war erfolgreich, denn man entdeckte auch hier, 45 Meter von der früheren Balge entfernt, Trümmer mittelalterlicher Hafenanlagen.

Außer der »Balgebrückstraße« und der Gasse »Hinter der Balge« im Schnoor, Bremens ältestem noch erhaltenen Stadtviertel, erinnert nichts mehr an den einst so wichtigen Weserarm. Der Häuserbau engte das Flüßchen zunehmend ein, degradierte es schließlich zum stinkenden unterirdischen Kanal, der 1838 zugeschüttet wurde.

Zwanzig Jahre im Aquarium

Das Geheimnis der Kogge heißt Polyäthylenglykol, kurz PEG, ein Elixier, das dem Schiff die fällige Wasser-Entziehungskur schadlos überstehen hilft. 600 Jahre lang hat sich das Schiff vollsaugen können. Nasses Holz aber schrumpft und reißt, wenn es an der Luft getrocknet wird. Das eben wäre auch der Kogge widerfahren, hätte man sie sogleich zusammengebaut und der frischen Luft ausgesetzt. Sie wäre unweigerlich zu gutem, wissenschaftlich jedoch wertlosem Brennholz auseinandergefallen.
Das Renommierstück des Deutschen Schiffahrtsmuseums in Bremerhaven – dort wird es in einem eigenen Haus aufgestellt – muß so präpariert werden, daß es auch nach der Trocknung seine Form behält. Bewährt für derartige Zwecke hat sich jenes PEG, wie man bei der »Wasa«-Konservierung herausgefunden hatte. Die Substanz ist wasserlöslich, verflüchtigt sich aber an der Luft nicht. Ihre Moleküle dringen in die Holzzellen ein, verdrängen dort die vorhandenen Wassermoleküle, lagern sich an deren Stelle ab und halten das Holz auf diese Weise gequollen.
Das bedeutet aber 20 Jahre Wartezeit. So lange wird es nach den Berechnungen dauern, bis sich auch in der letzten Holzzelle das nötige Quantum Polyäthylenglykol festgesetzt hat, um das Schiff vor dem Verfall zu retten.
Das Schiffahrtsmuseum hat sich nun etwas Hübsches ausgedacht, damit sein bestes Stück während der langen Einbalsamierungzeit zum Publikumsliebling avancieren kann: Es wird in einem Aquarium zur Schau gestellt.
Man baut die Kogge in ihrem Haus wieder auf. Eine Luftfeuchtigkeit von nahezu 100 Prozent schützt sie dabei vor dem Trockenwerden. Anschließend umgibt man sie mit starken Glaswänden, die zu einem Bassin gefügt werden. In rund

1000 Kubikmetern Imprägnierlösung geht jetzt das 600jährige Schiff zum zweitenmal unter. Bis es nach zwanzig Jahren erneut »gehoben« wird, zum letztenmal.

2. Kapitel
Liubice, Du Schöne

Eine erfolgreiche Werbekampagne

Sachsenherzog Heinrich der Löwe blieb mitten auf dem Hügel der Halbinsel zwischen Trave und Wakenitz stehen. Kritisch musterte er die bewaldete Umgebung und entschied: »Hier wird gebaut.« Damit war eines der erfolgreichsten handelspolitischen Entwicklungsprojekte des Mittelalters aus der Taufe gehoben worden: die Gründung der Stadt Lübeck.
Landvermesser schwärmten aus und steckten ein Areal von etwa 200 mal 200 Meter ab. Das Stück Land, heute begrenzt von »Meng-« und »Holstenstraße«, »Breite Straße« und Trave wurde im Jahr 1159 zum Ausgangspunkt der bedeutendsten Wirtschaftsmacht, die sich je in Nordeuropa etablierte: die Hanse.
Mit der Gründung der Stadt vor mehr als 800 Jahren schlug die große Stunde für den deutschen Kaufmann. Der Zugang zur Ostsee, dem nördlichen Gegenstück des Mittelmeeres, war geschaffen worden, zugleich auch der ungehinderte Zutritt zu einem stark expandierenden Markt, den vor allem skandinavische Händler beherrschten. Gotland war die wirtschaftliche Drehscheibe in der Ostsee. Hier liefen die Handelswege zusammen, die den Norden via Nowgorod mit Byzanz verbanden und westlich über Schleswig nach England und Flandern führten. Bislang mußten die Kaufleute Schleswig für ihren Warenumschlag benutzen. Die Stadt aber gehörte zu Dänemark, und vom Wohlwollen des dänischen Königs hing es ab, ob dort auch Ausländer handeln durften oder nicht. Um so freudiger wurden daher alle Initiativen begrüßt, die auf eine Änderung des bestehenden Zustandes abzielten.
Es begann 1143. Graf Adolf II. von Schauenburg, Lehnsmann des Sachsenherzogs, hatte den dienstlichen Auftrag,

Wagrien zu besiedeln. Das ostholsteinische Gebiet war nahezu menschenleer – Ergebnis der erbarmungslosen Feldzüge gegen die slawischen Einwohner im Zuge der Kolonisation und Machterweiterung durch die Sachsen. Wer nicht erschlagen, versklavt oder verschleppt worden war, hatte sich nach Lütjenburg oder auf die Insel Fehmarn zurückgezogen. Das Land lag brach. Sollten die Eroberungen also Bestand haben, mußten Deutsche als Siedler gewonnen werden.

Die Werbekampagne, die der Graf zu diesem Zweck startete, sparte nicht mit den branchenüblichen Übertreibungen: »...daß jeder, der zu wenig Land hätte, mit seiner Familie kommen sollte, um den schönsten, geräumigsten, fruchtbarsten, an Fisch und Fleisch überreichen Acker nebst günstigen Weidegründen zu erhalten.« So überliefert es der Chronist der Epoche, Pfarrer Helmold von Bosau, in seiner Slawenchronik. Adolfs Zielgruppe waren vor allem Friesen, Flamen und Westfalen. Deren Länder waren überbevölkert, und der Boden war knapp geworden.

Die Aktion wurde zu einem vollen Erfolg. »Daraufhin brach eine zahllose Menge aus verschiedenen Stämmen auf«, erinnert sich Helmold, »nahm Familien und Habe mit und kam zu Graf Adolf nach Wagrien, um das versprochene Land in Besitz zu nehmen.« Unter den Neuankömmlingen war auch eine Reihe von Kaufleuten, die ihre große Chance witterten. Für ihre Ansiedlung wählte Lehnsmann Adolf jene Halbinsel aus, die 16 Jahre später so gut in die Pläne des Lehnherrn Heinrich paßte. Die Lage war außerordentlich günstig. Alle Seiten schützten Sümpfe, Wasserläufe und Wald. Den einzig natürlichen Zugang bildete die Nordspitze, und den befestigte Adolf mit einer Burg.

Markenname »Lübeck«

Der Name, den er seinem neuen Ort gab – Lübeck – war ein Programm. So nämlich hieß schon die Hauptstadt des Obotritenreichs wenige Kilometer traveabwärts, die der christliche Slawenfürst Heinrich zu seinem Stammsitz erkoren hatte. Heinrich, der die Ostseeküste bis nach Mecklenburg beherrschte, hatte es verstanden, seiner Metropole Liubice – »die Liebliche, die Schöne« – einen gewissen Rang als Handelsplatz an der Ostsee zu verschaffen, trotz der harten Konkurrenz aus Schleswig. Auch von Liubice aus versuchten deutsche Kaufleute in das Ostseegeschäft einzusteigen. Die Stadt sank 1138 in Trümmer und wurde nicht mehr aufgebaut, der gute Name aber blieb. Graf Adolf machte ihn zum Markenartikel.

Erhalten haben sich von der slawischen Residenz die Wallanlage, vor allem aber das Feldsteinfundament der Burgkirche. Ausgrabungen förderten Handwerker-Siedlungen vor den Toren zutage, die Kaufmannskolonie wird am jenseitigen Trave-Ufer vermutet. Seit Anfang des 20. Jahrhunderts heißt die Stelle Alt-Lübeck.

Der Handel kam in Schwung, die Stadt entwickelte sich vielversprechend. Der Anschluß an das Binnenland war durch die alten Wege nach Ratzeburg, Hamburg und Segeberg sichergestellt. Segeberg war auch auf der Trave für flache Boote leicht zu erreichen. Dort konnte besonders das Salz der gräflichen Saline verschifft werden, die der herzoglichen Siederei in Lüneburg bald einen spürbaren Wettbewerb lieferte.

Für Sicherheit sorgte die Burg. Jeder Feind, der beutelüstern die Trave heraufgesegelt kam, konnte abgefangen werden, jedenfalls theoretisch. Als am 26. Juni 1147 der Slawenfürst Niklot mit einer Kriegsflotte vor Lübeck aufkreuzte, war an geordnete Gegenwehr leider nicht zu denken.«Denn das Stadtvolk war vor Trunkenheit weder aus den Betten noch Booten zu bringen«, schreibt der empörte Helmold. Die warenbeladenen Kauffahrteischiffe gingen in Flammen auf, die Stadt wurde verwüstet. Mehr als 300 Menschen kamen an diesem Tag ums Leben.

Ein fürstlicher Erpresser

Unverdrossen machten sich die Überlebenden an die Arbeit, und zwar so gründlich, daß Heinrich der Löwe um den Fortbestand seiner Handelszentren Lüneburg und Bardowick zu fürchten begann. Scharenweise wanderten die Kaufleute nach Lübeck ab, die Aussicht auf größeren Wohlstand war verlockend.

Der Sachsenherzog zeigte sich zunächst für einige Jahre kompromißbereit: Er versuchte dem Grafen klarzumachen, daß vor allem der Bardowicker Handel empfindlich beeinträchtigt werde und daß das Oldesloer Salz – über Lübeck verkauft – seine Saline in Lüneburg schwer schädige. Als Ausgleich möge ihm der Graf die halbe Stadt Lübeck und die halbe Salzgewinnung in Oldesloe abtreten, ihm wenigstens aber eine Entschädigung für den entgangenen Gewinn zahlen. Der Graf lehnte ab.

Der machtbewußte Heinrich fühlte sich herausgefordert. Als Landesherr verbot er den öffentlichen Markt in Lübeck und ordnete an, daß alle Waren künftig über Bardowick zu gehen hätten. Außerdem ließ er kurzerhand die gräfliche Saline zuschütten. Kaltschnäuzige Begründung dieser Erpressung: Kompetenzüberschreitung seitens des Grafen sowie Behinderung des wirtschaftlichen Fortschritts.

Die rüden Maßnahmen zeigten alsbald Wirkung, weniger bei dem sturen Adolf, wohl aber bei den Kaufleuten. Der Handel stagnierte und ging schließlich erheblich zurück. Zu allem Unglück brannte auch noch die Stadt im August 1157 vollständig ab. Die Kaufmannschaft bat daraufhin den Herzog, ihr einen neuen Handelsort zuzuweisen. Bisher habe man gehofft, daß das Marktverbot aufgehoben werde und sei deshalb noch nicht fortgezogen. Jetzt aber, nach dieser Katastrophe, erscheine es sinnlos, die Häuser da wieder aufzubauen, wo man doch nicht Handel treiben könne.

Heinrich der Löwe frohlockte. Erneut forderte er von Graf Adolf, ihn an den Einnahmen der Stadt zu beteiligen. Wieder holte er sich eine Abfuhr, konterte diesmal aber mit einer List. Auf einen offenen Konflikt mit seinem Lehnsmann konnte und wollte er sich nicht einlassen. Dazu war die Grenze zu den Slawen noch zu unruhig. Etwas oberhalb Lübecks gründete er Löwenstadt – seine Kaufmannssiedlung. Hocherfreut zog man um, um binnen Jahresfrist reumütig nach Lübeck zurückzukehren. Löwenstadt stellte sich als völlige Fehlplanung heraus. Schiffe mit größerem Tiefgang konnten die flache Wakenitz nicht mehr bis zu dem neuen Ort hinauffahren. Wohl oder übel mußte Heinrich, wahrscheinlich auf massiven Druck der Händlerschaft, sich zu weiteren Verhandlungen mit Graf Adolf bequemen. Diesmal hatte er endlich Erfolg. Der Graf gab nach und kassierte für die Abtretung Lübecks ein dickes Entgelt.

Der Sachsenherzog gründete Lübeck 1158/59 noch einmal und gab den Kaufleuten alle erdenkliche Starthilfe für einen großzügigen Wiederaufbau der Stadt. Das Fundament für 500 Jahre Hansegeschichte war gelegt worden.

Handel im Aufwind

Das Tor zum Handelsraum Ostsee stand jetzt offen. Die Errichtung der Kommerz-Metropole an der Trave, auf den Fernhandel hin konzipiert, fiel in eine Periode neubelebten Handels, die 100 Jahre davor eingesetzt hatte. West- und Nordeuropa segelte im wirtschaftlichen Aufwind. Besonders die gewerbliche Arbeit nahm einen bis dahin nicht gekannten Aufschwung. Das Handwerk produzierte mehr, als für den eigenen Bedarf nötig war. Der Überschuß wurde verkauft. Die Kaufleute begannen allmählich seßhaft zu werden, die Zeit der ambulanten Händler ging zu Ende.
Das Netz der Handelswege wurde engmaschiger. Neue Routen flochten sich in die alten ein. Wichtige Nord-Süd-Verbindungen in Deutschland führten vom Rhein zur Ostsee: von Köln über Dortmund, Bremen, Hamburg und Oldesloe nach Lübeck. Eine andere Strecke Richtung Norden berührte Hameln, Hannover und Lüneburg. Überragende Bedeutung erhielt der »Hellweg« im volkreichen Westfalen, die alte karolingische Ost-West-Straße von Duisburg am Rhein nach Magdeburg an der Elbe über Essen, Dortmund, Soest, Paderborn. Die Bundesstraße 1 ist Erbe dieser Streckenführung. Die Endpunkte dieser Achsen waren verknüpft mit den wichtigen europäischen Handelsstraßen: Köln mit Flandern und England, Lübeck mit Gotland und Nowgorod, Magdeburg mit den slawischen Ländern. Getreide, Salz, Silber und Kupfer gingen nach Norden und Westen, Tuche, Metallwaren und Wein wurden vom Westen geliefert.
Bedeutsam für Lübeck wurde, daß Westfalen seine Wirtschaft auf Touren brachte und nach neuen Absatzmärkten suchte. Neben dem Ost-West-Handel verstärkte sich der Zug zur Ostsee erheblich. Die Gründung Lübecks, schon die des schauenburgischen 1143, kam zur richtigen Zeit. Die ge-

eigneten handelspolitischen Voraussetzungen aber, um aus dieser Stadt ein merkantiles Weltzentrum zu machen, konnte nur Heinrich der Löwe als Landesherr von Sachsen schaffen. Dazu hatte Graf Adolf II. nicht die Mittel. Die Motive des Herzogs, seinem Lehnsmann Lübeck abzujagen, waren selbstverständlich nicht rein altruistisch, etwa den Handel zu fördern um des Handels willen. Eigennützige Überlegungen dürften im Vordergrund gestanden haben; nämlich den Handel zu fördern, um die eigene Kasse zu füllen. Wer Lübeck besaß, hatte auch Geld. Nach dem Motto »Wohlstand für alle« entstand auf diese Weise 1159 an der Ostsee eine schlagkräftige Interessengemeinschaft zwischen Fürst und Bürger. Heinrich leistete politische Entwicklungshilfe, die Kaufmannschaft brachte ihr Kapital und Know-how aus Westfalen mit – eine tatenfrohe Allianz aus Macht und Moneten.

Der Wohlstand bricht aus

Deutlich sah der Sachsenherzog, daß die wirtschaftlichen Erfolge der westdeutschen Städte nicht zuletzt darauf zurückzuführen waren, daß die Bürger sich frei entfalten und Organe städtischer Selbstverwaltung bilden konnten. Also traf er für Lübeck entsprechende Regelungen. Die Stadt erhielt das damals fortschrittlichste Recht, das Soester Stadtrecht, verliehen, das seine Wurzel in Köln hatte. Die Kaufleute wurden im gesamten Herzogtum von Zöllen und Abgaben befreit. Überall im Lande galten für sie die Gesetze ihrer Heimatstadt, sie waren nicht den partikularen Vorschriften anderer Orte unterworfen.
»Stadtluft macht frei nach Jahr und Tag.« Diesen urbanen Rechtsgrundsatz ließ Heinrich der Löwe uneingeschränkt für Lübeck gelten. Jeder Mensch, der ein Jahr und einen Tag

in einer Stadt gewohnt hatte, konnte sich gegenüber seinem Herrn auf die erworbene Freiheit berufen – eine unerhört attraktive Regelung in feudaler Zeit, in der die persönliche Abhängigkeit des Untertanen von seinem Herrn die Grundlage des Staates bildete.

Die junge Stadtgemeinde organisierte sich nach älteren Vorbildern in einer Eidgenossenschaft. Das älteste lübische Siegel von 1230 zeigt es deutlich: Zwei Männer in einem Boot – einer Frühform der Kogge – heben die Hand zum Schwur.

Die Bürgerversammlung besaß das Recht der Kore, das heißt, sie durfte Verordnungen mit Strafandrohung erlassen, die der städtischen Rechtsprechung zugrunde zu legen waren. Das Soester Recht wurde auf diese Weise weiterentwickelt und später als lübisches Recht mehr als hundert Hansestädten verliehen. Die Wahl des Stadtrichters jedoch stand den Bürgern nicht zu. Er wurde vom Herzog eingesetzt.

Eidgenosse zu sein bedeutet die Pflicht zu gegenseitiger Hilfeleistung, worunter auch die Wehrpflicht fällt. Jeder Bürger hatte sich selbst richtig für die Steuer einzuschätzen.

Die Spezies der Kaufleute unter den Einwohnern hat sich wahrscheinlich schon mit Gründung der Stadt zu gildenartigen Vereinigungen zusammengeschlossen. Helmold von Bosau bezeichnet sie als »patres rei publicae Lubicanae« – Väter des lübischen Gemeinwesens. Diese Leute stellten aus ihren Reihen eine Stadtbehörde, die möglicherweise aus 24 Mann bestand. Der eigentliche Stadtrat entwickelt sich etwas später, er wird erstmals 1201 erwähnt. Diese Behörde jedenfalls erhält die Befugnis, die stadtherrschaftliche Münze zu beaufsichtigen.

Mit Arrondierungen des Lübecker Gebietes ergänzte Heinrich der Löwe die Infrastruktur. Er übertrug den Bürgern, zwei Jahre nach der Gründung, einen Landstrich vor dem Burgtor zwischen Israelsdorf und Lauerhof. Andere Flächen kamen hinzu.

Flankierende außenpolitische Maßnahmen halfen, die Stellung der Stadt weiter zu festigen. Schon 1156/57 hatte der Herzog Schleswig zerstört und damit den bislang wichtigsten Umschlagplatz an der Küste zugrunde gerichtet. Die Kaufleute zogen um an die Trave. Bardowick ließ er verkommen, die Händler wanderten ab nach Lübeck. In Dänemark, Schweden, Norwegen und Rußland rührte er die Werbetrommel für seine neue Stadt. Alle Kaufleute würden freien Zugang und Verkehr zu Lübeck erhalten. Erfreut nahm man das Angebot an.

1160 unternahm er im Verein mit dem dänischen König Waldemar I. einen Kriegszug gegen die Obotriten in Mecklenburg. Sie wurden geschlagen, die latente Bedrohung des Lübecker Raumes durch die Slawen war damit beseitigt.

Die herzoglich-bürgerliche Allianz bewährte sich. Prächtig gediehen die Geschäfte, allenthalben brach der Wohlstand aus. Heinrichs Haupteinnahmequelle, die Münz-, Markt- und Regalienverwaltung, sprudelte munter. Man hielt allseits, was man sich voneinander versprochen hatte.

Lübecks raschen Aufstieg belegen wenige Daten:

1161: Heinrich der Löwe schaltet sich in die Streitereien deutscher und skandinavischer Kaufleute auf Gotland ein. Den Gotländern bestätigt er ihre schon von Kaiser Lothar, seinem Großvater, gewährten Privilegien im Herzogtum, als dieser noch Sachsenherzog war. Als Gegenleistung verlangt er, daß die Skandinavier Lübeck anzulaufen haben, wenn sie in Sachsen Handel treiben wollen. Fortan dürfen sich die Deutschen ungehindert auf der Ostsee-Insel bewegen und ausbreiten. Sie schließen sich zur »Genossenschaft der Gotland besuchenden Deutschen« zusammen – die Keimzelle der Hanse ist entstanden.

Um 1174: Handelsverträge mit dem dänischen König Knut Eriksson und dem schwedischen Herzog Birger werden geschlossen.

Um 1180: Handelsvertrag mit Fürst Jaroslaw von Nowgorod.
Selbst der Sturz Heinrichs des Löwen brachte keinen Tendenzumschwung. Lübeck war auf dem besten Weg, sich von seinem Herrn zu emanzipieren.
1188: Eine deutsche Niederlassung wird in Turku eingerichtet.
Und noch vor der Jahrhundertwende sind Kaufleute auf den Messen und Heringsfangplätzen in Schonen zu finden.

Stadtplanung vor 800 Jahren

Die rationale Konzeption des Sachsenherzogs findet auch im äußeren Bild Lübecks ihren Ausdruck. Die Stadt ist ein hervorragendes Beispiel durchdachter mittelalterlicher Stadtplanung, noch heute ist dies erkennbar.
Die schauenburgische Gründung führte Heinrich der Löwe nicht weiter. Über den Platz dieser älteren Siedlung herrscht Unklarheit. Möglicherweise befand er sich in der Gegend des »Petrihügels«, vielleicht aber auch in dem - damals noch nicht vorhandenen - Dombereich am Südzipfel der Halbinsel. Heinrich jedenfalls bevorzugte die Mitte des Werders, dessen westliche Grenze die Trave war. Auf der Höhe des Stadthügels wurde der Marktplatz angelegt - die Stelle, die er heute noch innehat. Den Platz umsäumten Buden. Die Kaufleute bezogen Quartier in den hügelabwärts führenden Straßen, die durch Querwege miteinander verbunden wurden. Die Größe der Baugrundstücke war genormt, 25 mal 100 Fuß. Die Osthälfte der Stadt, Richtung Wakenitz, bevölkerten Handwerker. Diese planmäßige, schachbrettartige Anlage war westfälischen Vorbildern nachempfunden und diente ihrerseits für mehr als hundert neugegründete Städte an der Ostsee als Vorbild.

Zum Markt gehörten Rathaus und Ratskirche, der Bau beider Gebäude wurde in Angriff genommen. St. Marien, zunächst eine bescheidene Holzkonstruktion, verwandelte sich in dem Jahrhundert zwischen 1250 und 1350 zu jenem imponierenden Backsteinbau norddeutscher Gotik, der wiederum richtungweisend für andere Ostseestädte wurde und zugleich den bischöflichen Dom übertrumpfte. Da man durch die Grundstückslage gehindert war, die Marktkirche in Längsrichtung zu vergrößern, baute man eben in die Breite und Höhe (Angaben in Metern):

	Länge	Breite	Höhe	
			Schiff	Turm
St. Marien	104	58	38,5	126
Dom	129	36	30	103

Die Zahlen lassen keinen Zweifel, wer in der Stadt die Macht hatte.

Von Norden nach Süden durchquerte ein ununterbrochener Straßenzug die Halbinsel (»Burgstraße«, »Breite Straße«, »Sandstraße«, »Mühlenstraße«). Er leitete die am Burg- und Mühlentor ankommenden Waren zum Markt. Die parallel laufende »Königstraße« gesellte sich erst später dazu. Sie entstand aus Teilstücken der Querverbindungen im Handwerkerviertel.

Einzelne Bürgerhäuser aus der Gründerzeit haben sich nicht mehr bis in das 20. Jahrhundert hinüberretten können. Das letzte Beispiel eines noch geschlossenen Straßenzugs bietet die »Große Petersgrube«. 600 Jahre Stilgeschichte, von der Gotik bis zum Klassizismus, haben sich in der leicht geschwungenen Straße zwischen Petrikirche und Trave versammelt. Das älteste Haus, die Nummer 11, wurde von 1363 bis 1857 als Backhaus benutzt.

Der Kaiser vor den Toren

Die Absetzung Heinrichs des Löwen als Sachsenherzog 1180 brachte Lübeck praktisch die politische Selbständigkeit. Die Stadt stand inzwischen aber so sicher auf eigenen Beinen, daß sie den Sturz ihres Landesherrn ohne größeren Schaden überstand. Als Kaiser Friedrich I., Barbarossa, die Fürsten seines Reiches aufforderte, mit ihm nach Rom zu marschieren – zum fünften Mal übrigens – verweigerte ihm Vetter Heinrich die Heerfolge. Der Kaiser hatte Großes vor: »... daß das erhabene römische Reich in alter Kraft und Herrlichkeit wiederhergestellt werde«, so ein Ausschnitt aus seinem Regierungsprogramm. Anders ausgedrückt: Italien sollte unter deutsche Herrschaft gebracht werden. Dafür konnte sich Heinrich der Löwe nun gar nicht erwärmen. Er hatte im Norden des Reiches, in seinem Herzogtum, Wichtigeres zu tun. Der ergrimmte Rotbart setzte daraufhin seinen Lehnsmann ab, die Fürsten Deutschlands und Sachsens applaudierten. Ihnen war Heinrich ohnehin zu mächtig geworden. Die Lübecker aber hielten ihm die Treue, gerieten dadurch aber in eine prekäre Situation. Denn Barbarossa höchstselbst rückte 1181 mit einem Heer zur Belagerung der widerborstigen Stadt an. Die Bürger begriffen bald, daß die Sache für sie blutiger Ernst werden konnte und daß die Chancen des Herzogs auf Null gesunken waren. Also reagierten sie, wie es die Vernunft gebot: Von ihrem Treueeid gegenüber Heinrich dem Löwen ließen sie sich entbinden und öffneten dem Kaiser die Tore. Womit sie ihre Zukunft gerettet hatten.
Friedrich I. ließ Großmut walten und bestätigte der Stadt noch im selben Jahr die Privilegien, die sie von Heinrich erhalten hatten. 1188 zeigte sich der Kaiser wieder spendabel. Lübecks Grenzen und Rechte wurden erweitert, der Stadt

das Hoheitsrecht über Trave, Wakenitz und Stecknitz zugesprochen. Von nun an stand das Gemeinwesen unter dem besonderen Schutz des Kaisers. Dieser Schutz war dahin, als Friedrich Barbarossa 1190 beim dritten Kreuzzug ums Leben kam. Der Holsteiner Graf, jetzt Adolf III., bemächtigte sich der Handelsstadt und gliederte sie seinem Territorium ein. Weitaus bedrohlicher aber wurde in der Folgezeit Dänemark, das nach jahrelangem inneren Unfrieden plötzlich eine expansive Politik betrieb. Mecklenburg und Pommern gerieten nach Unterwerfung der Slawen unter seine Lehnshoheit. Lübeck leistete zunächst Widerstand, konnte sich aber auf die Dauer nicht halten. Immerhin gelang es den Kaufleuten, dem dänischen König Waldemar II. die Anerkennung der bestehenden Privilegien abzutrotzen, woraufhin er als Stadtherr akzeptiert wurde. Waldemar, der dadurch den Rücken frei bekommen hatte, eroberte Hamburg und das Erzbistum Bremen und zog weiter Richtung Baltikum.

Vom Reich hatte Lübeck keine Hilfe zu erwarten. Friedrich II., der Nachfolger Barbarossas, war zwar nominell deutscher Kaiser, tatsächlich jedoch ein Italiener auf dem deutschen Thron. Den dänischen Besitz an der Elbe und in Holstein erkannte er an, Dänemarks Vorherrschaft über Nordeuropa schien gesichert.

Sie war es indessen nicht. Denn als Waldemar II. in einem Handstreich gefangengenommen wurde, erhoben sich prompt alle unterworfenen Länder. Vergeblich versuchte der König nach seiner Befreiung, den Status quo wiederherzustellen. Seine Truppen wurden unter maßgeblicher Beteiligung Lübecks am 22. Juli 1227 bei Bornhöved, einige Kilometer südlich von Kiel, vernichtend geschlagen. Währenddessen hatte sich die Kaufmannsmetropole bemüht, vom Kaiser weitere Privilegien zu erhalten. Mit Erfolg.

Friedrich II. verlieh ihr 1226 die Würde einer »civitas imperii«, einer Reichsstadt. Von Stund an konnte kein territorialer Machthaber mehr irgendwelche Besitzansprüche anmelden. Lübeck gehörte zum Reich.

3. Kapitel:
Handel und Wandel im 11. und 12. Jahrhundert

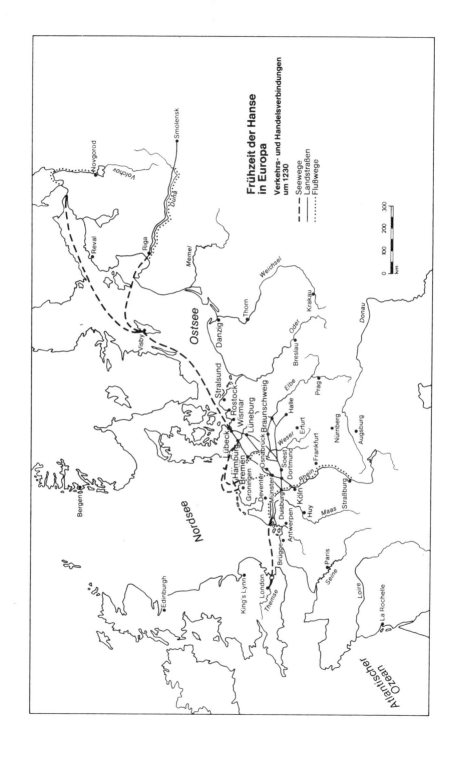

Friesen, Flamen, Skandinavier

Die Entwicklung der Hanse ist eingebettet in den allgemeinen wirtschaftlichen Aufschwung Europas in der ersten Hälfte des 11. und im 12. Jahrhundert. Die damalige wirtschaftsgeographische Lage gleicht einer Ellipse: Der Handel ist auf zwei Brennpunkte konzentriert, das Mittelmeer und Ost- und Nordsee.

Mittelmeer – das ist Byzanz, unangefochten in seiner führenden Rolle beim Umschlag von Orientwaren; das sind aber auch die oberitalienischen Städte, allen voran Venedig und Genua, die ihre ökonomische Macht zunehmend festigen und ausbauen.

Ost- und Nordsee – das sind in erster Linie Gotland, das russische Nowgorod, Sigtuna in Schweden und Schleswig, das Haithabus Stelle eingenommen hat; das sind England, Flandern, aber auch Köln und Bremen.

Zwei Achsen, die im wesentlichen den großen Flußläufen folgen, verbinden die Zentren miteinander. Die östliche Hauptroute geht vom Schwarzen Meer aus die Ströme Wolga und Dnjepr entlang bis hinauf nach Nowgorod am Ilmensee und weiter nach Gotland. Byzanz hat hier Anschluß an die Ostsee. Ein zweiter Weg führt nach Westen über das Schwarze Meer und die Donau. Rhein und Rhone bilden die westliche Hauptschneise, die Oberitalien mit Flandern verbindet. In Flandern verzweigen sich die Routen Richtung England, Skandinavien und wiederum Gotland.

Die großen Tauschplätze orientalischer und okzidentaler Waren sind im Osten Gotland und Nowgorod, wo die Skandinavier eine eigene Niederlassung errichtet und dem heiligen Olav eine Kirche gestiftet haben. Im Westen dominieren die flandrischen und die Champagner Messen. Vor allem die Messestädte der Champagne erlangen vom Ende des 12. Jahr-

hunderts an internationale Bedeutung. Privilegien der Herrscher sichern den Händlern den Schutz ihrer Güter und Geschäfte.
Der transkontinentale Fernhandel versorgt Nordeuropa mit orientalischem Luxus, Gewürzen und Seide und exportiert begehrte Waren: Pelze und Sklaven. Besonders beliebt sind bei orientalischen Potentaten Sklavinnen nördlicher Herkunft.
Der nordeuropäische Fernhandel übernimmt die ankommenden Produkte und schleust sie in das eigene Vertriebsnetz von Ost- und Nordsee. Dort finden sich inzwischen in ständig wachsender Zahl Güter, die Nord- und Westeuropa selbst herstellt. Friesen und vor allem Skandinavier besorgen den Warenaustausch, daneben treten zunehmend Flamen auf.

Der deutsche Anteil ist noch recht gering

Die Skandinavier bereisen die Routen, die ihnen ihre normannischen Vorfahren auf den Plünderungszügen vorgezeichnet haben. Mit ihren schnellen offenen Booten, die noch immer an die gefürchteten Kriegsschiffe vergangener Zeiten erinnern, sind sie an der gesamten englischen, schottischen und irischen Küste zu finden, ebenso in Bremen, Utrecht und Köln. Dort bieten sie die Erzeugnisse ihrer Heimat an, Felle, Stockfisch, das knappe Bauholz und alle Waren, die sie in der Ostsee erworben haben. Ostwärts, nach Rußland, folgen sie den Spuren ihrer warägischen Ahnen, von Nowgorod bis an das Schwarze Meer. Gotland, der Sitz vieler dieser halb bäuerlichen, halb seefahrenden Händler, hat noch keinen zentralen Umschlagsort. Die Stadt Visby ist noch nicht gegründet.
Flämische Händler bevölkern die südliche Nordsee. Auch sie

machen Geschäfte mit England und liefern besonders Textilien, die ihre in vollem Aufschwung begriffene Tuchindustrie produziert. Als Rückfracht nehmen sie den Rohstoff dafür an Bord, Wolle, außerdem Blei und Zinn. Ihr Aktionsradius reicht bis nach Schleswig. Dort treffen sie auf die Friesen, die im norddeutschen Raum dominieren und bis nach Sigtuna Handel treiben. Aber die friesischen Aktivitäten gehen zurück, die Gründe dafür sind nicht bekannt. Vermutlich liegen sie in dem Widerwillen der Friesen, in Städten zu leben, und das zu einem Zeitpunkt, als die Stadt zur eigentlichen Antriebskraft der Wirtschaft wird.

In die von den Friesen gelassene Lücke stoßen deutsche Kaufleute allmählich nach. Die bessere Schiffbautechnik hat daran entscheidenden Verdienst. Mit hoher Wahrscheinlichkeit entwickelt sich die Kogge im Laufe des 12. Jahrhunderts zu dem gängigen Lastschiff, das die friesischen und skandinavischen Fahrzeuge verdrängt.

Köln, seit jeher rührige Handelsstadt, pflegt seine traditionellen Beziehungen zu England vor allem mit dem stets beliebten Rheinwein. Gegen 1130 erlangen die Kaufleute der Domstadt das ständige Aufenthaltsrecht in London – ein Vorzug, der den Bremern verwehrt wurde. Oberhalb der Londoner Brücke erwerben sie ein Haus an der Themse, die Gildhalle, die Jahre danach zum Londoner Hansekontor wird. Immer häufiger benutzen die Kölner jetzt eigene Schiffe anstelle der friesischen. 1157 erhalten sie von König Heinrich II. für ihre Niederlassung einen besonderen Schutz und dürfen ihren Wein zu denselben Bedingungen verkaufen, wie sie für französischen vorgeschrieben waren. Bremen, ebenfalls im England-Handel engagiert, besitzt aber auch althergebrachte Beziehungen zu Skandinavien, das zu seiner Kirchenprovinz gehört.

Der Anteil, den Russen und Sachsen am vorhansischen Handel haben, ist nicht sonderlich groß. Zwar tauchen Russen in Schleswig auf, nennenswerte Bedeutung kommt ihnen aber nicht zu. Wichtiger waren schon die sächsischen Kaufleute, die in Bardowick, das auf ihrem Weg zur Ostsee lag, dem Landesherren zu beträchtlichen Zolleinnahmen verhalfen. Der Groll Heinrichs des Löwen auf Lübeck, das Bardowick den Rang ablief, hat hier seine Wurzel.

Vom Hausierer zum Großkaufmann

In einer Zeit, in der der Boden überwiegend die einzige Existenzgrundlage für den Großteil der Bevölkerung ist, in der die Wirtschaft aber einen bis dahin nicht gekannten Aufstieg nimmt, übt der Handel eine magische Anziehungskraft auf die Besitzlosen aus. Kaufmännische Tätigkeit ist ansteckend, Karrieren starten aus dem Nichts, wie die des heiligen Godric von Finchal.

Der Mann war Engländer. Aber die national bedingten Unterschiede dürften im 12. Jahrhundert keineswegs so gravierend gewesen sein, als daß nicht Godrics Leben in vieler Hinsicht typisch wäre. Die Schnelligkeit, mit der er ein Vermögen zusammenraffte, ist bemerkenswert. Innerhalb von 16 Jahren avancierte er vom armseligen Hausierer zum wohlhabenden Großkaufmann und Reeder.

Seine Vita – von einem Mönch verfaßt, der ihn noch persönlich gekannt hatte – enthält stellenweise alle Zutaten moderner Public-Relations-Lebensläufe. Wann er geboren wurde, ist nicht überliefert. Wahrscheinlich erblickte er noch während der Regierungszeit Wilhelms des Eroberers, im Jahrzehnt zwischen 1070 und 1080, das Licht einer wenig schönen Welt. Als Sohn eines armen, aber frommen Ackerbauern muß er schon im zarten Kindesalter zum Lebensunterhalt der Familie beitragen. Auch hier in Norfolk ernährt der Boden vornehmlich den Grundherren und sonst kaum jemand. Die kleinen Pächter können in schlechten Zeiten sehen, wie sie satt werden.

Klein Godric sammelt fleißig Strandgut, eine lohnende Beschäftigung, denn Schiffbrüche sind gar nicht so selten. Zufällig findet er eines Tages einen Gegenstand, den er gewinnbringend verkaufen kann. Das Interesse am Gelderwerb regt sich. Natürlich verspürt er später als Halbwüchsiger keine Neigung, in Vaters Fußtapfen zu treten. Es bringt ja doch nichts ein. Der aufgeweckte Junge beschließt, Kaufmann zu werden, ein Beruf mit Zukunft.

Ganz bescheiden muß er anfangen, als Hausierer, der mit billigem Plunder von Ort zu Ort zieht und ihn einer gleichfalls nicht sonderlich finanzkräftigen Kundschaft feilbietet. Vier Jahre lang scheuert er sich so die Füße wund, dann schließt er sich städtischen Kaufleuten an. Das Trüpplein, offenbar eine Art Genossenschaft, reist zu Burgen und Städten, um auf den örtlichen Märkten seine Waren loszuschlagen. Godric verhökert jetzt nicht mehr den Schund von früher, sondern handelt mit Waren, die mehr einbringen.

Der Erfolg läßt nicht lange auf sich warten. Nach einiger Zeit gründet er, gemeinsam mit jungen und alerten Kaufleuten, eine Im- und Exportfirma und chartert ein Schiff. Zweck des Unternehmens: Handel en gros und en détail mit allem, was die Küste von Flandern und Dänemark und Schottland bis hinauf nach St. Andrews zu bieten hat. Womit das Schiff im einzelnen beladen wurde, läßt sich nur vermuten. Möglich, daß Godric und Co. flandrische Tuche nach England brachten und von dort Wolle mitnahmen. Sehr einträglich, behauptet jedenfalls der englische Gelehrte Aelfryc Grammaticus, soll auch der Fischhandel von Flandern nach England gewesen sein, da die einheimischen Fänge den Bedarf nicht deckten. Englische Metalle, Zinn vor allem, könnten als weitere Erwerbsquelle hinzukommen.

Rührend naiv schildert der Biograph Godrics Bemühungen: »Er kaufte in verschiedenen Ländern Waren auf, von denen er wußte, daß sie anderswo selten und deshalb um so teurer waren, und brachte sie in andere Gegenden, wo sie den Einwohnern fast unbekannt waren und begehrenswerter als Gold dünkten. Für den Erlös erwarb er neue Waren, nach denen wieder an anderen Stellen Nachfrage herrschte, und brachte so in stetigem Hinundherreisen, indem er hier billig einkaufte, dort teuer verkaufte, im Schweiße seines Angesichts ein bedeutendes Vermögen zusammen.«
Bei all diesen Fahrten begleitet Großkaufmann Godric sein Handelsgut selbst, das übliche Verfahren in vorhansischer Zeit. Dabei entpuppt sich sein nautisches Talent. Er wird Schiffsführer – eine Eigenschaft, die ihm ganz besonders in dem Augenblick von Nutzen ist, als er sich vom Ersparten Schiffsanteile kauft. Godric wird Partenreeder.
Seit Kindestagen wohnen zwei Seelen in der Brust dieses Erfolgsmenschen, die eine dem Kommerz, der Kirche die andere zugetan. Nach 16 Jahren rastloser Tätigkeit gewinnt religiöse Inbrunst die Oberhand – charakteristisch für das Zeitalter der ersten Kreuzzüge –, und er entsagt der Welt. Seinen einträglichen Beruf gibt er auf, pilgert zweimal nach Jerusalem, schenkt sein gesamtes Vermögen den Armen und führt fortan ein Eremitendasein in Finchal, Northumberland. Dort übt er weitere 60 Jahre lang innere Einkehr und stirbt im Mai 1170, etwa 100 Jahre alt. Später wird der Methusalem heiliggesprochen.

Das Abendland auf Wanderschaft

Eine Blitzkarriere wie die Godrics war seinerzeit nicht unbedingt die Regel, so selten aber auch wieder nicht. Denn das soziale Gefüge des mittelalterlichen Feudalstaates war ins

Wanken geraten, die starre Dreiteilung der Menschen in Adel, Kleriker und unfreie Bauern und Handwerker wurde allmählich aufgeweicht.

Die Bevölkerung Europas wächst: von 46 Millionen um 1050 auf 50 Millionen um 1150. 61 Millionen Einwohner sind es um 1200, etwa 73 Millionen hundert Jahre später. Die Einwohnerzahl Frankreichs steigt zwischen 1200 und 1340 von 12 auf 21 Millionen, die Deutschlands im gleichen Zeitraum von 8 auf 14 Millionen, Englands von 2,2 auf 4,5 Millionen. Da statistische Unterlagen fehlen, sind diese Zahlen nur grobe Schätzungen aufgrund wirtschaftlicher Entwicklungen. Die Folgen, die sich aus der Bevölkerungsexplosion ergeben, verändern die Wirtschaft und Sozialstruktur nachhaltig. Das Abendland geht auf Wanderschaft.

Ständig sind mehr Menschen zu finden, die auf den Straßen herumziehen, trotz des Drucks der Grundherren, die auf Arbeitskräfte angewiesen sind, trotz kirchlicher Traditionen, die den Christen von jeder nicht religiös motivierten Ortsveränderung abzuhalten sucht. Unterwegs sind alle, Adel, Geistlichkeit und Unfreie. Für die jungen Adligen gehört es sich, auf »aventure« zu ziehen, und schick ist es auch. Die ritterlichen Epen sind voll von entsprechenden Schilderungen. Wanderprediger lehren auf der Straße das wahre apostolische Leben, zerlumpt, langbärtig, mit einem Hirtenstab in der Hand und umgeben von einer Schülerschar. Unfreie – Bauern wie Handwerker – entfliehen ihrem trostlosen Dasein auf der heimatlichen Scholle, flüchten vor der ständigen Bedrückung durch den Grundherrn. Allein oder in Gruppen streunen sie durch die Lande, von den Almosen der Klöster lebend oder sonst von milden Gaben. Die Straße – das bedeutet auf der Suche nach dem Glück zu sein. Ständig unterwegs sind auch die Kaufleute, solo oder gemeinsam mit Berufsgenossen, vom schäbigsten Bauchladenbesitzer bis zum Reeder. Karren, Maultier, Esel oder der eigene Rücken besorgen den Transport; denen, die es zu etwas gebracht haben, stehen Schiffe zur Verfügung. Die Quellen sprechen von den »itinerantes«, den herumwandernden Kaufleuten. Sie »gingen und kamen«, sie »begaben sich um ihrer Geschäfte willen eilig zum Markt«, heißt es. Oder: »Der fremde Kaufmann oder jener, der ohne festen Wohnsitz durch das Königreich zieht, heißt Piepowdrous«, so ein englischer Text. Straßenstaub klebt an seinen Füßen. Den etablierten Händlern gesellen sich die Habenichtse zu. Für sie ist Handeln das Eldorado, Goldgräbermentalität bricht sich Bahn. Die in feudale Strukturen einzementierte Umwelt kommt in Gärung. Handeltreiben bedeutet zugleich die Möglichkeit sozialen Aufstiegs und damit auskömmlichen Lebens.

Als Leichen ausgegraben wurden...

Waren drängen auf den Markt, agrarische und gewerbliche, Landwirtschaft und Handwerk produzieren plötzlich Überschüsse. Es wird mehr hergestellt, als der tägliche Bedarf erfordert. Der Boden bringt so viel Ertrag, daß endlich auch der Bauer satt werden kann.
Drastisch veränderte Techniken, verbunden mit neuen Anbaumethoden und vergrößerten Ackerflächen, revolutionieren die Landwirtschaft. Entscheidend verbessert wird das Anspannsystem für die Zugtiere. Für den Ochsen kommt das Stirnjoch auf, für Pferde das Kummet, das an die Stelle eines um den Hals geschlungenen Riemens tritt. Hufbeschlag wird üblich. Statt eines einfachen Hakenpflugs ziehen Ochse und Pferd jetzt einen Räderpflug mit Streichbrett, der den Boden besser umgräbt und auflockert. Zur gründlichen Feldbearbeitung tritt die Egge, erstmals abgebildet auf dem berühm-

ten Wandteppich von Bayeux in der Normandie. Die Verwendung von Eisen setzt sich durch, die landwirtschaftlichen Geräte werden sehr viel haltbarer.
Die übliche Herbstaussaat von Weizen und Roggen wird ergänzt durch Frühjahrssaaten von Gerste und Hafer. Dazu kommen Hülsenfrüchte wie Erbsen und Saubohnen. Der Gemüseanbau nimmt zu. Allmählich vollzieht sich der Übergang zur Dreifelder-Wirtschaft. Der Acker hat mehr Zeit sich zu erholen. Außerdem wird die Anbaufläche durch Rodungen vergrößert. Die Ortsnamen, die darauf hindeuten, sind zahlreich –...rode, ...rade im Deutschen, essarts, artigues im Französischen. Die mittleren Erträge, zum Beispiel für Weizen, steigen. In der Normandie erreichen sie um 1300 das Dreifache der Aussaat. Dieser, wenn auch nach heutigen Maßstäben dürftige, Ertrag war immerhin doppelt so groß wie der Durchschnittswert im 9. Jahrhundert. Vereinzelt können sich Landstriche sogar auf den Anbau bestimmter Erzeugnisse spezialisieren. Der Weinanbau gehört hierzu und die Kultur von Pflanzen, die in der Tuchfärberei benötigt werden. Die Ernährung verbessert sich quantitativ und qualitativ. Mißernten haben erheblich von ihrem Schrecken verloren. Die Zeit der großen Hungersnöte mit ihren schaurigen Folgen bis hin zum Kannibalismus geht allmählich zu Ende. Endgültig vorbei ist es damit, daß vor Hunger wahnsinnig gewordene Menschen Leichen ausgraben, Reisende ermorden und Kinder anlocken, um sie zu verspeisen. Aber noch aus dem Jahr 1094, knapp 70 Jahre vor der Gründung Lübecks, wird berichtet, daß die von einer Synode in Mainz über Amberg heimreisenden Bischöfe nicht in die große Pfarrkirche gelangen konnten, um die Messe zu zelebrieren. Sie stolperten über Leichen, die den Fußboden bedeckten.
Für die Zeit von 1066 bis 1072 regiert dem Chronisten Adam

von Bremen zufolge »der Hunger in Bremen, und man fand viele Arme tot auf den Plätzen der Stadt«.
Die gewerbliche Wirtschaft beginnt zu blühen, nicht zuletzt durch den zunehmenden Gebrauch von Wassermühlen, die sich vor allem in den Städten konzentrieren. Einen »industriellen« Einsatz der Mühlen ermöglicht die Nockenwelle, ein Maschinenteil, der die Kreisbewegung des Antriebselements in eine Auf- und Abbewegung des Werkzeugs umsetzt. Den Nutzen haben besonders die Textilfabrikanten: Das mühsame Walken des Tuches kann von Maschinen übernommen werden.

»Stadtluft macht frei«

Die Städte werden zum Motor der Wirtschaft. Sie sind es auch, denen letzten Endes die Hanse ihre Entstehung verdankt.
Sie bilden inmitten ländlicher Gebiete die Zentren des wirtschaftlichen Austauschs, hier sind es die Märkte und Messen, die den Reiseplan des Kaufmanns diktieren.
Städte sind auch Fluchtpunkte für die Leibeigenen, für die Unfreien, die dem Joch grundherrlicher Fron zu entkommen suchen. Innerhalb der Stadtmauern sind sie sicher. »Stadtluft macht frei« – dann jedenfalls, wenn die Kommune auch die Macht hat, diesen Grundsatz gegenüber dem Territorialherrn durchzusetzen.
Eine neue Klasse Mensch treibt einen Keil in die festgefügte Feudalordnung: Der Bürger – eine vielschichtig in sich gegliederte Gemeinde von Kaufleuten und Handwerkern, von Grundbesitzern und Kleinkrämern. Sie alle haben sich durch Eidesschwur verbunden, Friedenspflicht und gegenseitige Hilfeleistung gelobt. Wehr- und Steuerpflicht sind allgemeine Bürgerpflichten, der Neubürger muß ihre gewissenhafte Einhaltung ausdrücklich mit seinem Eid bekräftigen.

Das Selbstbewußtsein steigt mit zunehmender wirtschaftlicher Macht, die Bürger – allen voran die reichen Fernkaufleute – trotzen dem Grundherrn Privileg auf Privileg ab. Häufig genug ist die Gewährung derartiger Vorteile nichts anderes als ein Friedenspakt, der den Status quo festschreibt. In den vollen Genuß der neuen Rechte kommen nur die Kaufleute. Zwar gehören auch die Handwerker zu den juristisch kompletten Bürgern, die politische Macht liegt jedoch bei den Fernkaufleuten, den »mercatores«. Sie beherrschen die wichtigsten späteren Hansestädte Lübeck, Köln, Soest, Bremen, Hamburg. Sie sind die Patrizier, berufsständisch organisiert in Gilden, die den Rat und die Stadt regieren. Handwerker finden sich im Stadtrat nicht.

Der Zusammenstoß alter, grundherrlicher Machtbehauptung mit dem neuen, bürgerlichen Machtstreben ist unausweichlich. Er entlädt sich manchmal gewalttätig. Lambert von Hersfeld berichtet über die Volksrevolte der Kölner gegen ihren Erzbischof Anno, der 1074 das Schiff eines Kaufmanns entladen lassen will, um es seinem Freund, dem Bischof von Münster, zur Verfügung zu stellen. Der Aufruhr wird niedergeschlagen. 1115 kommt es zu Unruhen im nordfranzösischen Laon. Den Bischof, der sich in einem Faß versteckt hat, zerren die Bürger heraus und töten ihn. Seinen Finger mit dem Bischofsring schneiden sie ab. Andererseits nutzen weitsichtige Fürsten konsequent und unbefangen die neue städtische Macht für ihre Zwecke wie Heinrich der Löwe. Er stattet seine Lübecker reich mit Privilegien aus, ebnet ihnen politisch die Wege, nur damit er um so stärker Nutzen aus ihrem Wohlergehen ziehen kann. Er füttert den Dukaten-Esel und versucht nicht, wie viele seiner fürstlichen Zeitgenossen, ihm das Fell über die Ohren zu ziehen.

Am Ende der bürgerlichen politischen Selbstbehauptung

steht der Rat, beherrscht von den mächtigen Kaufleuten der Stadt und eifersüchtig verteidigt gegen jene Bürger, die teilhaben wollen an der politischen Willensbildung und Entscheidung. Spannungen mit den in dieser Weise unterprivilegierten Handwerkern bleiben nicht aus. Es kommt zu Unruhen, zu Umsturzversuchen. Der Knochenhaueraufstand von Lübeck ist eine dieser Revolten. In Frankreich muß der König eingreifen: »Alles halten die Reichen in Händen, denn sie wollen keine Gemeinschaft mit denen, die zu arm oder von geringer Herkunft sind. In diesem Jahr ist einer von ihnen Bürgermeister, Geschworener oder Steuereinnehmer, das nächste Jahr ist es sein Bruder, Neffe oder ein naher Verwandter.«
Berüchtigt in Deutschland ist die Kölner Richerzeche, ein Kartell der Reichen und Mächtigen, das seit 1180 die Stadtvertretung bildet. Vetternwirtschaft auch hier; der Klüngel teilt die städtischen Pfründe unter sich auf, bis er 1370 von den Webern bei einem Aufstand gesprengt wird und zwanzig Jahre danach an inneren Querelen zugrunde geht.
Die Kaufmannschaft einer Stadt schließt sich zu Gilden zusammen, die Gilde ist die Organisationsform für die Stadt selbst. Fährt man dagegen zu einem bestimmten Zielort, gründet man Hansen. Beide dieser Genossenschaftstypen bestehen in manchen Städten nebeneinander, so unter anderem in Köln, Soest und Dortmund. Der Begriff »Hanse« bedeutet ursprünglich »Schar« und wird angewendet für Kaufleute, die gemeinsam zu einem Handelsplatz reisen. »Hansen« heißen auch Kaufleute desselben Herkunftslandes im Ausland, so zum Beispiel die flandrischen Händler in London.
Eine »Hanse« ist auch die Genossenschaft der deutschen Kaufleute, die Gotland besuchen – die »universii mercatores Imperii Romani Gotlandiam frequentantes« –, obwohl sie so

nicht genannt wird. Diese Kaufmannshanse, 1161 mit Hilfe von Heinrich dem Löwen ins Leben gerufen, ist der Ursprung der späteren, der eigentlichen Hanse: der Hanse der Städte. Erst verhältnismäßig spät wird der Begriff Hanse auf Zusammenschlüsse norddeutscher Kaufleute angewendet, zuerst 1267 in England, weil das Statut der dort ansässigen Genossenschaft wahrscheinlich dem der flandrischen glich.

Wik und Burg

In topographischer Hinsicht ist es der »Wik«, der die mittelalterliche Stadt zu einem Zentrum des Handels werden läßt. Wik ist der Name für die Siedlung der Kaufleute. Es ist eine reine Händlerkolonie an befestigten Plätzen, den Burgen und Bischofssitzen, die außerhalb der Stadtmauern liegt. Seit der Karolingerzeit hat sich diese Bezeichnung durchgesetzt, sie wird dem Stadtnamen angehängt. Bardowick, Schleswig und Brunswig (Braunschweig) sind typisch dafür. London wird schon im 7. Jahrhundert Lundenwik genannt, um es als Handelsplatz zu kennzeichnen, und Lundenburg, um es als befestigten Ort zu charakterisieren.

Im Wik hatte der Kaufmann sein ständiges Winterquartier. Die übrige Zeit war er auf Reisen, um den herrschaftlichen Hof mit Salz, Gewürzen, Pelzen, Schmuck, Glas und Tuchen zu versorgen. Eine andere nennenswerte Käuferschicht außer Bischof und Burgbesatzung war in der Frühzeit des Handels nicht vorhanden. Konsumwaren wurden von den leibeigenen Bauern und Handwerkern produziert.

Anfangs besteht der Wik meist nur aus einer einzigen, einseitig bebauten Straße, häufig an einem Fluß. Ausgrabungen bestätigten das für den karolingischen Handelsplatz Dorestad. Gleiches gilt für Hamburg, Bremen und die alten Römerstädte Mainz und Worms.

Die Kaufleute treten in die Munt des Königs ein, das heißt, sie werden mit besonderen Vorrechten ausgestattet. Diese Munt sicherte den »mercatores regis« – den königlichen Kaufleuten – Schutz und Frieden gegenüber allen Untertanen des Reiches zu, was in einem Schutzbrief beurkundet wurde. Als Gegenleistung haben sie periodisch Abgaben zu entrichten. Überdies waren sie von der Wehrpflicht befreit und weitgehend von allen Zöllen.

Mit der Ausbreitung und Intensivierung des Handels werden auch die Wiken immer bedeutender und vergrößern sich. Mehr Konsumenten und mehr Händler sorgen für einen größeren Warenumschlag. Der Wik entwickelt seine eigene ökonomische Dynamik, Burg und Bischofssitz treten demgegenüber zurück. Der Zusammenschluß von Burg und Wik zu einer Stadt ist die logische Folge.

Diese »gewachsenen« Städte werden im Laufe des 11. und 12. Jahrhunderts durch »geplante« Städte ergänzt, die vom Grundherrn eigens auf ihren wirtschaftlichen Zweck hin gegründet werden. Wichtigste Vertreterin des neuen Typs ist in Norddeutschland Lübeck – eine Siedlung, die aus dem Boden gestampft wird, ohne an eine bereits bestehende weltliche oder geistliche Niederlassung anzuknüpfen. Es sind Städte in Fertigbauweise, auf die neuen Verhältnisse hin abgewandelte Kopien der rheinisch-westfälischen Städte.

Der Zug nach Osten

»Das ganze Gebiet der Slawen, angefangen von der Eider als der Grenze des dänischen Reiches, und wie es sich zwischen Ostsee und Elbe durch weite Landstriche bis nach Schwerin erstreckt, einst von Hinterhalt starrend und fast ganz verödet, ist nun durch Gottes Gnade vollständig verwandelt worden gleichsam in ein einziges Siedlungsland der Sachsen.« Pfarrer Helmold von Bosau hat allen Grund, Anfang der siebziger Jahre im 12. Jahrhundert zufrieden die Hände zu falten: Die heidnischen Slawen zwischen Elbe und Oder sind fast restlos ausgerottet. Die geringe Zahl, die den Metzeleien im Zuge deutscher Eroberungskriege entkommen konnte, ist christlich geworden, hat den Herzögen und Grafen Tribut zu entrichten oder ist lehnsabhängig geworden.

»Nach Ostland woll'n wir reiten,
wohl über grüne Heiden,
ja, frisch hin über Heiden,
dort ist ein bess'rer Ort.«

So sang man im übervölkerten Flandern und machte sich auf in das leere Land. Rheinländer, Holländer, Sachsen, Franken, Westfalen – sie alle nehmen teil an der großen Binnenwanderung von West nach Ost, ein Zug, der bis zum 14. Jahrhundert andauert. Die Bauern jubeln: Zu Hause werden es ständig mehr Menschen, das Ackerland wird immer knapper; hier dagegen weite Flächen brachliegenden Bodens. Zu Hause – Abhängigkeit von der Grundherrschaft; hier – persönliche Freiheit und Vererbbarkeit des Besitzes.

Jubel auch bei den Kaufleuten: Endlich liegt die ersehnte Ostsee offen vor ihnen, endlich können sie – in einer Zeit des Wirtschaftswunders – nach Belieben expandieren. Der Erfolg Lübecks spricht für sich, ebenso die atemberaubend schnellen Gründungen der deutschen Ostseestädte und deren rasanter Aufstieg.

Zu den Voraussetzungen, denen die Hanse ihre Entstehung verdankt – wirtschaftlicher Aufschwung Europas und Aufblühen der Städte –, gehört auch eine politisch-kriegerische Komponente: die Ostkolonisation. Es ist die Kehrseite einer Münze, die den Start der deutschen Hanse finanziert.

Herzog Heinrich der Löwe und die Markgrafen Albrecht der Bär und Konrad von Wettin sind die großen Regisseure der

Expansion Richtung Osten. Fraglos der bedeutendste des fürstlichen Trios ist der Sachsenherzog. Er setzt die Politik seines Großvaters Lothar von Supplinburg fort, des späteren deutschen Kaisers, der noch als Herzog von Sachsen sich seit 1106 vornehmlich dem Kampf gegen die Slawen gewidmet hatte.
Den slawischen Stämmen zwischen Elbe und Oder fehlte die politische Einheit. Immerhin aber war dem christlichen Obotritenfürsten Heinrich, der als König über die Wagrier in Ostholstein, über die Polaben im Gebiet südlich des Ratzeburger Sees und über die eigentlichen Obotriten im Raum Mecklenburg herrschte, seit Ende des 11. Jahrhunderts quasi eine Staatsgründung gelungen, zur Hauptstadt wurde Alt-Lübeck gewählt. Bei den anderen Stämmen, etwa den Hevellern an der Havel und den Lutizen in Brandenburg, war es dazu nicht gekommen.
Wenige Jahre nach der Ermordung Heinrichs 1127 wurde das Obotritenreich zwischen Pribislaw, einem Neffen Heinrichs, und dem emporgestiegenen Stammesfürsten Niklot geteilt. Pribislaw erhielt Wagrien und Polabien, Niklot die mecklenburgischen Gebiete bis zur Peene zugesprochen.
Pribislaws Nachfolge war nicht von Dauer. Seine verheerenden Züge nach Holstein wurden 1138/39 mit vernichtenden Gegenschlägen beantwortet, was die fast völlige Ausrottung der slawischen Bevölkerung zur Folge hatte. Graf Adolf II. von Schauenburg konnte in seinem bekannten, von Helmold überlieferten Aufruf Flamen und Westfalen herzlich einladen, das verödete Land zu besiedeln.
Der weiter östlich gelegene »Staat« Niklots behauptete sich etwas länger. Er wurde erst 1164 nach einem selbstmörderischen Aufstand der Söhne Niklots gegen den Sachsenherzog zerschlagen. Die entscheidende Schlacht lieferten sich die Heere am 6. Juli 1164 bei Verchen in der Nähe von Demmin. Das slawische Schicksal wurde besiegelt.

Ein Happy-End beschließt die Ostkolonisation. Heinrich der Löwe, der sich aufgrund seiner erfolgreichen Territorialpolitik von einer wachsenden Zahl oppositioneller deutscher Fürsten umgeben sieht, benötigt Bundesgenossen. Dem geflüchteten Pribislaw, einem Sohn Niklots und Namensvetter jenes Neffen vom Obotritenkönig Heinrich, gibt er 1167 Mecklenburg als Lehen zurück. Pribislaw zeigt sich erkenntlich und wird Christ, gründet das Kloster Doberan, dotiert das Bistum Schwerin und begleitet Heinrich den Löwen auf einer Pilgerfahrt nach Jerusalem. Sein Sohn Borwin schließlich heiratet eine Tochter des Sachsenherzogs. Das Paar wird zu den Stammeltern der mecklenburgischen Herzöge.

4. Kapitel:
Nach Gotland, Rußland und anderswo

Die Genossen mit der Lilie

Für den Geldanleger hätte es keinen besseren Tip geben können – wäre die Hanse eine Investmentgesellschaft gewesen. Die Rendite-Aussichten, die ihm dieses Unternehmen eröffnete, schlugen alle Rekorde.

Der Bedarf an Rohstoffen aus dem Osten und Norden – Holz, Asche, Pelzwerk, Erz – war im Westen kaum zu decken. Umgekehrt fanden Tuche und Fertigprodukte im Osten reißenden Absatz. Aber es fehlten leistungsfähige Warenvermittler, rührige Händler, die den Ost-West-Austausch auf eine neue, breitere Basis hätten stellen können. Der skandinavische und friesische Handel stagnierte, was in dieser Zeit des wirtschaftlichen Booms einem Rückschritt gleichkam. Der Markt für die Firma »Hanse« bot also überaus reiche Gewinnchancen, der Erfolg war vorprogrammiert.

Wie ein Öltropfen auf dem Wasser, so breiteten sich die deutschen Händler über die Ostsee aus. Die Insel Gotland war die erste Etappe auf diesem Weg, aber auch die südschwedische Halbinsel Schonen, wo Hering in Massen gefangen wurde, und die mittelschwedischen Erzgebiete bei Vesterås. Die Stadtrepublik Nowgorod schloß sich daran an, ebenso die baltischen Länder und Skandinavien. Parallel zu dieser Ausbreitung in Richtung Osten schufen sich die Kaufleute Stützpunkte am Südrand der Ostsee. Sie gründeten Städte im Kolonialgebiet.

Die Geschichte der Hanse beginnt mit einem Diktatfrieden. Heinrich der Löwe sprach 1161 ein Machtwort, worauf sich Deutsche und Gotländer ewigen Frieden schworen. Wenn es mit dem deutschen Handel etwas werden sollte, so die Rechnung des Fürsten, mußte zunächst der seit langem schwelende Streit der beiden Parteien beendet werden. Schon vor der Gründung Lübecks hatten sich deutsche Händler auf

Gotland eingefunden und wahrscheinlich dem einheimischen Handel hart zugesetzt. Aber auch in Sachsen, wo gotländische Kaufleute umherreisten, gab es oft Ärger. Heinrichs Verdikt beendete diesen für beide Seiten unerfreulichen Zustand. Er bestätigte den Gotländern ausdrücklich ihre Handelsprivilegien für Sachsen, ließ sich aber im Gegenzug entsprechende Vorrechte für seine Kaufleute auf Gotland zusichern und ermunterte diese, sich zu einer Genossenschaft zusammenzuschließen. Ihren gewählten Vorsteher, einen Händler namens Odelrich, bestellte Heinrich zum Vogt und Richter, und Odelrich hatte von deutscher Seite aus für die Einhaltung des Friedens zu sorgen. Als der Sachsenherzog seiner, wie sie jetzt hieß,»Genossenschaft der Gotland besuchenden Deutschen« (»universii mercatores Imperii Romani Gotlandiam frequentantes«) auch noch die Befugnis verlieh, die Lilie – ein Reichssymbol – in ihrem Wappen zu führen und damit ihre offiziellen Schreiben zu siegeln, war die Ur-Hanse geboren.

»Die Schweine fressen aus silbernem Trog...«

Odelrich und seine Genossen waren jetzt durch nichts mehr zu bremsen. Wo die Gotländer hinschipperten, tauchten auch sie auf: in Schweden und Norwegen, in Nowgorod, auf den baltischen Handelsplätzen und in Rußland. Muckte etwa jemand dagegen auf, verwiesen die Deutschen kommentarlos auf jenen Friedensschwur, ein Pakt, den die Gotländer inzwischen bereut haben mögen; denn die Deutschen drängten sie rücksichtslos aus dem Geschäft.
Gotland galt als immens reich. »Die Gotländer haben so reichlich das Gold, sie können es kaum überschauen. Die Schweine fressen aus silbernem Trog, mit Goldspindeln spinnen die Frauen«, reimte mißbilligend-neidisch ein

Chronik-Schreiber. Die Insel war für das gesamte handeltreibende Mittelalter hindurch, bis etwa 1300, dank ihrer einmalig günstigen verkehrsgeographischen Lage, der zentrale Markt in der Ostsee, auf dem sich die Handelswege von Haithabu, später Schleswig, dann Lübeck und Nowgorod trafen, die ihrerseits mit den westlichen Handelszentren und dem Orient verbunden waren. Gotland war als Stützpunkt für die Schiffahrt unentbehrlich, die sich noch an der Küste entlangtastete und die offene See vermied, wobei ihr Kirchtürme als Wegweiser durch Wind und Wogen vertrauter waren als die Gestirne. Die Insel war als Nachschubbasis für Kaufleute, Kreuzfahrer und Missionare bei ihren beschwerlichen Reisen nach Rußland, Schweden und Livland nicht zu ersetzen.

Man segelte zum »Gotländischen Ufer«, wie es damals hieß, zumeist nach Visby, einer skandinavischen Holzbudensiedlung in einer geschützten Bucht an der flachen Westküste. Laden und Löschen der Fracht machte keine Schwierigkeiten, die Schiffe wurden einfach auf den Strand gesetzt. Bald jedoch ließen sich deutsche Kaufleute hier auf Dauer nieder, statt Gotland nur von Zeit zu Zeit zu besuchen. Allmählich entstand auf diese Weise neben der skandinavischen eine deutsche Stadt, die ebenfalls ein Lilien-Siegel, aber mit einer anderen Umschrift, führte: »Sigillum Theutonicorum in Gutlandia manentium« – Siegel der Deutschen, die auf Gotland bleiben. Zwei hansische Gruppen bevölkerten jetzt also die Insel: die »frequentantes«, die zeitweiligen Gäste also, und die »manentes«, die Dauergäste. Die Doppelstadt schloß sich alsbald zusammen, bildete einen paritätisch besetzten Rat und freute sich ihres wachsenden Wohlstands. Und damit der auch möglichst ungeschmälert erhalten bliebe, zog man seit Mitte des 13. Jahrhunderts um das Gemeinwesen eine 3600 Meter lange Mauer, die noch heute praktisch die ganze Altstadt umschließt. Auch der Kirchenbau florierte, unschwer an den zahlreichen Ruinen abzulesen. Die Deutschen errichteten St. Marien, üblicherweise ein Mehrzweckbau, der neben seiner sakralen auch der höchst profanen Bestimmung als Warenlager diente. Der Balken eines Lastenaufzugs ragt noch heute deutlich sichtbar aus dem Giebel.

Der wirtschaftlichen Macht folgte zwangsläufig politische. Visby sicherte sich den Einfluß auf die Gotländische Genossenschaft und war bestrebt, statt dieser den Schutz und die Leitung der deutschen Rußland-Händler zu übernehmen. Für Rechtsstreitigkeiten innerhalb des Nowgoroder Kontors hatte es sich zur Berufungsinstanz ernannt.

Diese Kompetenzerweiterungen mußten aber zum unausweichlichen Konflikt mit Lübeck führen, das seit Ende des 13. Jahrhunderts über die anderen deutschen Städte dominierte.

Vorschkerle und Stromschnellen

Wirtschaftsstrategisch war Gotland für die deutschen Kaufleute eine Etappe in Richtung auf das eigentliche Ziel: Nowgorod, das einen, und zwar den entscheidenden, Vorteil vor Visby hatte – es war reicher. Hier endlich konnte der wakkere deutsche Handelsmann den Wohlstand an der Quelle schöpfen. Zwischen 25 000 und 30 000 Einwohner bevölkerten in der Blütezeit die Stadt, darunter 150 bis 200 deutsche Kaufleute. Unzählige Händler aus aller Herren Länder gaben sich hier ein Stelldichein. Luxusartikel wie Seide, Brokat und Gewürze wetteiferten mit Produkten des russischen Umlandes – Holz, Asche, Pech, Honig, Wachs und Felle – um die Gunst der ausländischen Händler, die aus dem Westen flandrische Tuche, Salz und Waffen mitgebracht hatten.

Zwei Wege führten in die gelobte Stadt: ein älterer zu Wasser, ein neuerer über Land. Den Seeweg hatten einst die Wikinger erschlossen, und ihre Nachfahren um 1200 hielten mangels besserer navigatorischer Ausrüstung noch immer daran fest. Man segelte stets dicht unter Land, von Gotland hinüber zur schwedischen Küste, dann weiter bis zu den Åland-Inseln, dem Sprungbrett nach Finnland, und hinein in den Finnischen Meerbusen bis zur Mündung der Newa. Dort wurde Pause gemacht und der Ältermann gewählt, der künftige Chef des Kontors in Nowgorod. War das erledigt, brach man zum zweiten, schwierigeren, Teil der Reise auf. Zunächst mußte man die Newa stromaufwärts bis zum Ladoga-See fahren. Dort, in der Nähe der Wolchow-Mündung, lagen flache Flußboote, sogenannte Lodjen, bereit, in die das kaufmännische Hab und Gut umgeladen wurde. Elf Kilometer oberhalb der Mündung versperrten Stromschnellen den Fluß und vereitelten die Weiterfahrt, jedesmal eine Angstpartie für die Kaufleute, die erst wieder aufzuatmen wagten, wenn diese Stelle hinter ihnen lag. Die vom Treideln ohnehin schon erschöpften russischen Hilfskräfte, die »Vorschkerle«, mußten hier die Lodjen entladen und auf ihrem Rücken dahin tragen, wo der Wolchow wieder schiffbar wurde. Das kostete Zeit, das kostete Kraft und war auch nicht ganz ungefährlich.
Großes Hallo dann in Nowgorod, wenn der Schleppzug endlich eintraf und die Kähne festgemacht wurden. Herzliche Begrüßung durch die Landsleute, Entlohnung der Treidelknechte und Fuhrleute, die die Waren zum Olavshof der Gotländer gebracht hatten – man wohnte dort noch zur Untermiete –, ein kleiner Imbiß, ein größerer Umtrunk: Man hatte es geschafft.

Bei der Abstimmung gab es Tote

Nowgorod war, abgesehen von Reichtum und Größe, auch sonst einmalig in der mittelalterlichen Städtelandschaft. Die Wolchow-Metropole hatte sich seit Anfang des 12. Jahrhunderts volle Autonomie erkämpfen können. Treibende Kraft dieser Entwicklung war die Volksversammlung, das sogenannte Vece. Nacheinander hatte es alle fürstlichen Vorrechte an sich reißen können, unter anderem die Aburteilung politischer Vergehen. Ein Fürst spielte das Stadtoberhaupt, aber mehr in der Rolle eines Bürger-Maskottchens denn als wirklicher Regent. Besonders beliebt war dieser Job bei den Edlen freilich nicht, denn das Vece, das ihn wählte, konnte ihn auch wieder davonjagen und machte auch fleißig von diesem Recht Gebrauch. So verschliß die Stadtrepublik zwischen 1136 und 1238, in wenig mehr als hundert Jahren also, 38 ihrer Repräsentanten. Jeder verwaltete im Durchschnitt das Amt nur 2,7 Jahre. Daß bei soviel Demokratie die hohe Geistlichkeit nicht ungeschoren davonkam, versteht sich von selbst. Eines Tages warfen die Nowgoroder kurzerhand ihren Erzbischof hinaus.

Trotz aller Volksbeteiligung am Stadtregiment: Das große Wort führten die Bojaren, der dominierende der drei Stände Nowgorods. In den Schatztruhen dieser Leute, Mitglieder von etwa 40 Familien, sammelte sich der städtische Wohlstand. Sie beherrschten dank ihrer ausgedehnten Ländereien den Handel. Hier wurden das Wachs und der Honig gewonnen, die begehrten Pelztiere gefangen – alles, was Nowgorod für die Ausländer so anziehend machte.

Als Bojar war man sich fürs Geschäftemachen zu fein, das überließ man lieber dem zweiten Stand, der »kupcy«, den Kaufleuten, denen man außerdem häufig mit Darlehen dienlich war.

Für die alltägliche Arbeit schließlich war die »cernj«, die »schwarze Masse« zuständig, die es als dritter Stand aber immer noch besser hatte als die unzähligen Sklaven – nach damaligem Verständnis eine Art nützliches Haustier. Zu den gängigen parlamentarischen Bräuchen der Volksversammlung gehörten Straßenschlachten. Wurde man sich nicht einig, so verdrosch man einander. So einfach war das. Herzhafte Faustkämpfe, zu zweit, zu mehreren, womit die Auseinandersetzungen zu beginnen pflegten, brachten – wie konnte es anders sein – keine allgemein akzeptierte Entscheidung. Erst wenn die animierten Zuschauer mitmischten und sich mit Knüppeln, Planken, Bohlen und sonst geeignetem Werkzeug die Köpfe blutig schlugen, konnten eindeutige Abstimmungsergebnisse erzielt werden. Daß dabei Tote und Schwerverletzte auf der Strecke blieben, nimmt nicht weiter wunder.

Wenn man so richtig in Stimmung war, zog man vor die Tore der ausländischen Handelshöfe, riß die Palisadenzäune nieder und plünderte das Warenlager. Die vor Angst und Schrecken blaß gewordenen Kaufleute flüchteten in die steinerne Kirche und hockten zitternd auf den Restbeständen ihrer teuren Waren, betend, daß die verrammelte Kirchentür dem Ansturm des Mobs standhalte. War der Rausch verflogen und die Menge gehörig besoffen, kehrte der Friede wieder ein. Man konnte ans Aufräumen gehen.

Deutsche machen das Geschäft

Daß angesichts solch derben Brauchtums, das manchmal in regelrechte Pogrome ausartete, ständig mehr deutsche Kaufleute nach Nowgorod fuhren, ist einzig dem zweitstärksten menschlichen Trieb zuzuschreiben: Geld verdienen.
Dazu bot sich in so reichem Maße Gelegenheit, daß die

Händler auch bald über Land in die reiche, rauhe Stadt am Ilmensee fuhren, sommers mit dem Wagen, winters per Schlitten.
Die Pioniertat gelang im Jahre 1201. Der erste Schlittenzug war von Riga aus nach Nowgorod aufgebrochen und glücklich dort angekommen. An die »Fahrt über den Berg«, wie das abenteuerliche Unternehmen hieß, konnte man sich erst seit jener Zeit wagen, als Livland durch deutsche Stützpunkte einigermaßen gesichert worden war. Reval als Ausgangsbasis derartiger Reisen folgte wesentlich später, wahrscheinlich erst mit der Anlage eines deutschen Brückenkopfes in Narwa.
Richtig populär allerdings wurde diese neue Handelsroute nie. Sie dürfte denn doch zu mühselig und letztlich auch zu gefahrvoll gewesen sein. Nach wie vor stand der Seeweg nach Nowgorod an erster Stelle.
»Wasserfahrer« und »Landfahrer« teilten sich streng in zwei Gruppen: die »Sommerfahrer«, weil sie mit »dem ersten Wasser« – nach der Eisschmelze im April und Mai – eintrafen und den Sommer über blieben. Sie lösten die »Winterfahrer« ab, die seit dem Herbst des vorangegangenen Jahres den Kaufhof bewohnten. Die deutsche Kolonie, Logiergäste der Gotländer, machte sich bald selbständig, und ihre skandinavischen Kollegen bekamen es jetzt schmerzlich zu spüren, welche Nachteile der Friedensschwur für sie mit sich brachte: Das große Geschäft machten die Deutschen. Der gotländische Olavshof war allmählich zu klein geworden, um alle Gotländer und Deutschen beherbergen zu können. Die Genossenschaft sah sich nach einer neuen Bleibe um, behielt aber weiterhin ihr Quartier im Olavshof.
1185 wird von einem Kirchenneubau berichtet, aber es ist nicht sicher, daß es sich um St. Peter handelt, die der deutschen Niederlassung ihren Namen gab. Vier Jahre später,

1189, treten die deutschen Kaufleute zum ersten Mal als selbständige Vertragspartner neben den Gotländern auf. Fürst Jaroslaw gewährt ihnen – im Wege der Gegenseitigkeit für russische Händler – Schutz für Leib, Leben und Hab und Gut. Sicher belegt ist der Peterhof erst für die Jahre 1205 bis 1207, als Fürst Konstantin die Deutschen reichlich mit Handelsvorrechten versorgt.

Mit den Schönen ins Bad

Nowgorod, an beiden Ufern des Wolchow gelegen, bestand aus fünf Stadtteilen. Diese Bezirke, die »koncy«, waren rechtlich selbständige Gemeinwesen, an deren Spitze Bojaren standen, und unterteilten sich wiederum in einzelne Straßengemeinschaften, geleitet von dem »starosta«. Wohlfahrtspflege, Bau- und Pflasterarbeiten waren Selbstverwaltungs-Angelegenheiten der Anwohner. Der Peterhof zum Beispiel war öfters in Streitigkeiten mit den benachbarten Straßengemeinden Michailowskaja ulica und Iljinskaja ulica verwickelt, wenn man sich wegen der Umzäunung nicht einig werden konnte.
Eben jener Zaun, aus starken Palisaden oder Bohlen errichtet und mit nur einem festen Tor versehen, gehörte neben der Kirche zu den wichtigsten Bestandteilen des Peterhofs. Von ihm hing ab, ob das Kontor wenigstens den ersten heftigen Ansturm der prügelnden Parlamentarier heil überstehen konnte, die sich vom nur 200 Meter entfernten Marktplatz herüberwälzten.
Nur tagsüber, während der Handelszeiten, stand das Tor offen. Abends wurde es sorgfältig verschlossen, und ein Hofwächter ließ Bluthunde von der Kette, die jeden Eindringling in Stücke rissen, der sich tollkühn im Innenraum blicken ließ. Der Hof mit seinem reichhaltigen Warensortiment übte na-

türlich einen außerordentlichen Reiz auf Diebe und Räuberbanden aus. Aber dank der Vorsichtsmaßnahmen konnte man das Gesindel auf Distanz halten.

Mittelpunkt der Niederlassung war die Peterskirche, wie üblich ein eher ökonomisches als geistiges Zentrum des Hofs. Sie diente als Speicher, wobei jeder Warenart ein besonderer Aufbewahrungsplatz im Gotteshaus zugewiesen war. Nur der Altar, der durfte nicht durch aufgepackte Ware entheiligt werden. In dieser Frage war man sehr eigen. In der Kirche stand auch die kontoramtliche Waage mit den geeichten Gewichten. Der Priester, den die Winterfahrer regelmäßig mitbrachten, war verpflichtet, außer seinen seelsorgerischen Aufgaben die offizielle Korrespondenz des Kontors zu führen, wozu ohnehin kaum einer der Kaufleute imstande gewesen wäre, da sie fast alle Analphabeten waren. Ein guter Nebenverdienst fiel für ihn außerdem ab, denn er erledigte noch die private Post seiner Schutzbefohlenen. St. Peter diente also auch als Büro. In der Kirche wurden die Geldkiste des Hofs und das Archiv gehütet. Ihre wichtigste Funktion aber war die einer Festung, als letzte Zuflucht vor dem aufgebrachten Pöbel, wenn er in den Hof eingedrungen war.

Rings um die Kirche scharten sich die Gebäude, Wohnungen, Kaufläden und Speicher, alles aus Holz gebaut und deshalb – wie Nowgorod insgesamt – ständig von Feuersbrünsten bedroht. Die Häuser, mehr schlecht als recht zu beheizen, total verqualmt und vor Schmutz starrend, bestanden aus den Eß- und Schlafstuben sowie mehreren Versammlungsräumen – einer für die älteren Kaufleute, die »Meistermänner«, ein anderer, die »Kinderstube«, für die Gehilfen und Lehrlinge. Dem Priester wurde seine separate Behausung zugewiesen. Mußte ein Genossenschaftsmitglied wegen einer Straftat eingesperrt werden, kam es in den Keller, »Pogribbe« genannt. Ein Brauhaus sorgte für steten Biernachschub. Krankenstube und Badestube, die gemeinnützigen Einrichtungen der Niederlassung, standen jedermann zur Verfügung, letztere allerdings ohne Damen, die sonst den Aufenthalt im Bad so angenehm zu gestalten wußten. Der Peterhof nämlich duldete keine Frauen innerhalb der Umfriedung, jedenfalls nicht als Dauergäste und schon gar nicht im Bad. Helle Empörung herrschte daher unter den Weiberfeinden, als einmal Kaufgesellen erwischt wurden, die mit hübschen Landestöchtern in den Zubern plätscherten.

Meister beim Mogeln

Oberstes Gebot im Umgang mit den Russen war Mißtrauen. »Trau keinem Russen« – diesen Satz hätten sich die Kontoristen über das Tor nageln können. Ganz besonders galt das fürs Geschäftemachen. Mogeleien gehörten wie selbstverständlich zum Händler-Alltag, nicht nur auf russischer Seite. Die Deutschen standen ihren Geschäftsfreunden aus Nowgorod und Umgebung im Betrügen um nichts nach und nutzten obendrein noch schamlos die Position des Stärkeren aus, die sie dank der Vorrechte errungen hatten.
Wenn das Hoftor morgens geöffnet wurde und die ersten kupcy mit Pelzen, Wachs und Leder in die kleinen Kaufmannsläden gingen, trat zunächst ein deutscher Warenprüfer in Aktion, eventuell auch ein Dolmetscher, sofern der Handelsmann des Russischen nicht mächtig war. Auf das sorgfältigste wurde alles untersucht, berochen, abgeklopft, gewogen, besonders wenn man Wachs und Hanf kaufen wollte, denn bei diesen Waren vollbrachten die Russen wahre Meisterleistungen im Verfälschen.
Unter diesen Umständen herrschte strengstes Verbot, den Russen Kredit einzuräumen. Mit deren Zahlungsmoral hat es offenbar ohnehin gehapert. Noch im 15. Jahrhundert hatte

man an der Peterskirche eine »Schwarze Liste« mit den Namen unredlicher russischer Kaufleute angeschlagen. Wesentlich leichter hatten es die Deutschen, wenn sie ihre Partner hereinlegen wollten, denn die durften die eingetauschten Waren an Ort und Stelle nicht so sorgfältig prüfen. Hinterher, draußen auf dem Markt, merkten sie dann oft genug, daß ihnen statt hochwertigem flandrischem Tuch billige Ware von irgendwoher angedreht worden war, oder daß die Maße wieder nicht stimmten. Um so größer war dann die Genugtuung, wenn man die deutschen Gauner in ihren Buden, trotz aller peinlich genauen Warenprüfungen, doch hatte übers Ohr hauen können.

Vier Schlüssel für die Geldkiste

Unumschränkter, wenn auch manchmal nicht unumstrittener Boß der eingezäunten deutschen Handelsrepublik in Nowgorod war der Ältermann. Als Berater umgaben ihn vier Ratsmänner, außerdem der Priester und zwei Kirchenvorsteher. Daneben hatte in wichtigen Angelegenheiten der »Steven«, die Vollversammlung der Händler, ein Wort mitzureden.

Der Ältermann – es mußte ein selbständiger Kaufmann sein – war mit nahezu diktatorischen Befugnissen ausgestattet. Er mußte ein Bürger Lübecks sein, jedenfalls von der Zeit an, als die Travestadt die Führung der Gotländischen Genossenschaft an sich gerissen hatte. Später, im 15. Jahrhundert, wechselte der Vorsitz auf Kaufleute aus Reval und Dorpat über.

Er war in Personalunion der politische Führer, denn er vertrat das Kontor nach außen und verteidigte die Interessen und Privilegien gegenüber den russischen Machthabern, war oberster Verwaltungschef, der dafür zu sorgen hatte, daß die

Hofordnung, die Schra, eingehalten wurde, und dem die drei Gruppen der Bewohner, nämlich die »Maschapeien« der »Meistermänner«, der Knappen (Gesellen) und der Kinder (Lehrlinge) unterstanden, und war zugleich oberster Gerichtsherr, der Angeklagte sogar zum Tode verurteilen konnte.

Später, als Nowgorod seine Bedeutung für die Hanse einzubüßen begann, wurde die Verwaltung vereinfacht. Man übertrug die laufenden Geschäfte einem »Hofknecht«, der entgegen seiner Bezeichnung kein einfacher Diener, sondern eine einflußreiche Persönlichkeit war, vergleichbar etwa einem Ratsherrn. Die Namen von 13 solcher Hofknechte aus der Zeit von 1409 bis 1494 sind bekannt.

Mußte man abreisen, weil die Zeit des Aufenthaltes abgelaufen und die neue Besatzung noch nicht eingetroffen war, übergab der Ältermann gewöhnlich die beiden Hofschlüssel versiegelt den Russen, einen dem Erzbischof, den anderen dem Abt des St.-Georgs-Klosters. »St. Peters schap«, die Geldkiste des Kontors, nahmen sie mit nach Visby und deponierten sie in der Marienkirche. Die vier Schlüssel der Schatztruhe erhielten die Älterleute der Gotländischen Genossenschaft aus Visby, Lübeck, Soest und Dortmund zur Aufbewahrung.

Taufe in Livland

Nowgorod war zwar das wichtigste, nicht aber das alleinige Ziel der Genossenschafter aus Gotland. Zu gleicher Zeit segelte ein Teil von ihnen an der Insel Ösel vorbei zur Mündung der Düna und begann mit den dort ansässigen Liven zu handeln. Zwangsläufig ergaben sich dabei auch Kontakte mit den Russen, die den Strom von dem Städtchen Polock aus beherrschten. Von dort aus gelangten die Kaufleute dü-

naaufwärts nach Vitebsk und weiter auf dem Landweg bis nach Smolensk, das ausgezeichnete Verbindungen zum russischen Süden und Osten hatte.
Daß die deutschen Kaufleute sehr schnell in der Lage waren, in Livland Fuß zu fassen, verdankten sie der erprobten Kooperation mit dem Klerus. Einmal mehr erwies sich das Bündnis zwischen Kirche und Kommerz als unschlagbar.
Hartwig, Erzbischof von Bremen, träumte von vergangener Größe, von der Zeit nämlich, in der sein Amtsvorgänger Adalbert über alle Seelen der nördlichen Christenheit gebieten konnte. Weit hatte dieser Kirchenfürst die Grenze des neuen Glaubens vorgeschoben, zu Gottes und dem eigenen Ruhm bis hinauf zu den Skridefinnen ins ferne Lappland, nach Norwegen, über Island und Grönland bis hin zu dem neuentdeckten West-Erdteil. Bremen war »gleich Rom namhaft unter den Völkern des Nordens«, prahlte Adam von Bremen, der Chronist.
Inzwischen aber war – im ausgehenden 12. Jahrhundert – der Glanz der Missionsarbeit verblaßt. Es hatte Rückschläge gegeben, das große Werk der Bekehrung war ins Stocken geraten. Seit einiger Zeit jedoch predigte ein Priester namens Meinhard aus dem holsteinischen Kloster Segeberg den Liven das Evangelium. Nicht ohne Erfolg, wie man erfreut vernahm, denn 1184 ließ sich eine Gruppe Landeskinder taufen, woraufhin der emsige Missionar eine Kirche in Üxküll bauen ließ, unweit der Düna-Mündung.
Hartwig frohlockte. Die alten, die ruhmreichen Zeiten schienen wiederzukehren – Meinhard wurde zum Bischof für Livland geweiht. Aber die Liven, mehr noch die Esten, ein Völkchen finnischer Stammeszugehörigkeit, sperrten sich dem christlichen Glauben heftiger als erwartet. Ein dauerhafter Erfolg, das galt bald als ausgemacht, war nur durch einen Kreuzzug zu erreichen.

Bis nach Smolensk

Meinhards Nachfolger Albert, ein Neffe des Bremer Domherrn, ging tatkräftig ans Werk und warb so überzeugend für die große Sache, daß er außer der Unterstützung durch Papst Innozenz III. auch die des dänischen Königs – zu jener Zeit Herr über Norddeutschland –, Philipps von Schwaben, des Erzbischofs von Lund, Lübecks und, was das wichtigste war, auch die der Gotländischen Genossenschaft erhielt. Damit nämlich war das schwierige Transport-Problem, die Kreuzfahrer nach Livland zu bringen, gelöst. Eine Landverbindung zum Reich, über die die Truppen hätten heranrükken können, war nicht vorhanden. Krieger und Nachschub waren auf den Seeweg angewiesen.

Die Genossenschaft der Kaufleute rüstete mehrere Hundertschaften Kreuzfahrer aus und sorgte für den reibungslosen Truppen-Transport. Diese Investitionen sollten sich aufs beste auszahlen, aus christlicher wie merkantiler Sicht. Zügig konnte die baltische Heidenfront aufgerollt werden, wozu vor allem die von Bischof Albert 1202 gegründete Kolonial-Schutztruppe »fratres militiae Christi« – genannt Schwertbrüder-Orden, weil ein Schwert ihren Mantel zierte – beitrug.

In den eroberten Landstrichen wurden sofort Städte gegründet, in denen sich deutsche Händler niederließen: Riga schon 1201, Dorpat 1224, Reval 1230, wo neben dänischen und schwedischen Siedlern 200 Deutsche ihre Verkaufsbuden aufschlugen.

Privilegien des Fürsten von Polock sicherten den deutschen Kaufleuten Einfluß bis nach Smolensk. Dort schlossen sie sich zu einer eigenen Genossenschaft zusammen, kauften Häuser und bauten eine Marienkirche. Der Vertrag mit dem Smolensker Fürsten von 1229, der ihre Tätigkeit regelt, ist ein beredtes Zeugnis dafür, daß die Kaufleute aus den verschiedensten Gebieten, nicht etwa nur aus einer Stadt kamen. Als deutsche Zeugen beglaubigten das Schriftstück vier Kaufleute aus Riga, drei vom »Gotischen Ufer«, je zwei aus Lübeck, Soest, Münster, Dortmund und Groningen sowie ein gewisser Herr Zeisig aus Danzig. Verglichen mit Nowgorod kümmerte die buntscheckige deutsche Siedlung in Smolensk allerdings dahin. Polock und Vitebsk legten sich bald einen eigenen Warenstapel zu, der den freien Handel der deutschen Kaufleute stark behinderte. Seit der zweiten Hälfte des 13. Jahrhunderts suchen sie daher Smolensk nicht mehr auf, sondern begnügen sich mit Polock als östlichstem Punkt im Rußland-Handel.

1236 schienen die livländischen Eroberungen mit einem Schlag verlorenzugehen. Die noch heidnischen Litauer hatten den Schwertbrüdern eine verheerende Niederlage beigebracht. Nur die rasche Militärhilfe Hermann von Salzas, der mit seinen Deutschrittern eben die Eroberung Preußens gestartet hatte, rettete das Land für die Kolonisten. Nicht mehr zu retten war dagegen der Schwertbrüder-Orden. Das, was die Litauer von ihm übriggelassen hatten, schluckte der Deutsche Orden, der jetzt die Kolonisation energisch vorantrieb.

5. Kapitel:
Die Osterlinge kommen

Schweden: Entwicklungshelfer aus dem Harz

Außer Rußland und Livland stand im ausgehenden 12. Jahrhundert auch Skandinavien auf dem Expansionsprogramm deutscher Kaufleute. Zwei Landesprodukte reizten sie besonders, den Fuß auf die Gegenküste zu setzen: der Hering, der seit alters her bei Schonen, einer kleinen Halbinsel im Südwesten des Landes am Ausgang des Sundes, gefangen wurde, und schwedisches Eisenerz, das »Osemund«. Seit das Abendland christlich geworden war, wuchs die Nachfrage nach Fisch als preiswerter Fastenspeise ständig. Schonen gehörte zu den Hauptexportgebieten Nordeuropas. Hering soll dort, so der Chronist Saxo Grammaticus, in solchen Mengen vorgekommen sein, daß er mit den bloßen Händen gefangen werden konnte und die Schiffahrt behinderte, was natürlich völlig übertrieben ist. Aber erst als die Lübecker um 1200 nach Schonen fuhren, begann die professionelle Vermarktung dieses begehrten Fisches. Sie brachten Salz aus Lüneburg mit, um den Hering zu pökeln, damit er auch längere Transporte überstehen konnte, ohne zu verfaulen. Und sie schickten Böttcher zu den Fangplätzen, die Tonnen für den Versand herstellten. Diese hansischen Heringsfässer reisten in die entlegensten Winkel Europas. Ein guter Teil hansischen Wohlergehens fußte auf dem Heringshandel. Wahrscheinlich war er im 13. und noch im 14. Jahrhundert Exportschlager Nummer eins, jedenfalls was die Menge, nicht den Wert anbelangte.
In der Fangsaison vom Juli bis September jeden Jahres brach auf Schonen hektische Betriebsamkeit aus. Zu den Fischhändlern aus Lübeck gesellten sich bald solche aus anderen Ostseestädten, daneben machten sich sächsische und westfälische Kaufleute breit. Jeder durfte auf einem kleinen Stück Land, der »Fitte«, das die interessierten Städte bei den Ort-

schaften Skanör und Falsterbo erworben hatten, seine Buden aufschlagen. Seit der Mitte des 13. Jahrhunderts fanden sich auch die Engländer und Niederländer dort ein. Weil man sich ohnehin jedes Jahr hier regelmäßig traf, nutzte man die Gelegenheit zu emsigem Handeln – die Schonenschen Messen wurden auf diese Weise aus der Taufe gehoben: ein internationaler Markt, auf dem es eben neben dem Hering alles zu kaufen gab, was ringsherum in den Ostseeländern und in Westeuropa produziert wurde, unter anderem Salz, Getreide, Bier und Tuche. Bei dieser Gelegenheit machten die Nordseeanrainer England und die Niederlande die Schiffahrt durch Skagerrak und Kattegat populär.

Allmählich jedoch beschlich die deutschen Händler angesichts der starken ausländischen Beteiligung an den Messen ein ungutes Gefühl. Sie befürchteten, daß dieser internationale Markt ihrem Ost-West-Handel gefährlich werden konnte, und sie drängten Engländer und Niederländer sanft, aber sehr nachdrücklich aus dem Geschäft. Auf diese Weise degradierten sie die Schonenschen Messen zum bloßen Heringsmarkt, was die Deutschen aber weiter nicht anfocht, denn sie hatten sich längst das Monopol auf den Fastenfisch gesichert.

Die andere Region, die Hanse-Händler nach Schweden lockte, waren die Erzgebiete beim Mälarsee und Falun. Unter tatkräftiger Entwicklungshilfe von Bergleuten aus dem Harz, die das technische Know-how, und Unternehmern aus Lübeck, die das Kapital mitbrachten, begann der Eisen- und Kupfererzabbau großen Stils.

Man ließ sich auf Dauer nieder. In Vesterås zum Beispiel, dem Zentrum des Kupferhandels, wurde der Stadtrat paritätisch mit sechs Deutschen und sechs Schweden besetzt. Noch im 14. Jahrhundert hält Lübeck schwedische Bergwerksanteile.

Die Ausfuhrhäfen für Osemund waren Stockholm und Kalmar, und folgerichtig finden sich auch hier die ältesten Spuren deutscher Einwanderung, in Kalmar seit 1200, in Stockholm seit 1251, dem Gründungsdatum der Stadt. Reichsregent Birger Jarl hatte die Deutschen ins Land geholt. Sie halfen, das junge Stockholm zu einem Zentrum politischer und ökonomischer Macht aufzubauen. Jarls Absichten waren auf die Erneuerung des darniederliegenden Handels gerichtet, der seit der Zerstörung Sigtunas 1187 nie mehr recht gedeihen wollte. Der Reichsregent lag mit dieser Politik genau auf der Linie zeitgenössischer Entwicklungspolitik: Städtegründungen, um den Handel zu fördern, und Privilegierung der Fremden, um von ihnen zu lernen, größtmöglichen Nutzen zu ziehen und die Wirtschaft ankurbeln zu lassen.

Schon bei der Gründung Stockholms hatte Birger Jarl eine Klausel in die Gründungsurkunde aufgenommen, daß die Lübecker, die sich niederlassen wollten, nach Landesrecht behandelt und »Schweden« genannt werden sollen – ein weitsichtiger, aber vergeblicher Versuch, ausländische Enklavenbildung in den Städten zu verhindern, denn dann hätten einheimische und ausländische Wirtschaft in einem halbwegs ausbalancierten Kräfteverhältnis stehen müssen. Das aber war nicht der Fall. Die ins Land gerufenen Deutschen waren von Anfang an überlegen, und sie blieben es auch während der ein Jahrhundert dauernden ständigen Zuwanderungen. Ihre Naturalisierung zu Schweden gelang nur höchst unvollkommen, zum Teil scheiterte sie auch gänzlich. Obgleich die deutschen Kaufleute anscheinend nirgends die Mehrheit der Stadtbevölkerung stellten, war doch ihr Einfluß auf die Führung der Stadtverwaltung so groß, daß noch 1345 eine königliche Verordnung vorschrieb, die Stadträte je zur Hälfte aus Schweden und Deutschen zu bilden, eine Regelung, die später manchmal noch zugunsten der Deutschen erweitert wurde.

Norwegen: Stockfisch für Getreide

Gegen Ende des 12. Jahrhunderts drangen lübische Kaufleute auch nach Norwegen vor und gelangten bis nach Bergen, einem der betriebsamsten Häfen des Landes. 1191 besuchte eine Gruppe dänischer und norwegischer Kreuzfahrer Bergen, bevor sie ins Heilige Land fahren wollten. Ein Jahrzehnt später schrieb ein Teilnehmer seine Eindrücke auf: »Diese Stadt ist dort die berühmteste im Lande. Viele Menschen wohnen dort, sie ist reich und hat mancherlei Überfluß. An Stockfisch, den man Skreith nennt, ist so viel da, daß man ihn weder messen noch zählen kann. Schiffe und Mannen kommen von allen Kanten gesegelt, Isländer, Grönländer, Deutsche, Engländer, Dänen, Schweden, Gotländer und andere Nationalitäten, die alle zu erwähnen zu weit führen würde. Alle Arten kann man dort finden, wenn man sich die Zeit nimmt, hinzuschauen. Es gibt auch Mengen von Wein, Honig, Weizen, Leinen, Silber und anderen Verkaufswaren und lebhaften Handel mit allem möglichen.«
Mit sicherem Blick hatte der Schreiber alles erkannt, was die Hansen zu einer beschwerlichen und gefahrvollen Reise in das Land der Mitternachtssonne verleiten konnte. Für die Lübecker gehörte der Stockfisch, der »Bergenfisch«, zu den Hauptattraktionen, die der norwegische Markt zu bieten hatte. Dieses an der Luft getrocknete Produkt der Dorsch- und Kabeljaufänge bei den Lofoten und Westeralen war, ebenso wie der Schonensche Hering, eine beliebte Fastenspeise und darum für die Hansen von großem kaufmännischen Interesse. Die Lübecker trafen in Bergen auf ihre Landsleute aus Bremen, die Norwegen schon früher für den Handel entdeckt hatten.

Obwohl sich die Händler aus der Travestadt alle Mühe gaben, gelang ihnen kein so rascher Durchbruch zur führenden Kaufmannsschicht wie in Schweden. Mehr als ein Jahrzehnt brauchten sie, bis sie den Herrschern die entsprechenden Privilegien abgetrotzt hatten, die ihnen im skandinavischen Nachbarland Schweden und in Nowgorod mühelos in den Schoß gefallen waren. Genauso lange dauerte es auch, bis sie ihre Mitbewerber am Bergenhandel, Bremer, Engländer, Niederländer, ausgebootet und den traditionellen norwegischen Eigenhandel nach Schottland, England und die Niederlande abgewürgt hatten. Anders als in Schweden bekamen die hansischen Kaufleute hier aber starken Widerstand der Einheimischen zu spüren. Als weitaus wirksamste Waffe in diesem Kampf um den Markt erwiesen sich die Getreideüberschüsse, mit denen die wendischen und pommerschen Städte Norwegen durchfütterten. Denn das Land war auf Kornimporte angewiesen. Sie waren im Wortsinn lebenswichtig. Die Eigenproduktion reichte bei weitem nicht aus, die Bevölkerung satt zu bekommen. König Hakon IV. sandte 1248 einen Brief nach Lübeck mit der dringenden Bitte, wegen einer schweren Hungersnot im Land Getreide zu schicken. Hakon V. schließlich, ein scharfer Gegner der Hanse, sah sich 1316 dazu gezwungen, die Stockfisch- und Butterausfuhr vom Getreideimport abhängig zu machen, um ausreichenden Kornnachschub zu sichern und nicht der hansischen Willkür ausgeliefert zu sein. 1331 wurde die Aufenthaltserlaubnis für Ausländer – gemeint waren die Deutschen – auf die Dauer des Marktes in Bergen vom Mai bis September jeden Jahres beschränkt. Dies war für die Hansen ein schwerwiegender Eingriff insofern, als sie seit 1259 darangegangen waren, sich in Bergen einzumieten und zu überwintern. Die bevorzugte Gegend war das Bryggen-Gebiet östlich des Vagen.

Aus der Niederlassung der »Wintersitzer« ging das wegen seiner außerordentlich rohen »Spiele« berühmt-berüchtigte Hansekontor in Bergen hervor: die Tyske-Brygge, eine Siedlung aus Holzhäusern, die, obwohl im Laufe der Jahrhunderte durch Brände und sonstige Zerstörungen arg in Mitleidenschaft gezogen, mit ihrem Hansemuseum noch heute zu den Attraktionen der Stadt gehört. Die große Zeit des Kontors brach aber erst um 1350 an, gut hundert Jahre später, nachdem die ersten Deutschen ansässig geworden waren. Den handelspolitischen Umschwung zugunsten der Hansen leitete König Magnus ein, der 1343 den Deutschen Zoll-, Verkehrs- und andere Privilegien gewährte. Zu dieser Zeit hatte sich die Kaufmannshanse aber schon in die Städtehanse verwandelt. Mit den Kaufleuten zogen auch Handwerker nach Bergen, generell als »Schumacher« bezeichnet, weil dieses Gewerbe mutmaßlich das Hauptkontingent stellte. Ihnen erging es nicht anders als den Kaufleuten: Sie wurden gehaßt, aber zähneknirschend geduldet, weil sie die besseren Waren herstellten. Beide Gruppen hielten engen Kontakt miteinander. In der Fremde, am nördlichen Ende der hansischen Welt, rückte man eben ein bißchen enger zusammen.

Die andere Region, in der sich hansische Kaufleute konzentrierten, war der Oslofjord mit den Städten Oslo und Tönsberg. Diese Gegend war jedoch mit Abstand nicht so bedeutend wie Bergen, aber immerhin, Tönsberg war nach Bergen die zweitgrößte Handelsstadt des Landes, wahrscheinlich bedeutender noch als Oslo.

Auch hier im Süden Norwegens hatte die deutsche Kaufmannschaft Widerstand zu überwinden, was aber erst relativ spät gelang, zu einer Zeit nämlich, als sich die anderen Hanseniederlassungen längst konsolidiert hatten. In Oslo und Tönsberg dominierten die Händler aus Rostock, nachdem die Bremer und Hamburger, die anfangs dort Fuß zu fassen suchten, die Stellung geräumt hatten.

Es sieht ganz so aus, als sei der Norwegenhandel in Interessensphären aufgeteilt worden: Bergen für die Lübecker, Südnorwegen für die Rostocker. Die Vermutung liegt nahe, daß man sich gegenseitig nicht ins Gehege kommen und Konkurrenz machen wollte.
Die Bedingungen freilich, unter denen sich die Hansen im Süden entfalten konnten, waren ungleich günstiger als im nördlichen Bergen. Die deutschen Kaufleute in der Stockfischstadt mußten ihre Aktivitäten auf das Stadtgebiet beschränken. Das war vertraglich geregelt worden und wurde auch respektiert. Verboten war zum Beispiel, nördlich der Stadt Handel zu treiben oder ihn in Richtung Island und Grönland auszudehnen.
Im Süden dagegen unterlagen sie keinerlei derartigen Beschränkungen; ihnen stand das ganze Land offen. Aber es dauerte noch bis zur Mitte des 14. Jahrhunderts, bis der hansische Handel auch hier die Vorherrschaft errungen hatte.

England: Krach mit den Kölnern

Noch im 13. Jahrhundert erweiterten die Ostseekaufleute ihren Aktionsradius in Richtung Westen. Immer häufiger waren jetzt Händler aus Lübeck, Visby, aber auch Rostock, Elbing und Riga in England und Flandern anzutreffen. Die »Osterlinge«, wie sie genannt wurden, hatten die Nordsee entdeckt.
Bevorzugte Reiseroute war jedoch noch nicht der Seeweg durch die dänischen Meerengen und um Jütland herum. Sondern Endstation für die Schiffe war der Lübecker Hafen, wo das Frachtgut auf Wagen umgeladen und über Land nach Hamburg transportiert wurde. Von der Elbe aus ging es weiter, entweder per Schiff in die Niederlande oder auf schlechten Straßen nach dort.

Anders als in Rußland und Schweden trafen die Osterlinge in Flandern, besonders aber in England, auf den alteingesessenen Handel der Kölner, Bremer und Westfalen, und sie taten sich sehr schwer, ihren Anteil an den Geschäften zu erwerben.
Schon um die Jahrtausendwende hatte der englische König Ethelred II. den »Untertanen des Kaisers« – das waren die Kölner und westfälischen Kaufleute – »guter Gesetze« für würdig befunden und sie rechtlich seinen Londoner Untertanen gleichgestellt.
Der Einfluß der Kaufleute vom Kontinent verstärkte sich in der ersten Hälfte des 12. Jahrhunderts erheblich. Eine Verordnung für die »Lothringer«, die Sammelbezeichnung für die Deutschen, bezeugt den Umfang und die Vielfalt des Handels: Wein, Gefäße aus Gold und Silber, wertvolle Steine, Tuche aus Konstantinopel und Regensburg, Leinwand und Panzerhemden aus Mainz werden geliefert. London hatte vollen Anschluß an den Weltmarkt.
Die Führerschicht der »Lothringer« stammte aus Köln. Sie erhielten die frühesten überlieferten Privilegien in England. König Heinrich II. stellte die Kölner, ihre Waren und ihre Londoner Niederlassung unter seinen besonderen Schutz und bestimmte, daß Kölner Wein zu den gleichen Bedingungen verkauft werden sollte wie französischer. Knapp zwanzig Jahre danach, 1175, erhielten sie Handelsfreiheit im gesamten Königreich zugebilligt, und 1194 schließlich verzichtete Richard Löwenherz auf die Steuern für ihre Londoner Niederlassung, die Guildhalle. Auf diese Weise zeigte er sich dafür erkenntlich, daß sie ihm die Ausrüstung für drei Kreuzfahrerschiffe spendiert hatten.
In diese friedliche Handelswelt brachen nun die Neuen aus dem Osten ungestüm ein, zuerst an der Ostküste in Newcastle, Lynn, Boston und Hull, wieder im Gefolge der skan-

dinavischen Händler, dann aber auch in London. Die Waren, die sie mitbrachten, konnten die Kölner und Westfalen nicht anbieten, jedenfalls nicht in diesem Umfang. Vor allem Pelze, nach denen bei Hofe und Adel ein schier unersättlicher Bedarf bestand, öffneten ihnen Tür und Tor. Haushoher Favorit war Zobelpelz, das teuerste und feinste, was sich im Osten fand, dann kam Hermelin. Unmengen von »Grauwerk« oder »Vair«, dem Fell des im Winter erlegten roten Eichhörnchens, wurden verbraucht. Mit ihrem Angebot all dieser heißbegehrten Waren schlugen die Osterlinge alle Konkurrenten aus dem Feld – Nowgorod machte es möglich. Aus den Fellen wurden Kleidung, Schuhe und Decken gefertigt. König Johann zum Beispiel besaß eine seidene Bettdecke, die mit Zobel gefüttert und mit Hermelin eingefaßt war. Und der Bedarf an Pelzen stieg ständig. Einzig die Handelsleute aus dem Osten waren in der Lage, sie in den verschwenderischen Mengen anzubieten, wie sie Adel und Königshaus verbrauchten. Allein von 1390 bis 1391, in einem Jahr also, buchte die königliche Kleiderkammer den Kauf von 350 000 Feh-Fellen. Ungeheurer Aufwand wurde mit der königlichen Garderobe getrieben. Bis zu 1000 Felle benötigte ein schlichtes Futter, mehr als 10 000 ein vollständiges Gewand. 12 000 Eichhörnchen und 80 Hermeline ließen ihr Leben für Heinrich IV. Die Ausstattung seiner 12jährigen Tochter für die Hochzeit mit dem König von Dänemark 1406 und die Livreen ihrer Begleiter verschlangen exakt 32 762 Eichhörnchenfelle.

Die Kölner versuchten natürlich, den Osterlingen das Leben so sauer wie nur möglich zu machen. Kaiser Friedrich II. sah sich deshalb genötigt, in der gleichen Urkunde von 1226, in der er Lübeck zur freien Reichsstadt proklamierte, den Osthändlern auch kaiserlichen Schutz vor den Kölnern in England angedeihen zu lassen, eine Erklärung mehr der guten Absicht als von praktischem Wert.

Ungleich wichtiger war es für die Osterlinge, daß König Heinrich III. allen Kaufleuten der Gotländischen Genossenschaft 1237 seinen Schutz zusicherte und ihnen Zollfreiheit in England verlieh. Der handelspolitische Durchbruch gelang 1266 den Hamburgern und ein Jahr darauf den Lübeckern, als ihnen erlaubt wurde, wie zuvor schon den Kölnern, eine eigene Hanse zu gründen. In diesen beiden Urkunden feiert das Wort »Hanse« offiziell Premiere. Es wurde zum erstenmal für die Vereinigung norddeutscher Kaufleute verwendet.

Die Streitereien zwischen den Kölnern und den Osterlingen waren damit keineswegs aus der Welt geschafft. Im Gegenteil, sie wurden jetzt geradezu institutionalisiert. Aber der unerfreuliche Zustand dreier konkurrierender Hansen, der alten Kölner, der Hamburger und der lübischen, fiel allen Beteiligten langsam auf die Nerven und beanspruchte ein gut Teil der Kraft, den die Kaufleute besser zur Entwicklung des Handels verwendet hätten. Die Westfalen litten besonders unter dieser mißlichen Lage, da sie am Ostseehandel, aber auch am rheinischen Handel beteiligt waren.

Ihnen gebührt das Verdienst, daß 1281 ein Burgfriede zwischen den futterneidischen Parteien geschlossen werden konnte. Von diesem Jahr an existierte in London nur noch eine »Deutsche Hanse«, eine Art Dachverband, zu dem sich die drei Gruppen zusammengeschlossen hatten, ohne jedoch zu fusionieren. Dieses Jahr kann als Gründungsjahr des Hansekontors in London gelten. Der Sitz war die Guildhalle, für die jährlich 40 Schillinge Miete zu entrichten waren. Die Deutschen hatten sich auch am Wachdienst Londons zu beteiligen und die Unterhaltskosten für ein Stadttor, das Bishopsgate, zu tragen.

Wie in Nowgorod stand auch hier ein Ältermann an der Spitze der Organisation. Der erste Amtsinhaber war aber –

eine Reverenz vor den landsmannschaftlichen Besonderheiten – ein Westfale, der zugleich auch ein Londoner Bürger war.
Die Kölner hatten sich die ausschließliche Verfügung über die Guildhalle vorbehalten und sperrten den anderen deutschen Kaufleuten nach internen Querelen 1324 den Zutritt. Die Ausgewiesenen bezogen daraufhin Quartier im nahegelegenen Stalhof, der dann zum Namenspatron des Hansekontors in London wurde.

Flandern: Der Weltmarkt des Westens

Vom Beginn des 13. Jahrhunderts an nahmen die Osterlinge Beziehungen zu Flandern auf. Schon frühzeitig hatte hier eine intensive Stadtentwicklung eingesetzt, gefördert vor allem durch die aufblühende Tuchweberei und ihre Nebengewerbe. In Lille und Ypern, den Zentren der Tuchindustrie, wurden Messen abgehalten.
Brügge, das spätere Zentrum deutscher Betätigung, spielte vorerst nur eine untergeordnete Rolle. Einen großen Vorteil hatte es aber: Durch das Flüßchen Swin war die Stadt mit der Nordsee verbunden und bequem für die Schiffahrt zu erreichen.
Der Startschuß für den Aufstieg Brügges fiel, als die Messen der fahrenden Kaufleute ihre Anziehungskraft verloren. Brügge bot sich durch seine günstige Verkehrslage als ständiger Markt an. Die Kaufleute konnten jetzt hier, statt den verschiedenen Waren auf den verschiedenen Messen hinterherlaufen zu müssen, nahezu jeden Artikel zu fast jeder Zeit einkaufen. Brügge befand sich in vollem Aufschwung, als sich die Osterlinge immer häufiger einfanden. Zu Reibereien, wie in London, bestand in Flandern kein Anlaß. Die Kölner hatten keine alten Rechte gegenüber den Newcomern aus dem Osten zu verteidigen.

Wie wichtig die Deutschen eingeschätzt wurden, zeigte ein Projekt, das die Gräfin von Flandern 1252 gebilligt hatte. In einer eigens für sie gegründeten Stadt bei Damme sollten alle deutschen Kaufleute, die verstreut in Flandern wohnten, angesiedelt werden. Aus unbekannten Gründen scheiterte aber der Plan. Möglicherweise forderten die Deutschen mehr Privilegien, als die Gräfin zu geben bereit war, vielleicht befürchteten die Einheimischen auch zu großen ausländischen Einfluß und hintertrieben das Projekt.
So blieb alles beim alten. Die deutschen Kaufleute siedelten weiter verstreut in den verschiedenen Ortschaften. Aber sie wurden reich mit Privilegien von der ihnen geneigten Gräfin ausgestattet. Sie erhielten rechtliche Sicherheiten garantiert, Herabsetzung der Zölle zugesprochen und durften eine eigene Waage in Damme einrichten. Mit diesen Handelsvorrechten für die Kaufleute war die Grundlage für den Aufstieg des Hansehandels in Flandern gelegt.
Brügges Aufstieg ist mit dem der Hanse eng verknüpft. Die Deutschen aus dem Osten kamen nicht als arme Vettern nach Flandern, sondern als Leute, die Marktlücken entdeckt hatten und schließen konnten. Besonders wichtig war dabei das Getreide, das eine erhebliche Rolle im Handel mit dem überbevölkerten Flandern spielte.
Brügge stand im Begriff, der Weltmarkt des Westens zu werden. Kaufleute aus aller Herren Länder gaben sich ein Stelldichein: Engländer, Schotten und Iren mit Wolle, Friesen, die Vieh brachten, Leute aus La Rochelle und Bayonne mit Wein, Spanier und Portugiesen, die Südfrüchte und ebenfalls Wolle herbeischafften.
Seit es mit den Champagner Messen abwärtsging, ließen sich mehr und mehr Italiener in Brügge nieder. Sie machten Brügge zum wichtigsten Finanzplatz Nordeuropas und führten ein neues Finanzierungssystem ein: den Wechsel.

Verstärkt übersiedeln Deutsche aus den Städten im Osten wie Elbing, Danzig, Königsberg und Thorn nach Brügge. Nach wie vor aber stellen Lübeck und Hamburg die führende Schicht. In Brügge gibt es schon bald eine Lübecker Straße, die 1282 als erste unter allen Fremden-Straßen genannt wurde, 1306 wird eine Hamburger Straße erwähnt.

Preußen: Militärdiktatur im Bernsteinland

Blond und blauäugig sollen die alten Preußen gewesen sein, groß dazu und von frischer Gesichtsfarbe. Besonders zu rühmen seien ihre Menschenfreundlichkeit, ihre Gastlichkeit, und wie Adam von Bremen von skandinavischen Schiffern erfahren haben will, kannte ihre Hilfsbereitschaft in Seenotfällen keine Grenzen. Der Volksbrauch an der westeuropäischen Küste, gestrandete Schiffe bis auf den letzten Nagel auszuplündern, sei ihnen gänzlich unbekannt. Ein wahrhaft edler Menschenschlag also, der zwischen Weichsel und Memel siedelte. Leider nur hatten sie drei Fehler: Sie waren Heiden, liebten die Freiheit und waren nicht dumm. Das hatten zu ihrem Kummer schon die ersten Missionare feststellen müssen. Schier unüberwindliches Mißtrauen war ihnen entgegengeschlagen. Selbst der freundliche Erntegott Kurche sollte plötzlich Teufelswerk sein? Daran mochte glauben, wer wollte. Die Preußen jedenfalls taten es nicht. Nicht ohne Grund befürchteten sie, daß die Taufe nur der Auftakt zur politischen Unterwerfung sei. Schon um die Jahrtausendwende hatten sie sich erfolgreich gegen das Christentum gewehrt, worauf man sie 200 Jahre lang mit Kreuz und Bibel verschonte. Jetzt aber, in den ersten Jahrzehnten des 13. Jahrhunderts, sahen sie sich plötzlich heftiger bedrängt als je zuvor. Das christliche Polen schien unkeusche Absichten auf sie zu haben. Und deutsche Zisterzienser aus Polen starteten mit ausdrücklicher Billigung und Unterstützung Roms eine neue Bekehrungsoffensive. 1215 wurde Christian aus dem Kloster Oliva erster Preußenbischof. Wie recht die Preußen mit ihren Befürchtungen hatten, wurde ihnen spätestens in dem Augenblick klar, als sich polnische und pommerellische Fürsten im Zuge der Christianisierung in ihre Angelegenheiten einzumischen begannen. Heftig setzten sie sich zur Wehr. Seit 1218 gingen sie mit solcher Vehemenz gegen ihre vermeintlichen und tatsächlichen Unterdrücker vor, daß alle Erfolge der Mission zunichte gemacht wurden. Das angrenzende polnische Teilfürstentum Masovien geriet in ernsthafte Bedrängnis, nachdem die Preußen die bisherigen polnischen Eroberungen im Kulmerland zurückgewonnen hatten. Herzog Konrad von Masovien fürchtete das Schlimmste für sein Land, und in seiner Not bat er den Deutschen Orden um Hilfe gegen die fürchterlichen Heiden mit dem Blondhaar.

Der Deutsche Orden war aus einer Spitalbrüderschaft hervorgegangen, der 1190 von bremischen und lübischen Kaufleuten anläßlich des 3. Kreuzzugs im Lager vor Akkon gegründet worden war. 1198 wurde die Organisation zu einem Ritterorden veredelt, der eine den Templern und Johannitern entsprechende Ordensregel zu befolgen hatte und als Tracht einen weißen Mantel mit einem schwarzen Kreuz erhielt. Seit 1212 saßen sie im Burzenland, einem Landstrich im heutigen Rumänien, wo sie getreu ihrer Aufgabe, die Heiden zu bekämpfen, wacker gegen die Kumanen fochten. Der guten Tat folgte jedoch der Undank auf dem Fuße. Nach getaner Arbeit warf König Bela sie aus dem Land. Seither lungerte die Truppe arbeitslos herum. Ihr Anführer, der Hochmeister Hermann von Salza, hatte bisher vergeblich nach Krisenherden Ausschau gehalten.

Der verzweifelte Hilferuf aus dem fernen Masovien bot nun

willkommenen Anlaß, die Schwerter wieder zu wetzen. Hermann von Salza aber, ein Freund des Staufferkaisers Friedrich II. und hochtalentierter Diplomat, wollte nicht noch einmal eine solche Pleite wie im Burzenland erleben. Sichere Gewähr gegen weitere Angriffe der Preußen könne nur ihre dauernde Unterwerfung bringen, argumentierte er. Folglich müsse der Orden eine feste Operationsbasis haben, wenn er unter ihnen aufräumen solle. Das leuchtete dem Masovischen Herzog ohne weiteres ein, und er schenkte ihm das Kulmerland, das der Feind zur Zeit besetzt hielt. Um auch ganz sicher zu gehen, daß der Orden das Land behalten dürfe, ließ sich der Hochmeister diese Schenkung vom Kaiser im italienischen Rimini bestätigen. Und nicht nur das. Friedrich II. gestattete ihm außerdem, das weitere, noch zu erobernde Preußenland zu einem Staat zusammenfügen zu dürfen.

Hermann von Salza brachte dann das Kunststück fertig, die aufs Blut verfeindeten Mächte, Kaiser und Papst, auf eine gemeinsame Haltung gegenüber Osteuropa einzuschwören. So erhielt die Eroberung Preußens zusätzlich den päpstlichen Segen, und jeder, der im Kreuzzugsheer mitmarschierte, erhielt den Ablaß, als hätte er an einem Zug ins Heilige Land teilgenommen.

1230 waren alle Verträge unterschriftsreif. Im Frühjahr des nächsten Jahres wurde das große Werk in Szene gesetzt. Unter Leitung des Landmeisters Hermann von Balk, einem Unterführer des Hochmeisters, überschritt das Heer der Ordensritter von ihrem Rüstplatz Vogelsang bei Nessau aus die Weichsel und errichtete beim späteren Thorn die erste Burg auf preußischem Boden. In den nächsten beiden Jahren wurden das südwestliche Kulmerland erobert, die Burg Kulm gebaut und sogleich städtische Siedlungen angelegt. Mit der »Kulmer Handfeste« gab Hermann von Salza allen Städten in

Preußen eine gemeinsame Rechtsordnung. Den Bürgern gestand man eine gewisse Selbstverwaltung zu, unter anderem erhielten sie Gerichtshoheit. Verbissen wehrten sich die Preußen gegen diese Angriffe. Aber gegen das gut trainierte und mit Glaubenseifer durchtränkte Ritterheer waren sie letztlich machtlos. Ihren endgültigen Untergang konnten sie zwar 50 Jahre hinauszögern, aber nicht vermeiden. Je heftiger sie sich verteidigten, um so grausamer wurden sie verfolgt. Als letzter preußischer Stamm gaben die Samen auf, die auf der Halbinsel Samland zwischen dem Kurischen und Frischen Haff ansässig waren. Zur Sicherung dieser Gegend wurde eine Burg angelegt und zu Ehren des Königs Ottokar von Böhmen, der an dem Feldzug teilgenommen hatte, »Königsberg« genannt.

Mit dem Erwerb Pommerellens, einem Land westlich der Weichsel, konnte der Orden seinen Besitz arrondieren. Die Militärdiktatur war komplett. Regierungssitz und Residenz des Hochmeisters wurde 1309 von Venedig in die Marienburg verlegt.

Im Gegensatz zu Kulm, auf das der Hochmeister seinerzeit große Hoffnungen gesetzt hatte, entwickelte sich das für den Handel günstiger gelegene Thorn rasch aufwärts und wurde nach Danzig im 14. Jahrhundert die wichtigste preußische Stadt. Die Verbindung zur Hanse stellte auch hier Lübeck her, das den Orden bei seinen Feldzügen mit Transportschiffen unterstützte. Lübecker Kaufleute waren bei der Gründung Elbings stark beteiligt, der – als einziger in Preußen – lübisches Recht verliehen wird.

Die neuen Städte, die der Orden anlegen ließ, können ihren militärischen Entstehungsgrund nicht verleugnen. Sie sind ebenso ordentlich wie langweilig: ein regelmäßiges Gitterwerk von rechtwinklig sich kreuzenden Straßen, das ist der ganze Stadtplan.

In ihrer eigenständigen Entwicklung waren sie aber trotz der Selbstverwaltung beschränkt. Der Orden ließ nicht zu, daß sie so selbständig wie etwa die Nachbarstädte Mecklenburgs oder gar Lübeck wurden. Die Gründe waren einleuchtend. Da der Hochmeister sich selbst mit Bernstein, Holz und Getreide aktiv in den Hansehandel einschaltete und sogar den besonderen Vorzug genoß, als einziger deutscher Fürst Mitglied der Hanse zu sein, wollte er sich keine unnötige Konkurrenz heranzüchten – was allerdings nur unvollkommen gelang – und keine weitere politische Macht neben sich aufkommen lassen – was ebenfalls nicht völlig glückte.

6. Kapitel:
Neue Städte und Strukturen

Entwicklungshilfe für Osteuropa

Innerhalb eines Jahrhunderts seit der Gründung Lübecks hatten die deutschen Kaufleute ihr Handelsnetz über Nordeuropa geworfen. Das Terrain war abgesteckt. Wie ein breiter Fächer waren sie von Lübeck ausgeschwärmt, hatten in schnellen, ausgreifenden Schritten die Verbindung zuerst nach Gotland, dann nach Nowgorod geknüpft und etwa zu gleicher Zeit in Schweden, Dänemark und Norwegen Fuß gefaßt. Wenig später nur waren sie in England und Flandern erschienen.

Im Troß von Missionaren und Militär hatten sie die baltischen Länder erschlossen und ihre Fäden durch das westliche Rußland bis hin nach Smolensk gesponnen. Ähnliches wiederholte sich am Südrand der Ostsee, wo sie einen Städtegründungs-Boom entfesselten, und in Preußen – was eigentlich war geschehen?

Nichts Geringeres, als daß diese Wanderhändler das gesamte Nordosteuropa fest und dauerhaft an das damalige »Abendland« angeschlossen hatten, und zwar auf einer sehr nüchternen und tragfähigen Grundlage: der des Handels und der Produktionsförderung.

Mehrere Faktoren sind dafür bedeutsam, einerseits:
○ die überlegene Schiffbau-Technik – um 1200 steht den Hansekaufleuten das Großschiff der Epoche zur Verfügung, die Kogge, eine maritime Sensation, die neue Maßstäbe setzt;
○ die überlegene kaufmännische Organisation – der Zusammenschluß fahrender Kaufleute zu Genossenschaften, die Einrichtung von Handelsstützpunkten im Ausland, so die Kontore in Nowgorod, Brügge, London und Bergen neben einer Vielzahl kleinerer Niederlassungen im gesamten Hanseraum;

○ die überlegenen Siedlungsformen – ein moderner, durchrationalisierter Städtebau an der südlichen Ostseeküste, quasi im Wege der Zellteilung nach dem Vorbild Lübecks entstanden.

Andererseits aber, und das ist entscheidend: Die Kaufleute erfinden das alte Spiel von Bedarfsweckung und Bedarfsdeckung für Nord- und Osteuropa neu und beherrschen virtuos dessen Regeln. Mit den Fertigwaren des Westens, wie Tuchen, Waffen und Wein, aber auch Salz im Gepäck, suchen sie die östlichen Märkte auf, um deren Rohstoffe einzutauschen: Pelze, Honig, Wachs und Teer – Erzeugnisse, die immer schon ihren Weg von West nach Ost und umgekehrt gefunden hatten, nur, der frühhansische Kaufmann stellt den Güteraustausch auf eine neue, viel breitere Basis. Er kann den flandrischen Webern, damit auch den englischen Wollieferanten, den französischen Weinbauern und Lüneburger Salzsiedern den Absatz garantieren, indem er die Nachfrage im Osten steigert. Dort forciert er zugleich die Erzeugung landläufiger Produkte, damit noch mehr Westwaren abgenommen werden können.

So schaukeln sich Absatz und Produktion gegenseitig hoch. Gewisse Parallelen zur modernen Entwicklungshilfe drängen sich auf, die versucht, durch Ankurbelung der Produktion in den Entwicklungsländern deren Lebensstandard zu heben. Womit zugleich der eigene Nutzen gemehrt wird, da erhöhter Konsum im Entwicklungsland den Absatz der Industrieerzeugnisse fördert.

Prinzipiell war es seinerzeit nicht anders. Der Abbau schwedischer Eisen- und Kupfererzvorkommen stieg rasch, ebenso nahm die Produktion landwirtschaftlicher Exportgüter, wie Butter, Fleisch und Häute, in erstaunlichem Umfang zu – zum Nutzen von Adel, Bauern und der neuen Städte, zum

Vorteil auch des Königtums, das den fremden Kaufmann reich privilegierte. Die livländisch-estländische Küste wurde mit ihren Städten, die schnell internationale Bedeutung gewannen, zu Austauschzentren russischer und westlicher Waren, allen voran Pelzwerk und Wachs. Norwegen profitierte in erheblichem Umfang davon, daß die Hansen dem Stockfisch weite Absatzgebiete erschlossen und den notwendigen Bedarf an Getreide deckten. Dänemark gewann durch den Heringshandel, die Kontrolle der Sundschiffahrt und die Schonenschen Messen erheblich an Finanzkraft und damit stärkeren politischen Einfluß. Brügge verdankte seinen Aufstieg zu Europas Großmarkt Nummer eins nicht zuletzt der ungebrochenen Aktivität hansischer Kaufleute, die das flandrische Tuch in die entlegensten Winkel der nördlichen Halbkugel verfrachteten. England, das mit Hilfe flandrischer, niederrheinischer und westfälischer Kaufleute schon für den kontinentalen Handel erschlossen war, konnte seine wirtschaftliche Bedeutung durch die Osterlinge erheblich ausweiten.

... wo es etwas zu verdienen gab

Die Städte waren die geographischen Fixpunkte, bei denen die Spirale von Bedarfsweckung und Bedarfsdeckung stets eine neue Windung begann. Städte entstanden überall dort, wo der ökonomische Anreiz dafür gegeben war, schlicht gesagt: dort, wo es für Händler und Handwerker etwas zu verdienen gab. Das war bei den alten Wiken nicht anders als bei den Städten, die im 13. Jahrhundert an der Ostseeküste und im Binnenland aus dem Boden gestampft wurden. So, wie sich die Kolonialländer Mecklenburg, Brandenburg, Preußen und Pommern sowie das Hinterland der großen Ströme Elbe, Oder und Weichsel im Zuge der bäuerlichen

Ansiedlungen in der ersten Hälfte des 13. Jahrhunderts zu landwirtschaftlichen Überschußgebieten entwickelten, so sprossen auch in diesen Gebieten die Städte aus dem Boden – Sammelpunkte der bäuerlichen Produktion, Verteilerzentren für den Fernhandel. Entscheidend für die Anlage neuer Städte waren wirtschaftliche, nicht siedlungspolitische Absichten der Landesherren.

Nur so wird verständlich, daß fast ausnahmslos alle Fürsten, slawische wie deutsche, geistliche wie weltliche, die Ansiedlung förderten. Das Ansiedlungsverfahren selbst war, von wenigen Ausnahmen abgesehen, stets das gleiche. Der Grundherr, entweder der Landesherr selbst, ein Bischof, Kloster oder sonst ein verdienter Adliger, riefen zur Besiedelung auf und schlossen einen Vertrag darüber mit einer Gruppe von Neuankömmlingen oder mit einem »Lokator«, einer Art Unternehmer, der Siedler womöglich schon in ihrer Heimat angeworben hatte und dem die ganze organisatorische Arbeit oblag.

Fast überall lehnte sich die neue Siedlung an ältere slawische Niederlassungen an, eine Burg oder sonst einen befestigten Platz. Hier wurden dann um den Marktplatz herum die Buden aufgeschlagen und Rathaus sowie Ratskirche errichtet. Wuchs im Laufe der Jahre die Ortschaft zu städtischer Größe heran, wurde sie vom Landesherrn mit dem Stadtrecht bewidmet, mit dem lübischen an der Küste, vorwiegend mit Magdeburger im Binnenland. In der Anfangszeit unterstand der Ort einem fürstlichen Vogt, gewann dann aber schnell das Recht auf Selbstverwaltung. Ein Palisadenzaun, der später durch eine Steinmauer ersetzt wurde, schirmte das Gemeinwesen nach außen ab.

Häufig ließen sich in unmittelbarer Nachbarschaft weitere Neuankömmlinge nieder, in der sogenannten Neustadt, die sich neben der »Altstadt« noch heute in Stadtplänen findet.

Lübeck war für alle Stadtgründungen das große Vorbild. So wie an der Trave gestaltete man grundsätzlich auch die neuen Anlagen: ein rechteckiger Marktplatz als Zentrum mit Kirche und Rathaus, große durchlaufende Straßen zu den Toren, die Fläche schachbrettartig aufgeteilt durch rechtwinklig sich kreuzende Straßen, ein langweiliger Grundriß. Aber die neuen Städte glichen sich nicht nur äußerlich. Tonangebend waren die Kaufleute, die maßgeblich am Gründungsvorgang selbst beteiligt waren. Sie entstammten denselben Familien, die in Lübeck, am Niederrhein und in Westfalen das wirtschaftliche Heft in der Hand hielten. Oder sie kamen aus dem Kaufmanns-Milieu. Der soziale Zuschnitt, die Anschauungen, die Kultur in diesen Städten waren damit weitgehend identisch. In diesem Sinn waren die Städte miteinander verwandt.

Auch im Binnenland wurden fleißig neue Städte durch die Markgrafen von Brandenburg gegründet. Jedoch nicht in dem atemberaubenden Tempo wie an der Küste. Brandenburg an der Havel gehört zu den ältesten Ansiedlungen (um 1170), Berlin und Cölln (um 1230), die sich auf den beiden Ufern der Spree gegenüberliegen, werden erst 1709 zu einer Stadt vereinigt. Insgesamt entstanden im 13. Jahrhundert in Mecklenburg etwa 60 Städte, in Brandenburg 21. Die Orte wuchsen sehr rasch. Genaue Zahlen über die Bevölkerungszunahme fehlen. Aber anhand der Zunahme der gewerblichen Betätigung und der ständigen Mauerneubauten, die sich wie Jahresringe um die Städte legten, läßt sich der Aufschwung ungefähr abschätzen. In Magdeburg zum Beispiel gab es im 12. Jahrhundert acht verschiedene Gewerbe, im 13. Jahrhundert schon 17 und ein Jahrhundert darauf 42. Noch eindrucksvoller ist Rostock. Um 1290 werden 77 verschiedene Handwerkssparten gezählt. In Stralsund sind es 60.

Raubritter haben Hochkonjunktur

Die Welle der Stadtgründungen hatte ihre Höhepunkt noch nicht überschritten, als schon erste Bündnisse zwischen einzelnen Städten geschlossen wurden. Den Anfang machten Hamburg und Lübeck 1230, was ohne weiteres einleuchtet, denn die Seefahrt, von Osten kommend, endete in Lübeck. Stets mußte der Warenverkehr zwischen Nowgorod und Flandern über die Landbrücke zwischen Trave und Elbe geführt werden. Erst seit Mitte des 13. Jahrhunderts trat die Fahrt durch Kattegat und Skagerrak zögernd neben die Landverbindung zwischen Ost- und Nordsee.

Von entscheidender Bedeutung für beide Städte war es daher, diesen Weg zu sichern. Zunächst einigte man sich darauf, den durchreisenden Bürgern in beiden Stadtgebieten, zu denen ausgedehnte Ländereien in Holstein gehörten, gleiche Rechte zuzubilligen. Elf Jahre später nahm man mit vereinten Kräften den Kampf gegen Raubritter auf.

Ein verlockenderes Ziel für diese Wegelagerer als die Kaufmannskarawanen auf der Straße Lübeck – Hamburg läßt sich kaum denken. Das Gewerbe hatte Hochkonjunktur. Entsprechend der stetigen Aufwärtsentwicklung des Handels hatte auch der Straßenraub seine Blütezeit. Besonders taten sich die Ritter von Scharpenberg hervor, die ständig mit Hamburg und Lübeck in – nach damaliger Anschauung – rechtmäßiger Fehde lagen. Von ihrem Stammsitz Linau aus, etwa auf halber Strecke zwischen Trave und Elbe, unternahmen sie ihre Raubzüge und lebten nicht schlecht dabei. Die Burg konnte allerdings erst 1350 durch die vereinten Anstrengungen des sächsisch-lauenburgischen Herzogs, von drei holsteinischen Grafen und einem hamburg-lübischen Bürgeraufgebot von 2500 Mann erobert werden. Die Ritter freilich entkamen.

Bald schon wurde aus den gelegentlichen Konsultationen beider Städte eine ständige Einrichtung, das Bündnis verfestigte sich im Laufe der Zeit immer mehr. Schwieriger dagegen gestaltete sich Lübecks Verhältnis zu seinen Nachbarstädten an der Ostseeküste. Zunächst hatte es den Anschein, als sei man an der Trave beunruhigt gewesen über deren Aufwärtstrend. Folgerichtig legte eine lübische Kriegsflotte 1249 Stralsund in Schutt und Asche. Gespannt war auch das Verhältnis zu Rostock. Wismar konnte aber vermitteln, und man versöhnte sich. Diese »wendischen Städte«, so genannt, weil sie im ehemaligen Land der Wenden lagen, waren die Kerngruppe der Hanse. Unter diesem Namen wird ihr Bündnis zum erstenmal 1280 erwähnt. Außer Lübeck, Wismar und Rostock gehörten auch noch Kiel, Hamburg, Lüneburg und Stralsund dazu.

Derartige Städtebündnisse waren angesichts der darniederliegenden kaiserlichen Gewalt und der Anarchie im Reich, die ständig mehr um sich griff, keine Seltenheit. Wenn überhaupt Stadt und Land wirksam geschützt werden konnten, dann nur im Wege der Selbsthilfe und nur durch die Städte, deren Finanzkraft ausreichte, Truppen zu bezahlen. Hierher gehört der 1254 gegründete, kurzlebige Rheinische Städtebund, auch die schon 1246 zu gleicher Zeit entstandenen Bündnisse in Westfalen und Sachsen. Der Westfälische Bund, zu dem unter anderem Münster, Osnabrück, Minden, später nach dem Zusammenschluß mit einem anderen Bund auch die wichtigen Orte Dortmund und Soest gehörten, wie auch der sächsische Bund, sollten den freien Zugang zu den Märkten sichern und hatten generell das Ziel, Angriffe von dritter Seite abzuwehren. Der sächsische Städtebund gehörte später unter der Führung Braunschweigs zu den geschlossensten.

Obwohl die drei Gruppierungen, der wendische, westfälische und sächsische Bund, vollkommen unabhängig voneinander gegründet worden waren und auch fortbestanden, strebten sie dennoch für bestimmte, gemeinsam interessierende Fragen Vereinbarungen an. So bat Lübeck zum Beispiel 1280 die anderen um Zustimmung, als die wendischen Städte die Verlegung des Kontors von Brügge nach Aardenburg beschlossen hatten. Dauerhafte Bündnisse entstanden zu dieser Zeit jedoch noch nicht. Jahrzehnte danach kam es zu weiteren Vereinigungen, so am Ende des 13. Jahrhunderts in Preußen und Livland.

Das »Aus« für die Gotländische Genossenschaft

Die »Verstädterung« des Handels brachte einen tiefgreifenden Strukturwandel der Hanse mit sich. Seit Mitte des 13. Jahrhunderts neigte sich die Zeit der umherziehenden Kaufmannskarawanen ihrem Ende zu. Unmodern war er geworden, der fahrende Händler mit seinem Karren oder bepackten Pferd, der auf holprigen Straßen umherzog, um hier einzukaufen, was woanders benötigt wurde. In dem Maße, wie Städte aus dem Boden wuchsen, »verbürgerlichte« der Kaufmann. Häufiger als früher blieb er zu Hause, im Kontor, und dirigierte vom Pult im Kontor sein Unternehmen. Die notwendige Warenbegleitung überließ er angestellten Hilfskräften. Lesen und Schreiben hatte er inzwischen gelernt und damit die Voraussetzungen überhaupt geschaffen, seine Geschäfte aus der Ferne zu steuern.

Als wohlhabender und angesehener Bürger hatte er Sitz und Stimme im städtischen Rat, die Fahrtgenossenschaft, der er einst angehört haben mochte, empfing jetzt ihre Orders vom Rathaus, wurde von hier aus ferngesteuert – eine besonders schmerzliche, neue Erfahrung für das Führungsgremium der Ostseekaufleute, die Gotländische Genossenschaft. Ihr vor

allem blies der Wind einer veränderten Welt besonders scharf ins Gesicht. Lübecks Kaufleute, trotz Visby auf das engste mit der Genossenschaft verflochten, praktisch identisch mit dem Rat der Stadt, lenkten deren Geschicke von zu Hause aus und übernahmen damit die Führung des Ostseehandels. An Lübeck kam bald niemand mehr vorbei. Sein Wort hatte Gewicht, innerhalb und außerhalb der Hanse. Im Grunde genommen war man auch froh, von so einer starken Stadt unter die Fittiche genommen zu werden.
Für die Gotländische Genossenschaft aber hatte die letzte Stunde geschlagen. Seit Mitte des 13. Jahrhunderts ging es mit ihr zu Ende, und mit ihr fiel Visby. Ohnehin hatte Gotland erheblich an Bedeutung eingebüßt, seit die Schiffahrt nicht mehr unbedingt auf einen Stützpunkt in der Ostsee angewiesen war. Im Jahre 1280 verpflichteten sich Lübeck und Visby – Riga tritt dem Abkommen wenig später bei –, ihre Kräfte zum Schutz deutscher Kaufleute, die nach Nowgorod fahren, zusammenzulegen. Das ist eigentlich Aufgabe der Genossenschaft. Die aber wurde in dem Vertrag nicht einmal mehr erwähnt.
Visby sah seinen Einfluß dahinschmelzen. Es sträubte sich gegen den Abstieg, aber vergeblich. Die Versammlung der wendischen Städte beschloß 1293, den Oberhof, das Appellationsgericht des Nowgoroder Kontors, von Visby nach Lübeck zu verlegen. Die Zustimmung zu dieser Neuerung erfolgte auch von den nicht-wendischen Städten nahezu einhellig. Womit man die Entmachtung der noch immer strahlenden Stadt beschlossen hatte.
Fünf Jahre später, 1298, folgt das endgültige »Aus« für die Gotländische Genossenschaft. Die wendischen Städte entzogen dem »gemeinen Kaufmann« die Befugnis, das Dienstsiegel mit der Lilie zu benutzen. Damit hatte die Genossenschaft aufgehört zu bestehen.

Die neue Hanse, die neue Form des organisierten Handels in Nordeuropa, zeichnet ihre Konturen. Der Trend ist eindeutig: weg von den Kaufmannsgenossenschaften, hin zu den Städten. Nicht abrupt vollzog sich der Übergang, er brauchte noch rund hundert Jahre. Die genossenschaftlich-personalen Strukturen bestanden bis zur Mitte des 14. Jahrhunderts fort.

7. Kapitel:
Die ersten Härtetests

Boykott über Brügge

Noch vor Ablauf des 13. Jahrhunderts kam es zu ernsten Auseinandersetzungen der Hanse im Ausland. Es waren die ersten spektakulären Aktionen unter offizieller Leitung der Städte: 1280 in Flandern und 1284 in Norwegen. Privilegien, die deutsche Kaufleute und andere Ausländer im Laufe der Zeit in Brügge erlangt hatten, wurden zunehmend von den Einheimischen verletzt. Der Graf von Flandern hatte den Fremden großzügig Handelsvorrechte eingeräumt, und als die bodenständige Händlerschaft sah, wie jene mit den Pfunden zu wuchern verstanden, packte sie bald der blanke Neid. Sie bangten um ihre Geschäfte, die sie durch die zahlreichen Fremden schon ruiniert wähnten. Brügge wetterte besonders lautstark gegen die Ausländer und schikanierte sie nach Kräften. Diese Querelen und ein Handwerkeraufstand im Jahre 1280 verunsicherten die Hanse derart, daß sie die Verlegung ihres Kontors in das nur 15 Kilometer entfernte Aardenburg erwog.

»...halten wir es für richtig«, schrieb Visby danach, »unsere Zustimmung zu geben, daß, soweit es an uns liegt, in Aardenburg der Hauptsitz und der Stapel des Handels sein soll, und dies alles, solange der Herr Graf selbst, die Bürger von Aardenburg und deren Nachkommen uns die genannten Freiheiten und Privilegien gewährleisten...« Immerhin, die übrigen Städte hatten es noch für erforderlich gehalten, Visbys Einwilligung zu diesem nicht ganz ungefährlichen Schritt zu holen.

Die hansische Expansion trat in eine neue Phase. Die Unterbrechung des Handels mit einzelnen Städten dürfte schon bisher als Waffe im Kampf um Handelsvorteile eingesetzt worden sein. Sie aber auch gegenüber Brügge zu verwenden, das auf dem besten Wege war, zum Haupthandelsplatz des Westens zu avancieren, dazu gehörte schon Mut. Und nur der durfte dieses Risiko mit einigermaßen Aussicht auf Erfolg eingehen, der seinerseits eine starke Machtposition innehatte. Die Hanse begann in dieser Phase ihrer Entwicklung um weitere Privilegien zu pokern und wagte hoch zu reizen, weil sie ahnte, daß sie das bessere Blatt in der Hand hielt. Aber so ganz sicher waren sie sich ihrer Sache denn doch nicht. Ob sie – auf sich allein gestellt – einen solchen Boykott gewagt hätten, ist fraglich. Im Jahre 1280 aber hatten sie Verbündete in Brügge. Besonders die Spanier waren nicht gewillt, den ewigen Ärger mit den Brüggern länger hinzunehmen. Größtes Entgegenkommen fand daher der nach Flandern gereiste Lübecker Ratsherr Johann Doway, als er mit ihnen über eine gemeinsame hansisch-spanische Vergeltungsaktion konferierte.

Vorsichtshalber hatte sich Lübeck der Rückendeckung der wichtigsten sächsischen, westfälischen und preußischen Städte versichert. Nachdem man schließlich mit den Spaniern einig geworden war, zog man nach Aardenburg um.

Graf Guido von Flandern war das nur recht. Auch er giftete sich, so wie seine norddeutschen blaublütigen Kollegen, über die zunehmende Borniertheit der Städte, die sich dem landesherrscherlichen Einfluß zu entziehen wußten. Die Affäre mit den hansischen und spanischen Händlern schien nun günstig, dem großmäuligen Brügge eins auszuwischen. Die Ausgewanderten versorgte er reichlich mit Privilegien. Als besonderen Vorzug verbuchten sie die Erlaubnis, auch untereinander ohne Einschaltung von Einheimischen handeln zu dürfen.

Die Stadttore hatten sich kaum hinter ihnen geschlossen, da brachen die Brügger in Wehklagen aus. Ihnen dämmerte sehr schnell, wen sie da hatten ziehen lassen: Die Osterlinge wa-

ren durch nichts und niemanden zu ersetzen. Die Versorgungslücke an Ostwaren klaffte bald so weit, daß Brügge ernstlich um seinen Wohlstand zu fürchten begann und erste Verhandlungsfühler nach Aardenburg ausstreckte. Die Hansen aber, sich ihrer Trümpfe voll bewußt, spielten beleidigte Primadonna. Im Grunde wäre auch ihnen nichts lieber gewesen, als so schnell wie möglich nach Brügge zurückzukehren. Aber das Gesicht mußte gewahrt bleiben. Zwei Jahre lang hielten sie eisern durch, dann gaben sie gnädig Brügge wieder die Ehre. Selbstverständlich mußte die Stadt ihnen, sozusagen als Tribut, alle bisherigen Handelsvorrechte ungeschmälert bestätigen. Darüber hinaus aber, und darauf legten die Hansen besonderen Wert, durften sie ab sofort – wie schon in Aardenburg – direkt mit allen Fremden handeln, ohne dabei einheimische Kaufleute als Zwischenhändler oder Makler einschalten zu müssen.
Aardenburg sank in die alte Bedeutungslosigkeit zurück. Die Deutschen hatten sowieso nie die Absicht gehabt, sich auf Dauer dort einzurichten. Brügge, der zentrale Markt, war unersetzlich.

Norwegen wird ausgehungert

Zwei Jahre danach trieb man das gleiche Spielchen mit Norwegen. Auch hier hatte es ständig wachsenden Ärger mit den Landesbewohnern gegeben, die sich von den deutschen Kaufleuten bald zu Statisten des Handels abgestempelt sahen und sich verständlicherweise damit nicht abfinden wollten. Die Hanse wartete nur auf einen Anlaß, um den Norwegern zu zeigen, wer bei ihnen Herr im Hause war.
Hocherfreut vernahm man eines Tages in Lübeck die traurige Kunde, daß ein deutsches Schiff von den Nordmannen über-

fallen und restlos ausgeplündert worden sei. Das war das Signal: Über Norwegen wurde eine Handelssperre verhängt, und niemand konnte sagen, es sei aus reiner Willkür geschehen. Tatsächlich aber war es ein Akt nackten Terrors. Denn der Hanse war bekannt: Norwegen konnte nur überleben, wenn die Deutschen weiter wie bisher Getreide liefern würden. Die Boykott-Initiative ging bezeichnenderweise von wendischen Küstenstädten aus, den Hauptexporthäfen für Brotgetreide. Sie erwarteten nämlich einen schnellen Erfolg der Aktion.

Bremen aber, das lange vor den Osterlingen Handelsbeziehungen zu Norwegen gepflegt hatte, mußte durch diese Blockade schweren Schaden nehmen und um seine traditionell guten Geschäftsverbindungen fürchten. Es konnte nicht daran interessiert sein, daß im wesentlichen nur den Ostseestädten die Früchte einer erfolgreichen Blockade in den Schoß fallen würden, alle anderen aber leer ausgehen sollten. Bremen also beteiligte sich nicht an der Blockade und wurde dafür zur Strafe von dem weiteren Genuß hansischer Privilegien ausgeschlossen.

Eine Widrigkeit mußte man allerdings einkalkulieren: den Schmuggel, der unter Umständen den ganzen Erfolg der Aktion in Frage stellen konnte. Denn nichts versprach größeren Gewinn, als die Waren in ein Land zu verkaufen, das offiziell auf der schwarzen Liste stand – ein Problem, das für die späteren Flandern-Sperren von besonderer Bedeutung wurde. Für diesen Fall hatten aber die Städte gut vorgesorgt. In den dänischen Meerengen patrouillierten hansische Kriegsschiffe, die gnadenlos Jagd auf Konterbande machten.

Die Rechnung der Hanse ging voll auf. Die Norweger zeigten sich außerstande, von anderswo das dringend benötigte Getreide herbeizuschaffen. »Davon«, so schreibt Detmar,

»entstand dort so große Hungersnot, daß sie sich zur Sühne verstehen mußten.« Eine kostspielige Angelegenheit, denn die Hansen präsentierten nicht nur saftige Schadensersatzforderungen, sondern sie äußerten auch den dringenden – und in der verzweifelten Lage der Norweger unabweisbaren – Wunsch nach Erweiterung der Privilegien. In allen Häfen bis nach Bergen hinauf wolle man hinfort kaufen und verkaufen dürfen, desgleichen im Landesinneren, ohne nun gleich einer Sondersteuer zu unterliegen.
1294 unterzeichnete man einen entsprechenden Vertrag, und die Deutschen gingen mit Fleiß daran, die neuen Freiheiten zu nutzen. Der Englandhandel Norwegens geriet dabei vollständig unter die Kontrolle der Hanse, der norwegische Eigenhandel schrumpfte zur Bedeutungslosigkeit. Das gleiche widerfuhr dem Handwerk, in dem sich deutsche Handwerker auf Kosten ihrer norwegischen Zunftkollegen breitmachten. Gegen diese kraftvolle Expansion fanden die Norweger kein wirksames Gegenmittel.
Ein bescheidener Versuch König Hakons V. (1316–1318), dem Einhalt zu gebieten, war von vornherein zum Scheitern verurteilt. Er verbot den Deutschen nämlich den Winteraufenthalt und den Handel auf dem Land. Beide Verbote griffen nicht und konnten es auch gar nicht, weil das norwegische Bürgertum außerstande war, die Versorgungslücken zu füllen und der Adel sich obendrein mit den wirtschaftlich mächtigen Fremden gutgestellt hatte. Seit 1284 war die norwegische Volkswirtschaft vollkommen abhängig von der Hanse, und in ganz Europa gab es kein Land, auf das die Gemeinschaft größeren Einfluß gehabt hätte. Das war mit ein Grund dafür, daß es im Norden künftig ruhig blieb, das heißt, die Dinge sich so ordneten, wie die Hanse es wünschte.
Anders dagegen in Flandern, wo schon bald nach der ersten Kontorverlegung von 1280 die Frage nach neuerlichen Sanktionen auf der hansischen Tagesordnung stand.

Wieder stimmten die deutschen Kaufleute ihre Klagelieder wegen Verletzung ihrer Vorrechte an, wieder wurden die Städte eingeschaltet und wieder verließ man unter Protest Brügge, um nach Aardenburg zu gehen. Diesmal aber beteiligte sich keine andere Nation an dem Exodus. 1309 verließ man Aardenburg, dessen Hoffnungen auf wirtschaftlichen Wohlstand wieder einmal herb enttäuscht wurden, und kehrte nach Brügge zurück, als die Erfüllung aller Forderungen zugesichert worden war. Das Ausland mußte sich widerwillig der Erkenntnis beugen, daß gegen die deutschen Kaufleute mit ihrem Rückhalt in den norddeutschen Städten nichts auszurichten war.

Keine Hilfe für Lübeck
Erich Menved

Mit schöner Regelmäßigkeit sorgte Dänemark für Krisen der Hanse. Alle hundert Jahre hatte sich die Gemeinschaft des manchmal mehr, manchmal weniger mächtigen Nachbarn aus dem Norden zu erwehren, der seine Expansionsgelüste – außer nach Schweden – vornehmlich in Richtung Süden, also in hansische Kerngebiete, entfaltete. Stets standen dabei politische Fragen im Vordergrund, nicht wirtschaftliche. Machtpolitische Rivalitäten waren der Anlaß zu ständig wiederkehrenden Auseinandersetzungen, im Verlaufe derer sich die dänischen Herrscher zu den grimmigsten Hanse-Feinden entwickelten.
So auch Erich VI. Menved, der sich just in dem Augenblick einmischte, als die Hanse ihre ersten Härtetests in Flandern und Norwegen bestanden hatte. Begonnen hatte die Krise zu Beginn des 14. Jahrhunderts damit, daß Norddeutschlands Fürsten die selbständig gewordenen Städte wieder in ihre Gewalt zwingen wollten. Die Holsteiner Grafen vor allem

hatten es nie verwinden können, daß Lübeck sich gänzlich von aller Bevormundung freigemacht hatte. Gleich finstere Absichten hegten die Mecklenburger Landesherren gegenüber Wismar und Rostock. Leider nur fehlten ihnen die nötigen finanziellen Mittel und damit auch die Truppen, um diese Pläne zu verwirklichen.

Da trat Erich Menved auf den Plan und bot eifrig den Mecklenburgern Hilfe an. Daß Erich hierbei durchaus eigennützig handelte – Norddeutschland sollte wieder der dänischen Krone untertan werden –, kümmerte sie wenig, nationale Gedanken dieser Art waren unbekannt.

Willkommenen Anlaß zum ersten Streich lieferte eine Fehde des Markgrafen von Brandenburg mit dem Fürsten von Mecklenburg, dessen Kriegskasse durch die fortwährenden Auseinandersetzungen mit dem Nachbarn erschöpft war. Gegen das Versprechen, ihm Stadt und Land Rostock auszuliefern, das er anschließend als Lehen zurückgeben werde, marschierte Erich Menved 1301 in Mecklenburg ein. Rostock hat ihm, wie es scheint, ohne nennenswerten Widerstand die Tore geöffnet.

Als nächsten Schritt ließ sich Erich die Abtretung der Gebiete östlich der Elbe bestätigen, die Kaiser Friedrich II. einst dem vormaligen dänischen Herrscher Waldemar zugesprochen hatte. Lübeck als Reichsstadt wurde jedoch davon ausgenommen, was im übrigen vollkommen belanglos war. Denn sie warf sich als erste der wendischen Städte dem Dänenkönig in die Arme, um Schutz vor den Holsteinern zu suchen. Lübeck war in einen mörderischen Abwehrkampf gegen die holsteinischen Grafen verstrickt. Geschickt hatte die Stadt die Streitigkeiten der Grafen mit deren Landadel bisher zu ihren Gunsten auszunutzen verstanden. Sie verbündete sich außerdem mit Hamburg sowie den Herzögen von Sachsen und Schleswig. Als sie sich aber an die wendischen Schwestern mit der Bitte um Hilfe gegen die Grafen von Holstein wandte, winkten diese nur müde ab. Rostock bekundete nichts außer Beileid, Wismar mahnte mit erhobenem Zeigefinger zum Frieden. Lübeck, das auf sich selbst angewiesen blieb, wurde von den Grafen bald so in die Enge getrieben, daß es in seiner Not Rückendeckung beim dänischen König suchte. Dem konnte natürlich nichts gelegener kommen, als von Lübeck, der großen Stadt, zu Hilfe gerufen zu werden. Erich Menved vermittelte 1307 auf der Insel Fehmarn den Frieden zwischen Lübeck und den Grafen. Zum Dank dafür mußte Lübeck ihn auf zehn Jahre als Schutzvogt anerkennen und jährlich 750 Mark zahlen.

Provinzonkel und Weltmann

Lübecks Ansehen war von Stund an auf den Nullpunkt gesunken, und wenn es hätte noch tiefer sinken können, dann in dem Augenblick, als die anderen Hafenstädte Wismar, Stralsund, Greifswald und Rostock, finster entschlossen, sich den Ansprüchen ihrer Territorial-Herren zu widersetzen, 1308 ein Verteidigungsbündnis schlossen und Lübeck zum Beitritt aufforderten. Aber »die von Lübeck wollten durchaus keine Verbindung machen mit Herren und Städten gegen den König Erich von Dänemark«, belehrt Detmar die Nachwelt und fügt treuherzig hinzu: »das geriet ihnen zu großem Nutzen.« Daß Lübeck zwei Jahre später dann doch dem Bündnis beitrat – unter der Bedingung allerdings, es dürfe nicht gegen Erich gerichtet sein –, konnte sein lädiertes Ansehen auch nicht mehr aufpolieren.
Detmar aber hatte mit seiner letzten Bemerkung den Nagel auf den Kopf getroffen. Zwar hatte Lübeck, im Augenblick jedenfalls, sein Ansehen verspielt, aber bei der Alternative »Provinzonkel oder Weltmann« – also entweder Beute der

gierigen Holsteiner zu werden oder in die immerhin nicht so bedrückende Abhängigkeit Dänemarks zu geraten – konnte die Wahl bei reiflicher Überlegung nur für das kleinere Übel ausfallen: Dänemark. So war man wenigstens davor sicher, zu einer holsteinischen Landstadt degradiert zu werden, und konnte hoffen, daß Erich dank seiner Macht die Prosperität der Stadt auch weiterhin garantieren würde – was er übrigens auch tat.

Lübeck hatte richtig entschieden und dabei in Kauf genommen, daß es vorerst seine führende Rolle innerhalb der norddeutschen Städte einbüßen würde. An den Verhandlungen mit dem Grafen von Flandern über die Rückkehr der wieder nach Aardenburg abgewanderten Deutschen nahm Lübeck nicht teil. Visby nutzte die Gelegenheit und gewann das Appellationsrecht für die Prozesse des Nowgoroder Kontors zurück.

Fürstenfete vor den Toren

Lübecks Kotau beflügelte den König und seinen Vasallen Heinrich von Mecklenburg außerordentlich. Jetzt waren sie wild entschlossen, auf jeden Fall auch die anderen unbotmäßigen Ostseestädte unter ihre Kontrolle zu bringen, und zwar endgültig. Heinrich wünschte das um so mehr, als sein Hofsitz Wismar – durch das Bündnis mit Rostock, Greifswald und Stralsund offensichtlich kühn geworden – sich geweigert hatte, die Hochzeitsfeier seiner Tochter auszurichten. Erbost über diese Frechheit heckte er mit Erich Menved einen Racheplan aus.

Man wollte möglichst alle interessierten Fürsten zu einem Komplott gegen die Städte animieren, zu welchem Zweck Erich eine prunkvolle Versammlung nach Rostock einberief, in die Stadt also, die ihm vor einigen Jahren kampflos die

Tore geöffnet hatte, im übrigen aber keineswegs geneigt schien, landesherrscherliche Rechte anzuerkennen. Erich und sein Vasall Heinrich mochten spekulieren, die Stadt bei dieser Gelegenheit zu besetzen.

Wie verabredet, trafen am 12. Juni 1311 die geladenen Gäste vor Rostock ein, mild und hochgestimmt, in froher Erwartung der fürstlichen Fete. Außer dem Gastgeber Erich Menved erschienen: sein Vasall Heinrich von Mecklenburg, die Markgrafen Waldemar und Johann von Brandenburg, die Herzöge von Sachsen-Lauenburg, die Grafen von Holstein, ferner die Bischöfe von Magdeburg, Bremen und Lund sowie zahlreiche Prälaten, Ritter und Edle aus den Provinzen, ein ungewöhnlich großer Haufe Söldner, ein Reigen schöner Frauen, allerlei Spielleute und Liedermacher, darunter der Meister des Minnesangs Heinrich Frauenlob alias Heinrich von Meißen.

Nachdem sich die hochansehnliche Gesellschaft, angepflaumt von den temperamentvollen Rostockern, aufgestellt hatte, trat König Erich hervor und begehrte Einlaß in die Stadt.

Die Rostocker sahen sich lange an, schauten auf den Fürsten-Aufzug da draußen und schätzten die Stärke des Militärs. Dann schüttelten sie ihre Häupter und erklärten: Nein, Erich, hier kommst du nicht herein, es sei denn, du schickst die Truppen nach Hause und beschränkst dich auf eine Ehrengarde. Großer Beifall von den Bürgern.

Die Festversammlung erblaßte, der sensible Heinrich Frauenlob hielt sich erschrocken an seiner Laute fest, dem Mecklenburger Fürsten fiel die Kinnlade herunter. Nur die Markgrafen von Brandenburg stießen sich grinsend in die Rippen, sie konnten Erich sowieso nicht leiden. Alles blickte auf den Monarchen, den vom Kaiser bestätigten Herrscher über Norddeutschland: Wie würde er auf diese Beleidigung antworten?

Zur Verblüffung aller, am meisten wohl der Rostocker, blieb der befürchtete königliche Krawall aus. Kühl und beherrscht beschied er den illustren Kreis, dann werde man seine Zelte und Baldachine eben unterhalb der Stadt im sogenannten Palmengarten aufschlagen. Dort habe man sowieso mehr Platz zum Feiern als in der engen Stadt. Ein aufatmendes Geraune ging durch die Menge, und die Spannung der letzten Minuten machte sich Luft in einem aufgeregten Geschnatter – es war schon ein unerhörter Vorfall, den sie da eben miterlebt hatten.

Drei Tage dauerte das Fest. Bier und Wein flossen in Strömen, die Tische bogen sich unter der Last der Speisen. Die neckischen feinen und weniger feinen Fräulein ließen sich von den Herren einfangen, man scherzte und schäkerte und ging dann und wann ins Gebüsch. Ritterliche Turnierspiele sorgten für allgemeine Heiterkeit, besonders dann, wenn sich wieder ein Herr die Knochen gebrochen hatte. Es war ein rauschendes Fest, auf dem, ein politischer Farbtupfer, beschlossen wurde, die Städte nun erst recht zu unterjochen.

Rostock zeigt die weiße Fahne

Als erste war Wismar fällig. Vom Juli an belagerte Heinrich von Mecklenburg die Stadt. Obwohl Rostock und Stralsund der bedrängten Schwester zu Hilfe eilten und eine dänische Flotte in die Flucht schlugen, die Wismar von der Seeseite her abgeriegelt hatte, konnte die Stadt sich nicht halten. Im Dezember mußte sie einem äußerst nachteiligen Frieden zustimmen.

Dann war Rostock an der Reihe und mußte binnen kurzer Frist kapitulieren. Der Rostocker Verteidigungsturm in Warnemünde mußte aufgegeben werden, worauf der Stadtrat beschloß, Frieden zu schließen. Das betrachteten die

Handwerker aber als schweren Verrat und zettelten einen Aufstand an, der einigen Ratsmitgliedern das Leben kostete. Auch eine neue Stadtregierung konnte das Blatt nicht mehr wenden – Rostock zeigte bald die weiße Fahne. Die Stadt wurde zu einer Bußzahlung von 14 000 Mark verurteilt und mußte dem Dänenkönig ewige Treue schwören.

1316 griffen die Fürsten Stralsund an. Inzwischen waren aber die Brandenburger Markgrafen aus der Fürstenkoalition ausgeschert, zum Glück für Stralsund, das auf diese Weise zu potenten Bundesgenossen kam. Die Stadt konnte ihre Unabhängigkeit bewahren.

Auch wenn Stralsund noch einmal davongekommen war: Die Zukunft der Hanse sah alles andere als rosig aus. Eine Stadt nach der anderen hatte Erich Menved aus dem wendischen Städtebund herausbrechen können. Lübeck, die Führerin, hatte sich selbst schon seit Beginn des Jahrhunderts von allen Rechten und Pflichten suspendiert, um – soweit möglich – einen eigenen Kurs zu steuern. Rostock und Wismar hatten ihre Selbständigkeit weitgehend eingebüßt.

Es verging ein halbes Jahrhundert, bis die Städte wieder Tritt gefaßt hatten und zu gemeinschaftlichen Aktionen fähig waren. In dieser Zeit war der deutsche Kaufmann im Ausland praktisch auf sich allein gestellt oder auf die zweifelhafte Unterstützung der nächstliegenden nicht-wendischen Städte angewiesen.

Trotz aller parallel laufenden Interessen darf nicht übersehen werden, daß die Städte von einem Gemeinsamkeits-Ideal noch weit entfernt waren. Unbestritten galt die Maxime: Eigennutz geht vor Gemeinnutz. Lübeck hatte es konsequent demonstriert. Bremen konnte mehr als fünfzig Jahre von den Privilegien ausgeschlossen bleiben, ohne das als besonders schmerzlich zu empfinden.

Dänemark versinkt im Chaos

Überraschend wendeten sich die Dinge dann zum Guten: 1319 starb Erich Menved. Als hätten die dänischen Herzöge, Grafen und Adligen nur auf diesen Augenblick gewartet: so fielen sie übereinander her und stürzten das Land in heilloses Chaos. Eine starke königliche Zentralgewalt, die das bislang verhindert hatte, gab es nicht mehr. Selbst wenn Erichs Bruder und Nachfolger Christoph oder auch der Herzog von Schleswig, dem man zeitweilig die Krone aufs Haupt gesetzt hatte, die Expansionspolitik hätten fortsetzen wollen: Geld dafür war beim besten Willen nicht mehr aufzutreiben.

Die königlichen Ländereien befanden sich größtenteils im Besitz von ausländischem, meist deutschem Adel, der die Gunst der Stunde nutzte und sich in Dänemark ungehemmt ausbreitete. Die Unterwerfung der Städte war für den holsteinischen Adel plötzlich nicht mehr aktuell. Im Gegenteil, man verbündete sich mit ihnen, um mit ihrer Hilfe sich ein möglichst großes Stück von dem dänischen Kuchen abzuschneiden.

Schweden, mehr noch die holsteinischen Grafen, eroberten wichtige Positionen in Dänemark. Gert »der Große« schwang sich im Verlauf der Wirrnisse zum wahren Herrn Dänemarks auf. Das Land ächzte unter seiner harten Hand, so daß man es geradezu als Erlösung empfand, als er 1340 ermordet wurde.

Viele deutsche Einwanderer waren seither in das Land zwischen Ost- und Nordsee gekommen, was bei den Dänen nicht unbedingt Begeisterung auslöste. Die Deutschen spielten sich als die Herren auf und provozierten damit nur den Widerstand der Einheimischen. Zu einem Massaker kam es 1332, als Hunderte von Deutschen, darunter zahlreiche Kaufleute, auf Schonen getötet wurden. Ohnehin hatte die

Gewalttätigkeit, begünstigt durch die anarchischen Zustände, gefährlich zugenommen, und Gerts Tod heizte sie noch einmal an. Sowenig wie der Kaufmann auf der Straße, war der Schiffer auf See seines Lebens sicher. Wegelagerer und Piraten lauerten allzeit und überall auf fette Beute. Als sich mit Waldemar IV. Atterdag ein tatkräftiger junger Mann anschickte, den verwaisten dänischen Thron zu besteigen, war ihm die Unterstützung Lübecks sicher. Waldemar schaffte Ordnung. Schonen gab er an Schweden zurück, Lübeck wurden bereitwillig mancherlei Privilegien eingeräumt. Den wendischen Städten sagte er volle Unterstützung zu, von der auch der Deutsche Orden profitierte, denn 1346 verkaufte er die dänisch-estländischen Besitzungen an die Männer mit dem schwarzen Kreuz.

Für die norddeutschen Städte war die Welt wieder in Ordnung, Waldemar schien der dänischen Expansionspolitik abgeschworen zu haben. Die Grenze zum Norden blieb ruhig. Aber es war die Ruhe vor dem Sturm.

8. Kapitel:
Englands teure Zeiten

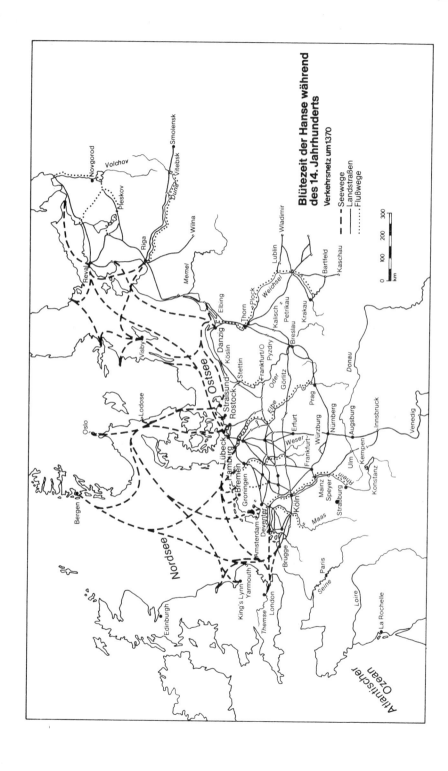

Skrupelloser Schuldenmacher

Ein einziger Hansekaufmann kam während der Handelssperre gegen Flandern ohne große geschäftliche Einbußen über die Runden. Sein Name: Tidemann Lemberg, 41 Jahre alt, Kaufmann aus Dortmund. Zu verdanken hatte er diese erfreuliche Tatsache dem wohl bedeutendsten Gönner der Hanse, der je auf einem europäischen Thron saß, nämlich Eduard III. von England – ein Freund, weniger weil er die Deutschen so gern mochte, sondern weil sie ihm ungeheure Geldsummen borgten.

Der König war einer der skrupellosesten Schuldenmacher aller Zeiten. Nun haben gekrönte Häupter zu jeder Zeit und in allen Ländern über ihre Verhältnisse gelebt. England und sein Eduard III. machten da keine Ausnahme. Aber dieser Mensch stellte alles bisher Dagewesene in den Schatten, und Gelegenheit zum Pumpen hatte er mehr als genug: Eduard III. regierte fünfzig teure Jahre lang, von 1327 bis 1377. Das allein war schon eine Leistung angesichts der durch Mord, Intrigen und Verrat verkürzten Lebenserwartung englischer Monarchen, ein Umstand, dem auch Eduard III. die Krone verdankte, nachdem man seinen Vater, Eduard II., durch rektale Einführung eines rotglühenden Spießes zu den Ahnen geschickt hatte.

Eduard II., der seinem Sohn den bemerkenswert unbefangenen Umgang mit den Staatsfinanzen vererbt hatte, hatte sich einen Augenblick lang bei den ausländischen Kaufleuten unbeliebt gemacht, als er auf Druck seiner englischen Händlerschaft das große, als »carta mercatoria« bekannte Privilegienwerk für alle ausländischen Kaufleute außer Kraft setzte. 1303 nämlich hatte Eduard I., »Langbein«, Großvater Eduards III., den Fremden diesen handelspolitischen Freibrief erteilt, als Lastenausgleich dafür, daß er die Zölle für den Export von Wolle und Häuten erhöht hatte – eine großzügige, wenn auch eigennützige Geste, nur, die englischen Kaufleute mochten es nicht dulden und stänkerten so lange, bis Eduard II. die »carta mercatoria« schließlich aufhob. Damit sollten besonders die Italiener getroffen werden, die den größten Einfluß auf Englands Handel ausübten. Der englische Kaufmannsstand war noch weit davon entfernt, die Wirtschaft seines Landes allein am Laufen halten zu können. Das besorgten die Ausländer unter maßgeblicher Beteiligung der Hansen, und die Italiener hatten dabei die Rolle der Staatsbankiers übernommen.

Finanziert wurden die großen und regelmäßigen Anleihen der Krone durch Anweisungen auf Wollexportzölle, der Haupteinnahmequelle des Königs, daneben wurde die königliche Kasse durch Ausfuhrzölle von Metallen gespeist, sofern der Monarch die Zolleinnahmen nicht längst schon verpfändet hatte. 30000 bis 40000 Sack Wolle – je etwa 166 Kilo – verließen jährlich die englischen Häfen. Sie wurden genau von königlichen Beamten gewogen und durften erst dann verladen werden, wenn sie das doppelseitige Königssiegel trugen, das Zeichen dafür, daß der Woll-Zoll entrichtet worden war.

Die ersten verläßlichen Zahlen über den Anteil der Deutschen am Wollhandel stammen aus den Abrechnungen über die Ausfuhrlizenzen. Danach entfielen im Jahr 1273 von insgesamt 32784 Sack Wolle, die von 681 Kaufleuten exportiert wurden, 1440 Sack auf 49 hansische Kaufleute. Die Hansen stehen damit auf Platz 5, weit hinter den Engländern (11415), den Italienern (8000), den Franzosen, in deren Zahl auch die Flamen enthalten sind (7150), und den Brabantern (3678). Der hansische Anteil betrug also 4,4 Prozent vom gesamten oder 6,7 Prozent vom Wert des Exports der Ausländer allein.

Das sind zwar nur bescheidene Zahlen, aber der Wollhandel war für die Hansen auch nur eine Nebenerwerbsquelle. Anfang des 14. Jahrhunderts, als die »carta mercatoria« in Kraft gesetzt wurde, erreichten die Hansen in Boston schon 33 Prozent, 1310/1311 kamen sie auf 54 Prozent. Die höchste Exportquote wurde in den Jahren 1339 bis 1342 mit jährlich 3500 Säcken erreicht.
Bis nun aber die Zölle auf den königlichen Konten verbucht waren, verging geraume Zeit. Dem Herrscher jedenfalls dauerte das normalerweise viel zu lange. Er brauchte schon vorher flüssige Mittel, und zwar reichlich. Wer hatte Geld? Die Kaufleute. Die fanden sich stets bereit, die Zölle auch dann schon zu zahlen, wenn sie noch gar nicht fällig waren – sofern der König ihnen Nachlässe auf die Abgaben gewährte und ihnen die zollfreie Ausfuhr von 200, 500 oder tausend Sack Wolle gestattete.
In den Wollhandel hatten sich schon frühzeitig die Dortmunder eingeschaltet, mit ein Grund, weshalb die Kölner, die sich als erste am Platze fühlten, auf die Westfalen nicht sonderlich gut zu sprechen waren und ihnen, wie bekannt, den Zugang zur Guildhalle verwehrt hatten.
Auch wenn die Aufhebung der »carta mercatoria« sich vornehmlich gegen die Italiener richtete und die Deutschen ihre Privilegien nicht einbüßten, kamen die Italiener auch weiterhin auf ihre Kosten. Das war auch aus Gründen der Finanzierung des englischen Staates gar nicht anders möglich, denn mit der Thronbesteigung Eduards III., 1327, nahm die Schuldenmacherei gigantische Ausmaße an.

Die Krone im Pfandhaus

Eduard III. nämlich rüstete zum hundertjährigen Krieg gegen Frankreich, ein nicht gerade billiges Unternehmen.

Nachdem die Kapetinger ausgestorben waren, erhob er Erbansprüche auf die französische Krone und lag dabei im Streit mit Philipp von Valois, der sie gleichfalls begehrte. Eduard hoffte, mit Hilfe seiner deutschen Verwandtschaft auf dem Kontinent Bundesgenossen zu finden.
Unbekümmert häufte er Ausgaben auf Ausgaben, Englands Außenpolitik war selten so teuer wie unter Eduard III. In den Jahren 1336 und 1337 beliefen sich die Kosten auf schier unvorstellbare 430 000 Gulden, finanziert vor allem von den Florentiner Bankern Bardi und Peruzzi und dem englischen Großkaufmann Wiliam de la Pole.
Noch bevor Eduard III. endgültig gen Frankreich zog, blies er zum Angriff auf die kontinentalen Geldbörsen. Er begab sich auf die große Schnorr-Tour durch Europa, über Amsterdam den Rhein aufwärts bis nach Koblenz, wo er zum Fürstentag 1338 eingeladen worden war. Wie ein Großmogul zog er durch die Lande, verstreute überall freigebig – geliehenes – Geld und blendete alle Welt mit dem Glanz seiner Kronjuwelen. Eduard III. war ein charmanter Verschwender.
Kein Wunder, daß ihm die Rheinfahrt zum Triumphzug geriet, jedenfalls in den Augen seiner Mit-Fürsten. Sehr viel mißtrauischer beobachteten die Kaufleute den königlichen Aufzug und durchschauten das Gepränge als das, was es wirklich war: ein Werbefeldzug in eigener Sache, um weitere Gelder lockerzumachen von ihnen, den Kaufleuten. Denn von den Fürsten war sowieso nichts zu holen.
Hinter vorgehaltener Hand raunte man sich schon zu, daß man schlechtem Geld gutes besser nicht hinterherwerfe, da Englands Staatsbankrott wahrscheinlich vor der Tür stehe, zumal die englischen Kollegen dem königlichen Prasser kaum noch etwas borgen würden. Man müsse schwer auf der Hut sein.

Allein, der König setzte unverdrossen auf sein Glück. In Köln erhoffte er sich Kredite, wo er im Haus eines früheren Geldgebers, Heinrich Scherfgin, weilte. Aber erst im Jahr darauf gaben ihm vier Patrizier ein Darlehen von 5000 Gulden, eine lächerlich geringe Summe, gemessen an der Finanzkraft der Kölner. Eduard III. hatte seine Kreditwürdigkeit eingebüßt, das war nicht mehr zu übersehen. Großzügige königliche Versprechen wegen weiterer Vorzugszölle und sonstiger Vergünstigungen nahm man höflich zur Kenntnis, gab im übrigen aber keinen Deut darauf. Nicht einmal mehr die Bürgschaft seiner italienischen Bankiers genügte den deutschen Kaufleuten als Sicherheit. Wenn der König weitere Kredite benötige, dann nur gegen handfeste und wertvolle Pfänder, bitte sehr.

Weit davon entfernt, dies als Beleidigung aufzufassen, übergab er seine Kronen und Kleinodien, als sei es das Selbstverständlichste auf der Welt, zum Pfand. So wanderte die große Königskrone gegen 50000 Gulden in die Hände des Erzbischofs von Trier, die kleine Krone und die seiner Gemahlin händigte er gegen 10000 Gulden seinen Kölner Gläubigern aus.

Gläubiger-Kartell

Diese alles in allem doch recht erfolgreiche Reise stimmte Eduards deutsche Gläubiger in England mißtrauisch. Noch mehr Gläubiger hieß, noch weniger Aussicht, die Außenstände jemals wieder hereinzubekommen. Um gegenüber dem skrupellosen Schuldenmacher einen besseren Stand zu haben, schlossen sich 13 westfälische Kaufleute 1339 zu einem Konsortium zusammen. Dazu stieß 1340 auch jener Tidemann Lemberg, der dem König ebenfalls nennenswerte Beträge geliehen hatte.

Sie sicherten sich ab, indem sie die gesamte Wollausfuhr kurzerhand unter ihre Kontrolle brachten. Noch im Gründungsjahr lieh das Konsortium dem König über 18 000 Pfund, die an verschiedenen niederländischen Plätzen zahlbar waren. Ein weiteres Darlehen gewährten sie ihm gegen neue Ausfuhrlizenzen sowie gegen die gesamten Zolleinnahmen in 15 englischen Häfen. Tidemann Lemberg wurde zum Aufseher über den Wollexport bestellt. Fortan durfte kein Sack Wolle mehr auf ein Schiff verladen werden, der nicht von Lemberg oder einem seiner Vertreter gewogen, verzollt und versiegelt worden war. Die englischen Zollbeamten mußten alle Einnahmen dem Konsortium aushändigen, was heftige Streitereien nach sich zog. Die bisherigen Zollpächter weigerten sich zuweilen, die Siegel abzugeben, und die englischen Hafenbeamten sträubten sich gegen die deutsche Wiege- und Siegelkontrolle. Geld floß jetzt zwar reichlich in die Kassen des Konsortiums, begleitet allerdings von den Verwünschungen der englischen Kaufleute, die von den Westfalen ausgebootet worden waren.

Den König kümmerte das wenig, sein gutes Verhältnis zu den Deutschen, besonders zu Tidemann Lemberg, ließ er sich nicht trüben. Mit Lemberg verhandelte er auch, um die große Krone aus der Pfandleihe des Trierer Erzbischofs wieder auszulösen.

Dieser Westfale war ein Kaufmann, für den keine bis dahin gängige Schablone paßte. Weder behäbig, bieder noch sonderlich bedachtsam, bereicherte er die Palette hansischer Kaufmannscharaktere um eine neue, antihansische Spielart: den Spekulanten, den Draufgänger. Sein Mut zu waghalsigen finanziellen Transaktionen, der ihn in die Nähe der großen italienischen Banker rückte, brachte ihn ebensooft auch in Gegensatz zu seinen Landsleuten, die ihm sein Talent neiden mochten, immer wieder neue Geldquellen erschließen zu können, während sie selbst ständig mit Finanzierungsschwierigkeiten zu kämpfen hatten.

Der liebe Gott wird's schon nicht merken

Seltsam genug, alles, was seinerzeit mit »Kredit« zu tun hatte, war anrüchig – ein Erbteil des christlichen Mittelalters, von dem sich auch die Hanse nie hat gänzlich befreien können. Ihr Kampf gegen den Kredit war eine der befremdlichsten Seiten hansischer Wirtschaftspolitik, jedenfalls im 15. Jahrhundert. Beim schlichten Geldverleihen gegen Zinsen war die Sache verhältnismäßig einfach. Ein Christenmensch riskierte nach damaliger Anschauung sein Seelenheil, wenn er von einem Glaubensbruder Zinsen für ein Darlehen nahm. Die Kirche verweigerte ihm dann die Teilnahme am Abendmahl und ein christliches Begräbnis.
Da eine entwickelte Wirtschaft aber ohne Kredite gar nicht oder nur sehr unzulänglich funktioniert, sann man auf Auswege. Einen boten die Juden an. Sie waren die professionellen Geldverleiher, die es auf Zinssätze von 40 bis 60 Prozent brachten. Daß angesichts derartiger Gewinnspannen die christlichen Kaufleute, eingeschlossen die Kirchen und Klöster, im Kreditgeschäft nicht abseits stehen mochten, versteht sich von selbst. Nur mußten sie die anrüchige Sache halt tarnen, im Vertrauen darauf, daß der liebe Gott es schon nicht merken werde.
Abgewickelt wurde das Geschäft so: Gläubiger und Schuldner vereinbarten einen äußerst knapp bemessenen Rückzahlungstermin, ohne Zinsen zu berechnen. Von vornherein war man sich aber einig, daß das Darlehen an dem vereinbarten Tag nicht zurückgegeben werden sollte. Den Zahlungsverzug setzte der Gläubiger seinem Schuldner dann als Schadens-

ersatz in Rechnung. Höhe: 40 bis 60 Prozent. Oder: Der Gläubiger schlug sofort seine geschätzten Unkosten auf das Darlehen auf, händigte seinem Schuldner aber nur die ursprünglich vereinbarte Summe aus.
Zur Sicherheit ließ sich der Geldgeber häufig Wertgegenstände verpfänden oder aber, sofern es ein Potentat war, der Geld brauchte, laufende Einnahmen wie Steuern, Zölle und dergleichen abtreten, wobei der Darlehensbetrag stets erheblich geringer war als das, was die öffentlichen Abgaben brachten.
Lemberg verstand sich auf dieses Geschäft meisterlich. Er ließ sich für einen 3000-Pfund-Kredit im Jahr 1347 die Einkünfte der Zinkgruben von Cornwall für drei Jahre und drei Monate übertragen, womit er, ganz nebenbei, den gesamten Zinkexport Englands kontrollierte.

Eine historische Klamotte

Gegen eine bestimmte Kreditform wandte sich die Hanse mit besonderer Vehemenz: den Kauf oder Verkauf auf Pump; den sogenannten Borgkauf, der insbesondere in Rußland untersagt worden war.
Gegen Ende des 14. Jahrhunderts begann schließlich ein systematischer Kampf gegen jede Art Kredit, was um so befremdlicher anmutete – und besonders im Brügger Kontor zu erheblicher Unruhe führte –, als der Handel unter Zuhilfenahme des Kredits in und von den Hansestädten selbst gebilligt worden war. Seit Ende des 13. Jahrhunderts zum Beispiel hatte Lübeck Schuldbücher eingerichtet, die derartigen Geschäften eine öffentliche Garantie sicherten, und selbst im Ausland unterstützten die Städte solche Usancen.
Gleichwohl schwelte das hansische Mißtrauen gegen Kredite weiter, und bezeichnenderweise konnten Banken in den

Hansestädten nie richtig Fuß fassen, abgesehen von einem bescheidenen Versuch in Lübeck. Um 1410 gründeten die Italiener Ludovico Baglioni aus Perugia und sein Teilhaber Gerardo Bueri aus Florenz in Lübeck eine Bank. Bueri ehelichte die Tochter eines Bürgermeisters, ließ sich 1438 lübisches Bürgerrecht verleihen, zog einen regen Finanzhandel auf und beteiligte sich am Handel mit Bernsteinrosenkränzen. Nach dem Tod Bueris 1449 aber wurde die Bank geschlossen. Wenige Tage später versuchte sich ein Lübecker, Godeman van Buren, in Finanzgeschäften, aber ohne nachhaltigen Erfolg. 1472 war seine Bank zahlungsunfähig und ging bankrott. Zu weiteren Neugründungen fehlte der Mut, die Süddeutschen rissen den Italienhandel und die Bankgeschäfte immer mehr an sich, worüber man offenbar nicht einmal sonderlich unglücklich war. Denn mittlerweile führten die Reaktionäre in den Hansestädten das große Wort, der systematische Kampf gegen den Kredit begann.

Man argumentierte ebenso einfalls- wie verständnislos: Durch den Kredit sei der Käufer gezwungen, mit Verlust zu verkaufen, um das nötige Geld zur Schuldentilgung zu beschaffen, oder ihm werde ein überhöhter Preis abgefordert, wenn er die Ware erst später bezahlen müsse. Das führe nur dazu, sich auf gewagte Geschäfte einzulassen, und begünstige überdies unredliches Geschäftsgebaren, wodurch wieder der gute Ruf der Hansen gefährdet werde.

Die Hansen waren auf dem besten Weg, sich in diesem Punkt zu ihren Anfängen zurückzuentwickeln, wo nichts anderes gegolten hatte als Ware gegen Ware oder Ware gegen Geld. Als ein Hansetag 1401 auf Betreiben der livländischen Städte, die den Kredithandel mit den Russen verboten hatten, beschloß, für drei Jahre ebenso in Flandern zu verfahren, empfanden die deutschen Kaufleute in Flandern das denn auch als historische Klamotte und verwiesen auf den Schaden, der ihnen durch diese »Wirtschaftspolitik« zugefügt werde.

Es half aber nichts. Der Livland-Handel blieb dem Verbot unterworfen, obwohl sich selbst in diesen Städten Widerstand dagegen regte. So wurde der Handel nach Riga und den anderen Orten zum Tauschgeschäft mit Pelzen und Wachs gegen Tuche und Gewürze. Statt diese unsinnige Beschränkung eines Tages kommentarlos aufzuheben, wurde sie noch 1417 auf den gesamten Handel von und nach Flandern ausgedehnt und 1462 auch für England verfügt, was den dort ansässigen deutschen Kaufleuten lediglich ein müdes Lächeln abnötigte. Durchgesetzt hat sich das Verbot auf der Insel nie. Einige Jahre danach schuldeten zum Beispiel deutsche Händler den Tuchmachern von Gloucester 5000 Pfund.

Zur Ehre der Hanse sei gesagt, daß sie mit dieser seltsamen Politik durchaus ehrenwerte Absichten verfolgte, die über die bloße Aufrechterhaltung kaufmännischer Moral hinausgingen. Die Hanse lag zu dieser Zeit bereits in heftigen Konkurrenzkämpfen mit den Holländern und Engländern. Wie es verboten war, mit Ausländern eine Handelsgesellschaft einzugehen, sollte auch das Kreditverbot Fremde davon abhalten, sich in die Geschäfte der Hanse einzuschalten, womit, wie man glaubte, den hansischen Kaufleuten der ungeschmälerte Genuß der Privilegien erhalten werden könne. Eine Fehleinschätzung, wie sich alsbald herausstellte, die sich bitter rächen sollte. Nicht der Rückgriff auf überlebte Bräuche, sondern die Weiterentwicklung zu neuen zeitgemäßen Handelsformen hätte die hansischen Kaufleute befähigt, dem wachsenden Druck der ausländischen Konkurrenz standzuhalten. Dazu aber fehlte der Wille.

Das Kontor, das zum Bahnhof wurde

Zurück nach England ins 14. Jahrhundert. Dort hatte sich der den Hansen günstige Wind allmählich gedreht. Selbst Eduard III., arg bedrängt von der einheimischen Kaufmannschaft, durfte offiziell den Deutschen nicht mehr so wohlgesonnen sein wie noch vordem. Schwerwiegende Folgen hatte das aber nicht, denn die Deutschen zogen sich ohnehin allmählich aus den Finanzierungsgeschäften zurück. 1344 löste sich Eduards Gläubiger-Konsortium mit Tidemann Lemberg auf. Ein Jahr darauf gingen die Banker des Königs, Bardi und Peruzzi, bankrott, vielleicht der letzte Anstoß für die deutschen Kaufleute, sich wieder in gewohnten herkömmlichen Handelsbahnen zu bewegen. Die Kreditgeschäfte ließen spürbar nach. Tidemann Lemberg allerdings konnte, seinem Naturell und seiner Tätigkeit entsprechend, nur schwer von den Spekulationsgeschäften Abschied nehmen. Er war einer der letzten, wenn nicht gar der letzte Finanzkaufmann der Hanse in England. Auf ihn ganz besonders hatten sich die englischen Händler eingeschossen. Sie verleideten ihm den Aufenthalt in Albion so gründlich, daß er 1354 nach Köln umzog, wo er das Bürgerrecht erwarb.

Zentrum des Hansehandels in England war das Kontor in London, der Stalhof, englisch »steelyard«, so genannt nicht nach dem »Stahl«, wie man angenommen hat, sondern abgeleitet von dem Wort »stal«, was einfach Verkaufsort meint. Noch im London dieser Tage ist er ziemlich genau zu lokalisieren: Sein Gelände deckt sich etwa mit dem des Bahnhofs Cannon Street, dessen Nordseite von der Upper Thames Street begrenzt wird, wie damals auch das Kontor. Die Niederlassung hatte eine ideale Lage: Schiffe konnten die Themse aufwärts direkt am Stalhof festmachen, unweit der

London-Bridge, der einzigen Brücke der Stadt über den Fluß. Im Westen wurde das Kontor von dem Dowgate, im Osten von All Hallows Gate begrenzt, umschlossen von einer starken Mauer. Auch wenn der Handelshof fast wie eine Festung aussah und in wenigen Fällen auch dazu dienen mußte: ein Vergleich etwa mit Nowgorod verbot sich von vornherein. In Nowgorod bewegte man sich auf feindlichem Boden, in einer ganz anderen, fremdartigen Welt mit seltsamen Sitten und Gebräuchen, die das Bedürfnis, eng zusammenzurücken, nur noch förderte.
London dagegen: das war eine vertraute Umgebung, ähnlich der flandrischen Szene, die eine untergründige Angst vor dem Unberechenbaren gar nicht erst aufkommen ließ. In London hielt man sich gern auf, nicht nur wegen der lukrativen Geschäfte mit Wein und Tuch. In den zahlreichen Kammern und Hallen – 91 Räume hat man auf einem vor nicht allzu langer Zeit wiederentdeckten Grundriß des Kontors vom Ende des 16. Jahrhunderts gezählt –, in den Packhäusern und auf den Gängen wogte ein Gefühl von Meistern und ihren Gesellen, beschäftigt damit, die Waren versandfertig zu machen oder auszupacken und zu stapeln.
Schon frühzeitig faßte die Guildhalle nicht die Zahl der Gäste, weshalb auch in den nächstgelegenen Gassen Häuser gemietet wurden. Seit Einrichtung des Kontors herrschte für alle dort wohnenden Kaufleute auch eine Art klösterlicher Zucht, aus Nowgorod und Bergen bekannt. Die gemeinsame Haushaltung, das gemeinsame Mittagsmahl in der Guildhalle, die auch als Versammlungsraum der Kaufleute diente, waren obligatorisch. Die Ratsstube gehörte allein den Älterleuten, die hinter ihrem bühnenartigen Kontor über Gewinn und Verlust nachsannen oder zu Gericht saßen.
Über den hohen Kaminen stand in dichter Reihe das auf Hochglanz geputzte Silber- und Zinngeschirr, zwei Gemälde

Hans Holbeins d. J., der »Triumph des Reichtums und der Armut«, schmückten die Halle in besonders eindrucksvoller Weise. Der Turm auf dem Kontorsgelände, nach dem großen Brand von London 1666 aus der Stadtsilhouette verschwunden, diente zur Aufbewahrung der Kontor-Kleinodien; eine Schatzkammer, in der auch die Privilegien-Urkunden, der offizielle Schriftwechsel und sonst wertvolle Dinge verwahrt wurden.

»*Let us drink the Rhenish-Wine*«

Ein weiter und gepflegter Garten zwischen der Halle und der westlichen Mauer an der Cousin Lane, mit Rebstöcken und Obstbäumen bepflanzt, in dem kleine Lauben zum Verweilen einluden, bildete inmitten des Geländes eine behagliche Oase der Ruhe, ganz dazu angetan, einen warmen Sommerabend nach der Tagesarbeit im Kreis der Freunde zu verplaudern. Beliebter noch war ein gewisses Gebäude an der Thames Street, ein Haus, das die Hansen 1381 dem Sir Richard Lions, einem reichen Goldschmied und Sheriff Londons, hatten abkaufen und dem Kontor einverleiben können, damit es dem Ausschank rheinischer Weine an Ehrengäste und wohlgelittene Fremde diene. Dazu wurde geräucherte Ochsenzunge, Lachs und Kaviar gereicht – Offenbarungen für den, auch damals schon, nicht eben verwöhnten englischen Gaumen. Noch war die Regierung Englands nicht nach dem Westen der Stadt umgezogen, sondern hatte ihre stattlichen Wohnhäuser in der City, und gern trafen sich die Edelleute, der Lord-Mayor, Kanzler, Bischöfe und Äbte, Kapitäne und Diplomaten der Hanse im deutschen Weinhaus, dessen Gastlichkeit noch zu Zeiten der Königin Elisabeth gerühmt wird:

»Let us go to the Stealjard and drink Rhenish-Wine«, eine Aufforderung, der nur zu gern Folge geleistet wurde. Oberhaupt des Stalhofs war der deutsche Ältermann, der jedes Jahr am Neujahrsabend von der Versammlung der Kaufleute gewählt wurde, die sich in »Drittel« eingeteilt hatten: das rheinische mit Köln als leitender Stadt, das westfälisch-sächsisch-wendische Drittel und das preußisch-livländische – eine Einteilung, der nur sehr begrenzte Bedeutung zukam, denn die Leitung, die Hauptversammlung, die Kasse und das Gericht waren gemeinsame Sache der drei Drittel. Jedes von ihnen besoldete aber einen »clerc«, der seit dem 15. Jahrhundert den immer umfangreicher werdenden Schriftverkehr bewältigte und manchmal sogar in diplomatischen Missionen unterwegs war.

Dem Ältermann zur Seite standen zwei Beisitzer, die er aus den Mitgliedern des Zwölferrats wählte, der wiederum aus den Kaufleuten bestand, die nicht einem der Drittel zugehörten. Was die Hanse überall sonst schärfstens als Einmischung in ihre Angelegenheiten zurückgewiesen hätte, war in London möglich: Neben dem deutschen Ältermann waltete ein englischer seines Amtes, meist ein deutschstämmiger Londoner Bürger, der in England naturalisiert worden war. Er wurde von den Kaufleuten für das Amt vorgeschlagen, bekleidete häufig genug ein öffentliches Amt in London, war sogar manchmal der Mayor selbst. Bei Antritt seiner Stellung leistete er den Eid vor dem Rat der Stadt London. Diese Integrationsfigur zwischen der Hanse und dem Gastland – die es sonst nirgendwo gab – fungierte als eine Mischung aus Außenminister, Chefbotschafter, oberster Richter, Verbindungsoffizier zu englischen Behörden, ein Symbol dafür, daß sich der Stalhof durchaus nicht als eine Gesellschaft empfand, die sich um jeden Preis von der Umwelt abzukapseln habe. Dafür spricht auch, daß die Deutschen seit Ende des 13. Jahrhunderts eines der Stadttore, das Bishopsgate, zu bewachen und zu unterhalten hatten, zu welchem Zweck jeder Kaufherr Helm und Harnisch sowie alle zur Kriegsausrüstung gehörenden Waffen bereithalten mußte. Überhaupt schien das Verhältnis der Deutschen zu ihren Gastgebern im allgemeinen recht entspannt gewesen zu sein, abgesehen von den Zeiten, in denen der latente englische Konkurrenzneid virulent wurde.

Die Hälfte für den Denunzianten

Innerhalb der Mauern herrschte strenge Ordnung, darin unterschied sich der Stalhof von den anderen Niederlassungen der Hanse in nichts. Alle Meister und Kaufgesellen lebten als Strohwitwer oder Junggesellen, welches natürlich einen besonderen Reiz auf die hübschen Londonerinnen ausübte. Nur, erwischen lassen durfte sich ein Kaufmann nicht, wenn er ein Mädchen mit auf die Kammer nahm. Es hagelte schwerste Strafen, wobei besonders ärgerlich war, daß dem Denunzianten die Hälfte der verwirkten Strafe zugesprochen wurde.
Wer in Tavernen oder auf seiner Kammer »doppelte«, also würfelte, hatte gleichfalls eine ansehnliche Buße verwirkt.
Wahre Musterknaben hätten die deutschen Kaufleute danach sein müssen, wenn sie all die zahllosen Einzelvorschriften der Hausordnung befolgt hätten. Daß sie es nicht taten, spricht nur für die Stalhofbewohner.
Blitzsauber hatte der Stalhof zu sein, frei von allem Unrat. Fechten und Ballschlagen, etwa in Gesellschaft englischer Freunde, war verboten. Pingelig wurde darauf geachtet, daß die Gebäude nicht beschädigt wurden. Schon früh am Abend, winters um 8 Uhr, sommers um 9 Uhr, wurden die Tore geschlossen, den Wachdienst hatte jeder der Reihe nach zu versehen.

Gegessen wurde gemeinschaftlich in der großen Halle, die Tafel der Meister blieb jedoch von jener der Gesellen getrennt. Ordnung und Anstand auch hier erstes Gebot. Die Kosten für die Verpflegung hatte jeder selbst zu tragen, und länger als 14 Tage durfte niemand beim Küchenchef in Kreide stehen. Nichts war zu geringfügig, als daß sich die Hausordnung nicht darum gekümmert hätte. Die Lust, dem Zeitgeist entsprechend, alles bis ins kleinste zu regeln, schlug nachgerade ins Lächerliche um, so, wenn der Hoffeger nicht in der Küche arbeiten oder den Bratspieß wenden durfte.
Seit die Hanse die Beteiligung am privilegierten Außenhandel vom Besitz des Bürgerrechts einer Hansestadt abhängig gemacht hatte, konnte es ein Kaufmann im Ausland praktisch nur zu etwas bringen, wenn er Mitglied eines Kontors wurde, was in London zu leidlichen Bedingungen möglich war. Haupterfordernisse: eben das Bürgerrecht einer Hansestadt, Freiheit von dienstbaren Verhältnissen – »daß einer frei auf seinen Füßen stehe« –, guter Leumund und ein Bürge, schließlich, daß er nicht mit außerhansischen Gütern handle. Der Neue mußte dann einen Eid schwören: »der Deutschen Rechte helfen zu hüten nach seiner fünf Sinne Vermögen, kein Gut nach deutschem Recht zu entfreien, das nicht in die Hanse gehöre, alles zu melden, was er als gegen Recht erführe, und dem Rechte gehorsam zu sein.«
Ein mäßiger Schoß – die übliche Abgabe auf Einfuhr und Ausfuhr –, Strafgelder und wenige andere Abgaben deckten die Unkosten der Niederlassung, die mit dem Geld offenbar gut hauszuhalten verstand, denn schon frühzeitig hatte sich ein respektabler Schatz an Silbergerät und Kleinodien angesammelt.

»cheese and bread«

Abgesehen von einer kleinen Kapelle haben die Deutschen in ihrem Kontor keine eigene Kirche besessen, wie etwa in Nowgorod, Visby, Smolensk oder Bergen. Offenbar war hier das Bedürfnis nach einem eigenen Gottesdienst weniger entwickelt als anderswo, sie begnügten sich mit dem, was vorhanden war: All Hallows the Great, die Allerheiligen-Kirche, einen Steinwurf weit vom Stalhof entfernt, oder einer alten Seemannskirche, wo der Besucher vor dem großen Brand den Reichsadler in den Fenstern erblicken und rings an den Wänden auf Grabtafeln deutsche Namen entziffern konnte.

Gern wurden auch die Dienste der Grauen Mönche, der Franziskaner, in Anspruch genommen, wie auch das Kontor herzliche Beziehungen zu anderen Orden, den Dominikanern zum Beispiel und den Kartäusern, unterhielt. 1468, als der Stalhof geräumt werden mußte, verwahrten die Kartäuser in ihrem Kloster südlich von London die Kontorsakten. Kirchenfeste galten den Kaufleuten als willkommene Gelegenheit zum Feiern. Das kontoreigene Fest war der Heiligen Barbara am 4. Dezember jeden Jahres gewidmet. Eine Seelenmesse, an die sich ein Festschmaus mit den englischen Priestern und dem englischen Ältermann anschloß, wurde im Stalhof zelebriert. Satt und zufrieden die Güte des Herrn und die bei solchen Gelegenheiten mit Geschenken freigiebigen Hansen preisend, trollte man sich, wenn es Zeit wurde.

Ab und zu jedoch wurden die Hansen recht unsanft daran erinnert, daß die Welt, in der sie lebten, alles andere war als eine geschäftig-friedliche Idylle und daß keine Kriegsschiffe oder Truppen sie vor der Wut des Volkes schützen konnten. So sah es beim Bauern-Aufstand des Watt Tyler und der Landbevölkerung von Kent 1381 bedrohlich für den Stalhof aus, als ihr Nachbar, jener reiche Goldschmied Richard Lions, aus seinem Haus geschleppt und im nächsten Graben ermordet wurde, als die blutrünstigen Rebellen die verhaßten Ausländer, Deutsche wie Flamen, bis in die Kirche verfolgten und sie dort niederstießen, wenn sie die Wörter »cheese and bread« nicht echt englisch aussprechen konnten. Aber die Stalhofmauer hielt dem Ansturm stand.

9. Kapitel:
Flandern unter Quarantäne

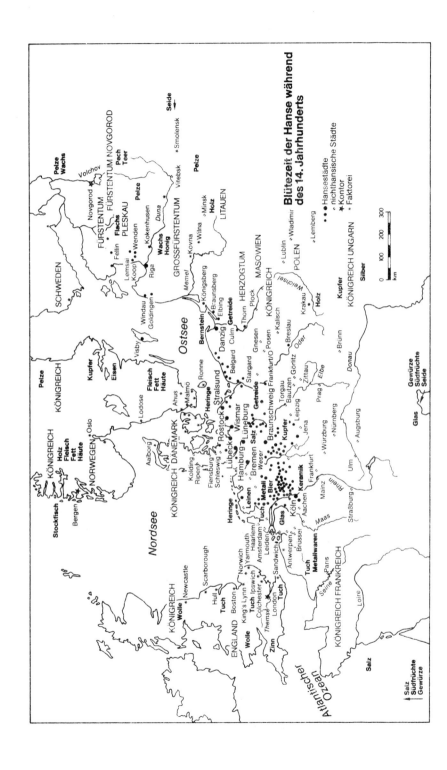

Ein englischer Seeräuber

Seit Mitte des 14. Jahrhunderts wechselt der Schauplatz der Ereignisse wieder nach Flandern. Zwischen England und Frankreich tobte der hundertjährige Krieg. Der neue Regent Flanderns, Ludwig von Male, versuchte sein Land, so gut es eben ging, aus diesem Konflikt herauszuhalten, was ihm mit einigem Erfolg auch gelang. Nicht verhindern konnte er, daß sich das Verhältnis zu den deutschen Kaufleuten arg trübte. Dazu trug die andauernde Unsicherheit auf See erheblich bei. Unter dem Deckmantel kriegerischer Aktionen hatten sich die Piraten zu einer Plage an der flandrischen Küste entwickelt. Jeder überfiel schließlich jeden, ohne Rücksicht auf die Nationalität zu nehmen, ohne scharf zwischen Freund und Feind zu unterscheiden. Beliebteste Objekte waren die reich beladenen Kauffahrteischiffe. Auch die Landwege galten nicht eben als befriedet. Überfälle und Plünderungen gehörten zu den alltäglichen Gefahren, denen sich ein Kaufmann ausgesetzt sah.

Die Hansen hatten schon 1309 vorgesorgt und sich für derartige Fälle ein Geleitprivileg von Brügge und dem flandrischen Grafen ausbedungen. Darauf pochten sie nun und verlangten Entschädigung. Man wimmelte sie aber ab und vertröstete sie auf später.

Dann hieß es, sie sollten Zölle zahlen. Als sie in ihren Privilegien nachschlugen, ob das auch statthaft sei, fanden sie nichts davon. Von derartigen Abgaben waren sie seinerzeit befreit worden. Man beschimpfte sich darauf heftig und drohte einander mit übelsten Repressalien. Lübeck unternahm nichts dagegen. Man war in Brügge ganz schön sauer auf die deutschen Städte und ventilierte eine neue Verlegung des Kontors.

Der Konflikt schwelte. Durch einen ernsten Zwischenfall

wurde er fast zum offenen Feuer angefacht. Als nämlich der Greifswalder Hanse-Kaufmann Gerhard Robenoghe am Tag nach Himmelfahrt 1351 in die Swinmündung einlaufen wollte, erlebte er eine böse Überraschung: Englische Kaperer nahmen ihn in Empfang, drängten sein Schiff auf die offene See hinaus, plünderten es und überließen es seinem Schicksal. Robenoghe und seine Besatzung konnten sich retten. Kurze Zeit darauf, der Kaufmann glaubte seinen Augen nicht zu trauen, erkannte er einen der Piraten wieder, als er in dem Städtchen Sluis über den Markt ging. Sofort schlug er Alarm und ließ den Mann verhaften. Auch sein Kapitän und mehrere Besatzungsmitglieder hatten den Räuber identifiziert. Robenoghe verklagte den englischen Piraten und wandte sich zugleich mit der Bitte um Rechtshilfe an das deutsche Kontor in Brügge, um der Klage auch den rechten Nachdruck zu verleihen.

Das Kontor jubelte: Auf so einen eindeutigen, zweifelsfreien Fall hatte es nur gewartet. Jetzt konnte es endlich vor internationalem Publikum die große Privilegien-Verletzungs-Show abziehen und als großen Paukenschlag die Verlegung des Kontors androhen.

Das wirkte. Der Freibeuter wurde kurz darauf in Sluis hingerichtet. Ganz wohl war den Flamen dabei freilich nicht, denn sie fürchteten um ihr traditionell gutes Verhältnis zu England.

Wie recht sie damit haben sollten, zeigte sich schon bald. Die englischen Kaufleute übten sich in Solidarität mit ihrem Landsmann. Etwas spät zwar, denn er weilte nicht mehr unter den Lebenden. Aber sie veranlaßten immerhin ihren Herrscher Eduard III., alle deutschen Waren in England zu beschlagnahmen und deren Eigentümer zu verhaften – bezeichnenderweise nahm der König jenen Tidemann Lemberg davon aus –, als Sofortmaßnahme gewissermaßen, und von

Brügge verlangten sie einen Bericht über die ganze Angelegenheit. Anscheinend hatte man in der Stadt kein blütenreines Gewissen. Die Sache roch so ein bißchen nach Justizmord. Die Engländer jedenfalls wurden den Verdacht nicht los, daß jener Freibeuter auf dem Altar guter hansisch-flandrischer Beziehungen geopfert worden war. Aus Brügge jedenfalls war nichts zu erfahren.
Das wiederum stimmte Eduard III. mißtrauisch, und messerscharf schloß er, daß dies als Eingeständnis flämischer Schuld zu werten sei. Prompt wurden alle deutschen Kaufleute in England wieder freigelassen, und Brügge bekam es zu spüren, daß man die deutschen Freunde des Königs nicht ungestraft anschwärzt. Eduard ließ den Wollstapel nach England zurückverlegen.

Das Kontor unter Kontrolle

Brügge hatte sich mächtigen Ärger eingehandelt: Den Wollstapel war es losgeworden, und die Hanse-Kaufleute waren noch immer sauer auf die Stadt, die weiterhin auf den nicht vorgesehenen Abgaben bestand und nichts gegen die Privilegien-Verletzungen unternahm. Die Flamen ließen die Dinge schleifen. Neue massive Vorwürfe seitens der Deutschen waren die unausbleibliche Folge. Noch nicht entschieden war auch die Frage, ob den Deutschen endlich, wie verlangt, eine eigene Waage zugebilligt werden sollte. Die Hansekaufleute drängten auf eine positive Entscheidung. Aber es geschah nichts.
Über Jahre hatte sich auf diese Weise Zündstoff angesammelt, als 1356 ein Hansetag in Lübeck beschloß, endlich Tacheles mit den Flamen zu reden.
Was dabei herauskam, ist nicht bekannt. Einen anderen

Auftrag, den die Hanse-Delegation mit auf den Weg nach Flandern bekommen hatte, erledigte sie mit Bravour. Die Hansestädte, vor allem Lübeck, hatten mit nicht geringem Schrecken davon Kenntnis nehmen müssen, daß der »gemeine Kaufmann« zu Brügge mit der Verlegung des Kontors gedroht hatte, eigenmächtig, ohne sich vorher mit den Städten abzustimmen. Die internationalen Verwicklungen, die ein solch drastischer Schritt unweigerlich nach sich ziehen mußte, waren den Hansestädten nur zu gut bekannt, und die Gefahr, ohne ihr Zutun in eine mulmige Sache hineingezogen zu werden, lag auf der Hand. Das mußte auf jeden Fall vermieden werden.
Rasch und geräuschlos wurde dem Kontor ein Maulkorb verpaßt. 1347 hatten sich die in Brügge ansässigen Deutschen ein Statut gegeben. Die Hanse-Gesandschaft bestand nun darauf, daß ihr das Paragraphenwerk zur Genehmigung vorgelegt werde. Das Kontor zierte sich selbstverständlich ein wenig. Auf der anderen Seite aber war es sich auch darüber klar, daß der deutsche Kaufmann im Ausland ohne die Rückendeckung der heimatlichen Städte die Macht nun auch wieder nicht hatte, Gott, der Welt und allen ihren Fürsten zu trotzen.
Der Form halber mäkelte die Delegation an dieser und jener Regelung herum, segnete das Statut aber im großen und ganzen ab. Damit war die de-jure-Herrschaft der Hanse über das Brügger Kontor hergestellt. Jede Entscheidung des Kontors konnte fürderhin nur durch eine Bestätigung seitens der Hanse wirksam werden. Alleingänge sollten auf diese Weise unterbunden werden.
Brügge war das erste Kontor, das dem hansischen Zentralismus zum Opfer fiel. Allerdings brauchten die Kaufleute dort noch einige Zeit, um sich den veränderten Verhältnissen anzupassen. Zehn Jahre später nämlich, als sie fürwitzig die Ini-

tiative zur Regelung von Münzfragen ergriffen, wurden sie von einem Hansetag in Lübeck sofort zurückgepfiffen.

Skandal um einen Wirt

Die Lage in Brügge spitzte sich bedrohlich zu. Die Stadt kassierte wiederum neue Abgaben und weigerte sich beharrlich, den unzähligen Beschwerden der Hansen wegen Seeräuberei, Strandraub und Wegelagerei nachzugehen, geschweige denn – wie es in den Privilegien stand – Entschädigung dafür zu leisten. Aus heiterem Himmel sollten die Kölner Weinhändler doppelte Steuern zahlen – sie dachten nicht im Traum daran. Maklergebühren, Arbeitslöhne und Mieten waren in inflationäre Höhen gestiegen. Brügge dehnte sein Stapelrecht ohne Vorwarnung auf Salz und Getreide aus, das bisher direkt von Schiff zu Schiff verkauft werden durfte – die Hansen hatten das Nachsehen.

So willkürlich diese Maßnahmen sich auch ausnahmen, die deutschen Kaufleute waren nicht als einzige davon betroffen, und es war auch nicht nur pure Bosheit Brügges, die Gäste so zu schröpfen. Ludwig von Male, Graf von Flandern, der unausgesetzt in Händel verstrickt war, ließ seine Städte kräftig zur Ader. Brügge mußte ihm jährlich eine ungeheure Summe bezahlen und wollte sich nun endlich freikaufen. Dazu aber benötigte es sehr viel Geld, das durch die erhöhten öffentlichen Abgaben aufgebracht werden sollte. Die Hansen freilich interessierte das wenig, sie pochten weiter auf ihre verbrieften Rechte.

Die Stadtoberen hatten bisher, statt um Verständnis zu werben, kaum eine Gelegenheit ausgelassen, sich unbeliebt zu machen, angefangen bei dem ungeschickten Taktieren in Sachen des englischen Piraten. Wieder bot sich eine Möglichkeit, sich unnötigerweise und noch dazu wegen einer Lappalie mit den Ausländern anzulegen.

Da die deutsche Kolonie in Brügge nicht, wie in London, Bergen oder Nowgorod, über einen eigenen Handelshof verfügte, der ihr auch als Wohnung, Speicher und Büro diente, bezog sie Quartier bei Privatleuten in der gesamten Stadt. Diese Wirtsleute stellten ihren Untermietern auch Speicherräume und Büros zur Verfügung und waren den Gläubigern ihrer Gäste haftpflichtig, wenn diese zahlungsunfähig wurden.

Lorenz von der Burse – die Familie wurde zum Namenspatron der »Börse« – war ein solcher Wirt, der vornehmlich deutsche Kaufleute beherbergte, und wie allgemein üblich, verwahrte er auch deren Barschaft. Lorenz starb eines Tages plötzlich. Außer einem Schuldenberg hinterließ er nichts. Mangels anderweitiger Möglichkeiten hielten sich seine Gläubiger an den hinterlegten Kaufmannsgeldern schadlos, was natürlich einen riesigen Wirbel in Brügge verursachte. Ein solches Vorgehen war nicht nur ungewöhnlich, sondern schlichtweg ein Skandal.

Alle Beschwerden der betroffenen Deutschen nützten nichts. Brügges Behörden stellten sich taub, obwohl sie klüger getan hätten, den Fall ohne viel Aufhebens im Sinne der zeternden Kaufmannschaft zu regeln.

Um die unausgesetzte Litanei von Klagen ihrer Kaufleute ein für allemal aus der Welt zu schaffen, hatte die Hanse für Januar 1358 einen allgemeinen Hansetag nach Lübeck einberufen. Man hatte die Privilegien neu formuliert, damit es, wie man optimistisch meinte, künftig keine Auslegungsdifferenzen mehr gebe. Eine flämische Delegation war zu den Hansetag-Sitzungen eingeladen worden.

Am 20. Januar trat er zusammen. Die Flamen aber erschienen nicht, was die Hanse als schweren Affront auffaßte. Das war aber keineswegs so gemeint.

Von der Maas...

Ludwig von Male war in Erbstreitigkeiten wegen der Nachfolge im benachbarten Herzogtum Brabant verwickelt. Brügge sah in den Plänen Ludwigs auch Vorteile für sich, und es unterstützte den Grafen. Unglücklicherweise aber nahm der Landesherr ihre Hilfe just in dem Augenblick in Anspruch, als die Regelung hansischer Probleme anstand. Verständlicherweise war Brügge das flandrische Hemd näher als der hansische Rock, und zog einer der Delegationsleiter, statt nach Lübeck, an der Spitze eines Heeres nach Antwerpen. Nach Beendigung dieser Expedition gedachte man, die Verhandlungen mit Lübeck wieder aufzunehmen.

Nicht so die Hanse. Der riß der Geduldsfaden endgültig, und der schwerwiegende Beschluß fiel: Das Kontor wird von Brügge nach Dordrecht verlegt. Und weiter: Aller Handelsverkehr über die Maas hinaus wird untersagt. Ist zu befürchten, daß ein Kaufmann Ware an Flamen weitergibt, soll ihm nichts verkauft werden. Schiffe, die in Seenotfällen an die flandrische Küste verschlagen werden, dürfen dort nichts abladen. Zur Kontrolle des Handels muß jeder Kaufmann eine amtliche Bescheinigung der Stadt vorweisen, in der er sein Gut verkauft hat. Ausländer, die in einer Hansestadt einkaufen, müssen Bürgen dafür stellen, daß sie die Ware nicht an Flamen veräußern. – Es war ein ganzes Bündel von ineinandergreifenden Maßnahmen, das der Hansetag beschlossen hatte – das bisher umfassendste.

Ohnehin war diese Flandern-Sperre ein riskantes Unterfangen: zum einen deshalb, weil sie die hansische Solidarität auf eine harte Probe stellte, wobei durchaus nicht sicher war, daß alle beteiligten Städte und deren Händlerschaft auch kaufmännische Abstinenz üben würden; zum anderen, weil diesmal Gesamt-Flandern und nicht nur Brügge in Quarantäne geschickt werden sollte, wodurch man sich auch noch – ungewollt – die Feindschaft des Grafen von Flandern zuziehen konnte.

Das große Problem war: Wie würde der hansische Kaufmann auf die Sperre reagieren? Immerhin wurde der gesamte norddeutsche Handel bis nach Rußland von dem damaligen Hauptmarkt abgeschnitten. Der wichtigste Absatzmarkt für Ostwaren war damit verschlossen, aber auch der bedeutendste Einkaufsmarkt für flandrische Tuche, denn das in England produzierte bot einen nur unzureichenden Ersatz, qualitativ und quantitativ.

... zurück an den Rhein

Aber man wagte das Risiko. An die deutschen Kaufleute in Flandern erging die Order, das Land bis zum 1. Mai 1358 zu räumen und nach Dordrecht überzusiedeln.

Wie vordem, wurde Brügge wieder am härtesten betroffen. Schon ein halbes Jahr nach der Blockade versuchte die Stadt, mit der Hanse wieder ins Gespräch zu kommen, aber vergeblich. Brügges Zugeständnisse schienen den Lübeckern unzureichend.

Jetzt schalteten die Flamen auf stur. Sie bewilligten der Stadt Kampen an der Zuidersee alle Privilegien, die bisher die Hanse besessen hatte, und ließen sich das Versprechen geben, daß Flandern mit den unentbehrlichen deutschen Waren versorgt würde.

Man wandte sich an Köln mit der Bitte um Vermittlung in dem Konflikt, geriet dabei aber an den Falschen. Denn Köln befürwortete im Gegenteil eine Verschärfung der Blockade, wie die Flamen verstört zur Kenntnis nehmen mußten.

Grund für einen schärferen Kurs war vorhanden: Die Deutschen in Dordrecht beschwerten sich, daß trotz aller Sperren

immer noch Waren nach Flandern gelangten, allenthalben blühte der Schmuggel. Die nächste günstige Gelegenheit, der Anregung Kölns nachzukommen und die Schraube anzuziehen, bot sich im Winter 1359/60, als die Somme nicht befahrbar war und die Kornzufuhr aus der Picardie ausblieb. Flandern war jetzt auf die wenigen Schiffe angewiesen, die Getreide aus dem Osten nach Flandern brachten, ohne sich um die Handelssperre zu kümmern.
Man versuchte, so gut es ging, diesen verbotenen Handel zu unterbinden. Darüber hinaus verlegte man die Grenze von der Maas zurück an den Rhein – womit man zwar auch den England- und Norwegen-Handel schädigte, aber, und darauf kam es schließlich an, Flandern endlich zum Nachgeben bewog.
Flandrische Gesandte, die auf dem Hansetag in Greifswald anwesend waren, als die Verschärfung beschlossen wurde, bekamen nun doch kalte Füße. Sie akzeptierten die hansischen Forderungen, wenn auch zähneknirschend.
Im Sommer 1360 unterzeichnete man die Vereinbarung, der Handelskrieg gegen Flandern war damit beendet. Sämtliche Forderungen der Hanse wurden erfüllt. Die Privilegien wurden im Sinne der Deutschen neu formuliert und zum Teil erweitert. So durften sich hansische Kaufleute künftig auch im Detailhandel betätigen. Zum erstenmal wurde das Abkommen nicht mehr nur von Brügge allein, sondern auch von Gent, Ypern und dem Grafen von Flandern ratifiziert, womit die Geltung im ganzen Land garantiert war.
Zeitraubender gestaltete sich die Regelung der Schadenersatzansprüche, nicht zuletzt deshalb, weil Brügge pleite war. Die Hanse gab sich kulant: Brügge wurde gestattet, die Schuld in Raten innerhalb von drei Jahren abzutragen. Die Teilbeträge wurden pünktlich überwiesen. Auch die leidige

Nachlaßangelegenheit des Lorenz von der Burse brachte man vom Tisch. Die geschädigten deutschen Kaufleute sollten mit dem noch auffindbaren Vermögen des Verstorbenen entschädigt werden. Der Handelskrieg hatte der Hanse also einen vollen Erfolg beschert. Die Erkenntnis hatte sich Bahn gebrochen, daß ein gemeinsames Vorgehen unter Verzicht auf Sonderinteressen der Garant dafür war. Selbst die Bremer mochten jetzt nicht länger abseits stehen und ersuchten die Hanse um Wiederaufnahme in die Gemeinschaft. Das wurde ihnen auch gewährt, jedoch zu erschwerten Bedingungen.

Aber wie immer, die Ruhe in Flandern war nur vorübergehend. Die Handelsvorrechte der Deutschen stießen auch künftig immer auf Widerstand, sie mußten ständig verteidigt werden, gegen ausländische Wettbewerber, gegen die flandrischen Städte und deren Kaufmannschaft. Viermal noch verlegte die Hanse ihr Kontor, zuletzt 1453 nach Utrecht, aber zunehmend mit weniger Erfolg.

10. Kapitel
Waldemar Atterdag und die Kölner Konföderation

Die eingemauerte Jungfrau

Stralsund, 24. Mai 1370. Im Ratssaal haben die Ratssendboten aus 23 Hansestädten Platz genommen. Ihnen gegenüber sitzt die Abordnung des dänischen Reichsrats mit dem deutschen Edelmann in dänischen Diensten Henning von Putbus, dem Erzbischof von Lund sowie den Bischöfen von Roskilde und Odense als Chefunterhändlern.

Zwischen Reval und Dordrecht ist beinahe alles vertreten, was Rang und Namen in Handelskreisen hat: Lübeck, Stralsund, Greifswald, Stettin, Kolberg und Stargard aus der wendisch-pommerschen Gruppe; Danzig, Elbing, Thorn und Kulm als preußischer Block; von den baltischen Städten haben Riga, Reval und Dorpat Delegationen entsandt, außerdem sind die niederländischen Städte Kampen, Stavoren, Dordrecht und Amsterdam vertreten.

Die Versammlung besiegelt einen Vertrag, der als »Friede von Stralsund« den Höhepunkt hansischer Geschichte markiert und einen zehnjährigen Krieg zwischen der Hanse und Dänemark beendet. Zum erstenmal hat die Hanse aller Welt bewiesen, daß sie nicht nur eine wirtschaftliche, sondern ebenso eine politische Großmacht geworden ist.

Begonnen hatte die neuerliche deutsch-dänische Auseinandersetzung mit einem Überfall des dänischen Königs Waldemar Atterdag auf Gotland. Dieser Coup überraschte die Hanse um so mehr, als man sich von seiten Waldemars keiner übermäßigen Gefahr versah. Zwanzig Jahre lang hatte er Ruhe gehalten, sein desolates Reich wieder aufgebaut und die zerrütteten Staatsfinanzen in Ordnung gebracht. Estland, das stellte die Hanse jetzt betrübt fest, hatte er nur hergegeben, weil er Geld brauchte. Nachdem Ruhe in sein Reich eingekehrt war, hatte er sich Dingen zugewandt, die ihn nun gar nichts angingen, fanden die Hansen.

Wie ein Lauffeuer verbreitete sich die Nachricht von Waldemars Überfall auf Gotland. Man war empört, empört über einen Friedensbruch, für den ganz offensichtlich nicht der geringste Anlaß bestand, für den es auch keine Entschuldigung gab. Zur Zeit verhandelte man gerade über die Verlängerung und Erweiterung der Privilegien für Schonen, das Waldemar den Schweden 1360 wieder abgenommen hatte. Allerdings sperrte sich der König dagegen, den deutschen Kaufleuten so ohne weiteres Zusagen zu machen. Tausend Mark verlangte er für die Anerkennung ihrer Rechte, und als die Hansen damit einverstanden waren, erhöhte er flugs die Forderung auf 4000 Mark. Eine Unverschämtheit, gewiß, man war aber dennoch bereit zu zahlen. Der Schonen-Handel würde es schon erwirtschaften. Um so erzürnter nahm man von dem Überfall auf Gotland Kenntnis. Ein abgekartetes Spiel schien das alles zu sein.

Waldemars Truppen waren eingefallen, ohne auf nennenswerten Widerstand zu stoßen. Vor den Mauern Visbys hatten sie haltgemacht und forderten die Übergabe der Stadt. Inzwischen wurde eilig ein Bauernheer zusammengezogen, eine improvisierte, unerprobte Streitmacht, die sich den königlichen Truppen entgegenstellte. Es kam zu einem furchtbaren Gemetzel, und keiner der Gotländer überlebte es. Sogar Frauen und Kinder fochten gegen die Invasionsarmee, wie Archäologen feststellten, als sie zufällig auf Massengräber vor Visbys Mauern stießen. Visby scheint die kämpfenden Landsleute vor den Toren im Stich gelassen und sich kampflos dem Dänenkönig ausgeliefert zu haben.

Nach Eroberersitte soll der König nicht durch ein Tor, sondern durch eine Lücke in der Stadtmauer, die er eigens zu diesem Zweck hatte brechen lassen, in die Stadt eingedrungen sein. Der Sage nach hatte er sich schon einmal, im Herbst 1360, verkleidet in Visby aufgehalten und die Liebe der

Tochter eines einflußreichen Bürgers gewonnen. Das Mädchen plauderte, ohne es zu wissen, militärische Geheimnisse aus, die Waldemar für den geplanten Kriegszug gut verwerten konnte. Aber wie das so ist, Waldemar erinnerte sich nach der Besetzung Gotlands an gar nichts mehr, das schöne Kind ward schmählich verlassen.
Natürlich blieb diese liaison dangereuse den Bürgern nicht lange verborgen. Sie ahnten, daß Verrat im Spiele war, ergriffen die Unglückliche und mauerten sie bei lebendigem Leib in den »Jungfrauenturm« ein, einen der Türme der Stadtmauer.
Rache nimmt die Sage aber auch an Waldemar, dem es nämlich nicht glückte, die reiche Beute heimzuschaffen. Seine Schiffe versanken im Sturm.

Unvermeidlicher Konflikt

Erste politische Analysen ergaben, daß Waldemars Angriff sich zwar gegen Schweden richtete – Schonen hatte er bereits besetzt und jetzt auch Gotland –, aber auch die Deutschen damit getroffen werden sollte, die immer noch einen regen Verkehr mit Visby pflegten.
Die unverschämt großen Geldforderungen für die Anerkennung des hansischen Schonen-Privilegs erschienen plötzlich in ganz anderem Licht. Waldemar suchte die Konfrontation mit der Hanse, die alte dänische Hegemonialpolitik feierte fröhliches Wiederauferstehen. Nach reiflicher Überlegung kamen die Städte zu dem Schluß: Der Konflikt ist unvermeidlich.
Mit wirtschaftlichen Sanktionen war dem dänischen König nicht beizukommen. Weder hatten die Hansen den Handel mit ihrem nördlichen Nachbarn monopolisiert wie in Norwegen, noch hatten sie, abgesehen von Schonen, eine so dominierende Stellung wie in Brügge inne.

Also stand Krieg ins Haus. Nur widerwillig machten sich die Städte mit dem Gedanken vertraut, daß Waldemar ihnen gar keine andere Wahl ließ. Zur Ehre der Hanse muß gesagt werden, daß sie kriegerische Auseinandersetzungen vermied, wenn es irgend ging. Nicht, weil sie allesamt große Friedensapostel gewesen wären – ihre Aktionen, zuletzt in Norwegen, belegen das Gegenteil –, sondern weil Kriege den Handel empfindlich störten, und vom Handel lebten sie nun einmal, und das nicht schlecht.

Jetzt handelte die Hanse rasch und konsequent. Noch im September versammelten sich die Abgeordneten der wendischen und pommerschen Städte und beschlossen als Sofortmaßnahme eine Handelssperre, wohl wissend, das dies nichts nützen würde. Gleichzeitig legten sie die offizielle Eröffnung der Feindseligkeiten auf das Frühjahr 1362 fest. Zur Finanzierung des Krieges sollte eine Sondersteuer, der »Pfundzoll«, auf Schiffe und alle exportierten Waren der Seestädte erhoben werden – ein Novum in der nun schon 200jährigen hansischen Geschichte.

Gleichzeitig suchte man Verbündete gegen Dänemark. Schweden bot sich ohne weiteres an, aber auch Norwegen, die Grafen von Holstein und der Herzog von Schleswig. Man befürchtete allseits, ebenfalls Opfer dänischer Expansion zu werden.

Diese Allianz wies allerdings bedenkliche Lücken auf. So hatte der Deutsche Orden zunächst seine Teilnahme an dem geplanten Feldzug zugesagt, später aber wieder zurückgenommen. Er leistete jedoch finanzielle Hilfe wie auch einige Fürsten, die in letzter Minute vor dem Krieg zurückschreckten.

Von den Bundesgenossen keine Spur

Die Blockade Dänemarks erwies sich, wie erwartet, als wirkungslos, da die Städte an der Zuidersee, Kampen zum Beispiel, weiter Handel trieben. Die Hauptlast des Krieges, das mußte Lübeck alsbald erkennen, ruhte auf den Schultern der wendischen Städte. Die hatten aber auch das größte Interesse an einer Niederlage Waldemars.
Im Frühjahr 1362 sammelte sich, getreu der Bündnis-Abmachung, eine ansehnliche Armada von 52 Schiffen, darunter 27 Koggen, auf der Höhe von Rügen und setzte Segel Richtung Dänemark. An Bord 2140 Marineinfanteristen, Söldner und hansestädtische Bürger. Angriffsziel: Kopenhagen. Aber auf Bitten der norwegischen und schwedischen Verbündeten steuerte man zunächst die Sundfestung Hälsingborg zwecks Belagerung an. Dort würden sich die Seestreitkräfte mit dem Landheer der Skandinavier vereinigen, hatte man vereinbart. Johann Wittenborg, Heerführer, Flottenchef und Lübecker Bürgermeister, ließ sein Expeditionskorps an Land gehen und die Festung belagern. Man wartete auf die Verbündeten, schoß sich auf die Festung ein und schob im übrigen Gammeldienst. Die Schiffe dümpelten, mit nur wenigen Mitgliedern der Stammbesatzung an Bord, auf der Reede im Sund. Man wartete und wartete. Aber weit und breit keine Spur von den skandinavischen Bundesgenossen, denen es angeblich ein Herzensbedürfnis gewesen war, gegen Waldemar Atterdag zu kämpfen. Ohne sie war es leider unmöglich, die Hälsingborg zu stürmen, dazu war man zu schwach.
Dafür rückten dann nach drei Monaten überraschend dänische Truppen an und lieferten der schutzlos ankernden Hanse-Flotte ein Seegefecht. Ein Dutzend Schiffe fiel in die Hände des Feindes, andere wurden in den Grund gebohrt. Ehe die Hansen recht begriffen hatten, was sich vor ihren

Augen abspielte, war es schon geschehen: Sie saßen im Feindesland fest, ohne die geringste Aussicht, mit heiler Haut nach Hause zurückkehren zu können, von einer Eroberung der Feste ganz zu schweigen.
Den fernen schwedisch-norwegischen Verbündeten müssen die Ohren geklungen haben von den Flüchen, die man ihnen entgegenschleuderte. Besonders Wittenborg dürfte ein Übersoll an Verbalinjurien geleistet haben, denn auf sein Konto ging das Debakel mit der Kriegsflotte. Natürlich war es leichtsinnig von ihm gewesen, die Schiffe ohne ausreichenden Schutz zurückzulassen, und dieser Leichtsinn hatte sich jetzt als schwerer, nicht wieder gutzumachender Fehler herausgestellt. Aber er hatte jeden Mann, der irgendwie entbehrlich war, zur Belagerung Hälsingborgs benötigt, jedenfalls so lange, bis die Schweden und Norweger anrückten. Daß die nun wortbrüchig geworden waren, diese Verräter, mochte sonstwer verantworten, in vorderster Linie durfte er nun die Schweinerei ausbaden.

Ein Bürgermeister als Schmuggler

Der mit so vielen Hoffnungen begonnene Krieg gegen Dänemark war verloren. Wittenborg bot den Waffenstillstand an, der schließlich ohne große Umstände auch angenommen wurde. Seine Truppen durften auf dem Landweg nach Deutschland zurückkehren. Der Feldherr ohne Fortune wurde verhaftet und eine Untersuchungskommission mit der Aufklärung des Debakels beauftragt.
Bei dieser Gelegenheit förderte sie Erstaunliches zutage. Bürgermeister Wittenborg hatte während der Flandern-Sperre mit Tuchen gehandelt, so ziemlich das Ruchloseste, das sich jemand ausdenken konnte. Dem Lübecker Rat verschlug's die Sprache: ein Schmuggler, ein Blockadebrecher in

den eigenen Reihen, das hatte es noch nicht gegeben – jedenfalls war noch niemand erwischt worden. Zufällig war man ihm auf die Schliche gekommen, durch einen Prozeß nämlich, bei dem es um die Schuldenregelung eines Lübecker Kaufmanns ging, zu dessen Geschäftsfreunden auch Wittenborg gehörte. Irgend jemand hatte im Verlauf des Verfahrens beantragt, Wittenborgs Geschäftsbücher – offenbar als Beweisstücke – hinzuzuziehen, ohne zu ahnen, daß damit dessen Schmuggeleien aufgedeckt würden. Die Angelegenheit Wittenborg bekam eine neue Dimension: Aus einem Fall für das Kriegsgericht war unversehens ein Fall für die Strafjustiz geworden.

Die schlug denn auch erbarmungslos zu. Dennoch hoffte der Unglücksmensch bis zuletzt auf Gnade. Noch am 11. August 1363 sprach ihm sein Schwager Marquard Sagens, Ratsherr in Anklam, Mut zu. Er hatte an einem Hansetag in Wismar teilgenommen, bei dem Wittenborgs dänisches Abenteuer verhandelt worden war, und hatte dort, wie er schreibt, den Eindruck gewonnen, »daß Euch mit Gottes Hilfe kein Schaden erwachsen kann«. Er tröstete Wittenborg mit dem Versprechen, er werde zum nächsten Hansetag nach Stralsund reisen, sofern das notwendig sei. Als Sagens dort im September erschien, waren die Akten des »Falles Wittenborg« bereits geschlossen. Lübeck hatte ihn inzwischen zum Tode verurteilt. Auf dem Marktplatz wurde er hingerichtet.

Hansetag in Köln

Die Mißstimmung der Städte hielt an. Verhandlungen über einen zweiten Feldzug gegen Dänemark verliefen im Sand, man zerstritt sich über die Frage, wer wieviel zu zahlen habe. Die preußischen Städte weigerten sich ohnehin, weiter den Pfundzoll zu erheben, Waldemar hofierte den Hochmeister des Deutschen Ordens, in dem er den Schwachpunkt des norddeutschen Bündnisses vermutete – allenthalben hatte sich Verdrossenheit breitgemacht, wucherte die Unlust, noch einmal einen Strauß mit Dänemark auszufechten. Wenigstens gelang es, den von Wittenborg eingefädelten Waffenstillstand bis 1364 zu verlängern, ohne daß die Städte sich zu irgendwelchen Zugeständnissen bereitfinden mußten, aber »über die Maßen ist der gemeine Kaufmann zornig und betrübt, daß ein jeder so gebrandschatzt wird, wie es früher nie geschehen ist, und er beklagt sich über die Maßen sehr und sagt, daß schlecht für ihn gesorgt werde in den Verhandlungen...«, so ein trübseliger Lagebericht des lübeckischen Vogts auf Schonen in einem Schreiben an seine Vaterstadt.

In der Tat: Der Waffenstillstand war das Papier nicht wert, auf dem er geschrieben stand. Waldemar schurigelte die hansischen Kaufleute, wo er nur konnte, ließ Schiffe kapern, darunter auch preußische, was den Hochmeister wieder gegen ihn aufbrachte – er suchte den Konflikt ganz offenkundig.

Es mußte etwas geschehen, soviel war den Städten mittlerweile klargeworden, und allmählich hatte man sich auch wieder mit dem Gedanken angefreundet, es gegen Dänemark noch einmal zu versuchen. Besonders der Deutsche Orden, anfangs zurückhaltend bis ablehnend, drängte nun auf eine Neuauflage des Kriegsbündnisses.

Bevor das aber verwirklicht werden konnte, mußte erst Ordnung im eigenen Lager geschaffen werden. Zu diesem Zweck wurde ein Hansetag nach Lübeck einberufen, dessen wichtigstes und für den weiteren Bestand der Hanse maßgebendes Ergebnis in dem betreffenden Rezeß so formuliert wurde: »Die Städte haben beschlossen und festgesetzt, daß niemand in den Genuß der Privilegien und Freiheiten der Deutschen

kommen soll, der nicht Bürger einer Stadt von der deutschen Hanse ist.«
Damit hatte man allen »Trittbrettfahrern«, denen lediglich an den Vorteilen der Gemeinschaft gelegen war, ohne dafür die Nachteile in Kauf nehmen zu müssen, den Abschied gegeben. Fortan hing es auch nicht mehr von dem einzelnen Kaufmann ab, ob er »Hansekaufmann« war oder nicht: Die Stadt, deren Bürger er war, mußte »Hansestadt« sein, dann durfte er sich der entsprechenden Privilegien im Ausland erfreuen und sich »Hansekaufmann« nennen. Die Leitung der Kontore blieb jetzt ausschließlich den Bürgern von Hansestädten vorbehalten. Man ging auseinander mit dem Versprechen, sich im nächsten Jahr in Köln wiederzutreffen, um die nächsten Schritte gegen Dänemark zu beraten.
Ein Hansetag in Köln: Das hatte es noch nicht gegeben, ungläubiges Erstaunen allenthalben. Die Kriegskurs steuernde Hanse hatte listig Köln gewählt, weil jetzt auch die niederländischen Städte von der Zuidersee bis nach Seeland Front gegen Waldemar machten. Die Reise zu diesem Tagungsort war kurz und kostete nicht viel. Außerdem wollte man der stolzen Rheinmetropole schmeicheln. Wie anders hätte man ihre Beteiligung an dem geplanten Unternehmen erreichen können, das für sie, die keine unmittelbaren Interessen in Dänemark verfolgte, lediglich finanzielle Belastungen mit sich brachte.
Köln konnte gewonnen werden, aber zum Kummer der wendischen Städte hatten die westfälischen abgesagt. Hamburg und Bremen fehlten gleichfalls. Sie gaben vor, durch lokale Kriege verhindert zu sein. Sonst waren nur noch preußische Abgesandte erschienen.
Krönung dieses Hansetages von 1367 war die »Kölner Konföderation«, das bisher engste Bündnis der Städte. Es war nicht nur für die Dauer des Krieges geschlossen worden,

sondern sollte noch drei Jahre danach Bestand haben. Tatsächlich wurde es dann bis 1385 verlängert. Die Versammlung verabschiedete die Pläne zur Finanzierung des Krieges: Wie sechs Jahre zuvor, sollte wieder ein Pfundzoll erhoben, diesmal aber viel schärfer kontrolliert werden; ferner wurden die im einzelnen auf jedes Mitglied entfallenden militärischen Aufgaben, Anzahl der Schiffe und Soldaten bestimmt, auch das Datum für den Angriff legte man fest.

Die Front gegen Waldemar wurde verstärkt durch Bündnisse mit Schweden, Mecklenburg und Holstein sowie mit dem dänischen Adel, der gegen seinen König rebellierte. Bevollmächtigte reisten durch die Lande, um weitere Bundesgenossen zu gewinnen, und nach wenigen Monaten hatte die Konföderation von fast allen Hafenstädten vom Finnischen Meerbusen bis zur Rheinmündung die Zustimmung zu dem Krieg erhalten, wenn auch nicht unbedingt eine materielle Beteiligung. Nur die binnenländischen deutschen Städte sperrten sich. Die Westfalen weigerten sich sogar, einen finanziellen Beitrag zu leisten, den Hamburg und Bremen immerhin in Aussicht gestellt hatten.

Diplomatische Offensive

Noch bevor die Feindseligkeiten gegen Waldemar eröffnet wurden, übten sich die Bündnispartner in psychologischer Kriegführung. Sie schwärzten den König nach Kräften an, bei Kaiser und Papst, den Königen von England und Polen sowie zahllosen weltlichen und geistlichen Fürsten. Geschickt schürten sie vorhandene Aversionen oder sie verunsicherten seine Freunde. Larmoyant beklagten sie sich in aller Welt über seine Ungerechtigkeiten und erläuterten, warum er »mehr einem Tyrannen und Piraten als einem König« gliche.

Kaiser Karl IV. wurde aufgeklärt, weshalb Lübeck die an Waldemar verpfändete Reichssteuer im Jahr davor nicht mehr gezahlt habe – worüber er sich heftig beschwert hatte –: Der dänische König strebe nämlich danach, verrieten sie ihm, Lübeck dem Kaiser und dem Reich zu entfremden. Leider wohne er, der Kaiser, zu weit weg, um seine schwache und verlassene Herde mit bewaffneter Macht zu schützen. Er möge es, bitte sehr, nicht übelnehmen, wenn die Städte mit Gottes gnädiger Hilfe etwas zu ihrer Verteidigung täten. Wogegen der Kaiser eigentlich nichts einzuwenden hatte, nur daß er verwundert den Kopf schüttelte, weil Lübeck kurz zuvor seine Aufforderung, sich an einem Romzug zu beteiligen, abgelehnt hatte. Man sei schier überwältigt worden von der Ehre, den Kaiser begleiten zu dürfen, hatten sie geantwortet, aber leider, leider zur Zeit dazu außerstande. Zu groß sei die eigene Not, wenn man diesmal gnädigerweise auf Lübeck verzichten wolle...

Nach solch effektvoller diplomatischer Vorarbeit war allseitiges Wohlwollen gesichert. Pünktlich zur Osterzeit 1368 sammelte sich die Flotte mit 37 Schiffen und 2000 Bewaffneten, weniger allerdings als noch vor Jahren. Kopenhagen, auf das man es schon lange abgesehen hatte, war das erste Ziel. Die Stadt wurde erobert und dem Erdboden gleichgemacht, der Hafen durch versenkte Schiffe für jeden Verkehr gesperrt. Lediglich das Schloß verschonte man, um die kriegerischen Operationen von hier aus zu leiten.

Als nächstes folgte der Sprung über den Sund hinüber nach Schonen, wo König Albrecht von Schweden schon auf die hansischen Truppen wartete. Gemeinsam eroberte man die Provinz nebst dazugehöriger Städte. Albrecht bestätigte der Hanse in Falsterbo ihre alten Privilegien und schenkte ihnen neue Fitten, Grundstücke, wo sie Heringshandel treiben konnten. Danach kamen die anderen dänischen Inseln an die Reihe, die ausnahmslos genommen wurden.

Inzwischen segelte die niederländische Flotte an der norwegischen Küste bis hinauf nach Bergen, eine breite Spur von Verwüstung, Mord und Totschlag hinterlassend. Besonders übel wütete sie aber in der Gegend von Lödöse an der Mündung des Göta-Älv, die zu den dichtbesiedelten Landstrichen Norwegens gehörte. Zu gleicher Zeit durchzogen die Holsteiner und ihre Verbündeten die jütländische Halbinsel bis zum Limfjord und brachten das Land ohne große Schwierigkeit unter Kontrolle.

Waldemar Atterdag, der schon vor Kriegsbeginn vergeblich nach Verbündeten Ausschau gehalten hatte, irrte in Nordeuropa herum und lag all seinen vermeintlichen Gönnern in den Ohren, ihm um Gottes willen gegen die verdammte Hanse zu helfen. Er holte sich dabei aber eine Abfuhr nach der anderen. Als dann auch noch sein Schwiegersohn, der norwegische König Hakon, mit der Koalition einen Waffenstillstand aushandelte, hatte er seinen einzigen Bundesgenossen verloren. »Allen Herren klagte er sein Leid«, bemerkte der schadenfrohe Detmar, aber überall fand er taube Ohren. Insofern konnte die Hanse beruhigt sein.

Ein bißchen mulmig wurde ihnen aber, wenn sie an die großen Geldsummen dachten, über die Waldemar verfügte. Das war ein Unsicherheitsfaktor, der nur schlecht zu kalkulieren war. Als eines Tages bekannt wurde, er erwarte einen nennenswerten Betrag aus Dänemark, wurde in jeder Stadt öffentlich bekanntgemacht, daß derjenige, der diesen Schatz erbeuten könne, ihn auch behalten dürfe und obendrein in jeder Stadt geschützt und verteidigt werden soll, möge er nun Bürger, Gast oder Fremder sein, Freund oder Feind. Ob diese unverhohlene Aufforderung, den Geldtransport zu überfallen, Erfolge gezeitigt hat, ist nicht bekannt.

Die einzigen, die unverdrossen zu ihrem Waldemar hielten, entstammten seinem Dunstkreis: Henning von Putbus,

Vicko von Moltke und Rigmann von der Lanken – Angehörige alter Geschlechter aus Rügen, im übrigen hervorragende Staatsmänner Dänemarks. Im Laufe der vergangenen 200 Jahre, in denen Rügen zum dänischen Reich gehörte, hatte es der Rügener Adel zu hohem Ansehen gebracht, Grund genug für die Hanse, bei Gelegenheit dieses Krieges ihm eins auszuwischen. Viel Scherereien hatten die Städte dabei nicht. Das benachbarte Stralsund hatte es bereitwillig übernommen, die Insel-Edelleute in Schach zu halten und gegen sie »das Rechte zu tun«. Nur das Ehrenwort des alten Vaters von Henning von Putbus, daß er mit seinem Sohn noch keine Erbteilung vereinbart habe, rettete zumindest diesem dänischen Granden seine Besitzungen.

Mit Geld die Festung erobert

Mittlerweile stand der Winter 1368/69 ins Haus und mit ihm die saisonale Flaute im Kriegshandwerk. Hier und da ließ man ein paar Schiffe kreuzen, gab besonders im Sund Obacht, daß der bisher so schöne Erfolg nicht etwa durch eine, wenn auch höchst unwahrscheinliche Waldemarsche Aktion gefährdet werden könnte, und belagerte im übrigen unverdrossen die Feste Hälsingborg.
Die nämlich mußte man auf jeden Fall einnehmen, soviel war sicher, wenn der Krieg mit einem runden Sieg abgeschlossen und der folgende Friedensschluß einigermaßen Bestand haben sollte.
Leider nur setzten die Eingeschlossenen den Alliierten zähen Widerstand entgegen, angeführt von jenem Vicko von Moltke, der den Krieg mit der Hanse bereits als verloren angesehen haben dürfte, aber den Preis für den Waffenstillstand möglichst hochschrauben wollte.
Die Hanse ließ ihrer Belagerungstruppe freie Hand. Den

neuernannten Hauptleuten, an der Spitze der lübische Ratsherr Brun Warendorp, blieb überlassen, was sie im Hinblick auf Hälsingborg zu tun gedachten. Wenn sie sich stark genug fühlten, so mögen sie »in Gottes Namen belagern«, wenn nicht, sich mit der Kaperung dänischer Schiffe begnügen. Bis zum September 1369 dauerte es aber noch, dann endlich flatterte das hansische Banner von den Zinnen der Festung. An diesem Erfolg hatte auch städtisches Geld erheblichen Anteil, denn die Befehlshaber der Burg, Vicko von Moltke und Hartwig Kale, erhielten eine erkleckliche Summe von Lübeck und den anderen Seestädten ausbezahlt.
Angesichts des Falls von Hälsingborg schloß der dänische Reichsrat in Abwesenheit des Königs einen Waffenstillstand, der den Hansestädten weitestgehende Zugeständnisse machte. Wirtschaftlich forderte die Gemeinschaft keine neuen Vorteile, sondern begnügte sich mit der Fortschreibung der bisherigen Privilegien, der völligen Handelsfreiheit in Dänemark also und dem Wegfall der Steuer, die seit 1361 deutsche Schonen-Kaufleute zahlen mußten.
Aber Privilegien-Schinderei war ja auch gar nicht das Kriegsziel gewesen. Die Kölner Konföderation hatte schließlich den Zweck, Dänemark militärisch niederzuwerfen. Und das war nun gelungen. Als daher die Ratsherren am 24. Mai 1370 in Stralsund zusammenkamen, um den Friedensvertrag zu unterzeichnen, konnten sie zugleich die Premiere der Hanse als Militär-Großmacht feiern. Zum ersten Mal in der Geschichte der nun schon 200 Jahre alten Gemeinschaft hatten nicht wirtschaftliche Repressalien wie Handelsblockaden den Sieg gebracht, sondern Spieße, Lanzen und Kanonenkugeln.
Einen Augenblick hielt man inne und machte sich klar, was das bedeutete: Die Hanse war zu einer europäischen Großmacht herangewachsen, wirtschaftlich und militärisch, und

sie hatte sich als dritte Kraft neben Kaiser und Fürsten etabliert. Die Zeiten der alten Kaufmannshanse waren längst Geschichte geworden, die Städtehanse hatte sie abgelöst. Nordeuropa hatte künftig damit zu rechnen, daß diese nicht einmal souveräne Macht – die Städte standen nach wie vor unter der Gewalt der verschiedenen Landesherren – ein Wörtchen in der Politik mitzureden hatte. Die politische und militärische Landschaft war nach dem Stralsunder Frieden bunter geworden.

Dänemark mußte die vier Sund-Festungen Hälsingborg, Malmö, Skanör und Falsterbo auf 15 Jahre an die Konföderation abtreten, dazu zwei Drittel von deren Einkünften. Schließlich, und spätestens hier zeigte sich, daß die Hanse jetzt in politischen Kategorien dachte, mußte sich der dänische Reichsrat verpflichten, den Nachfolger von Waldemar nur mit Zustimmung der Hanse zu wählen. Schon fünf Jahre später war es soweit, der König starb auf seinem Lieblingssitz Gurre, in der Nähe von Hälsingör.

Flüche auf dem Totenbett

Nach seinen Irrfahrten durch Europa war Waldemar wieder in seine Heimat zurückgekehrt, dachte aber nicht entfernt daran, die neue Lage zu akzeptieren. Im Gegenteil, er weigerte sich beharrlich, den Friedensvertrag mit seinem großen Königssiegel zu ratifizieren, ließ Übergriffe seiner Soldaten auf Kaufmannstransporte zu und kaperte weiterhin hansische Schiffe.

Während der Friedensverhandlungen, die auf dänischer Seite Henning von Putbus leitete, starb der gewalttätige und unberechenbare Monarch. Eines hatte er jedoch zuwege gebracht: Der so offenbare Zerfall Dänemarks nach dem Tod Erich Menveds war offenbar gestoppt worden, das Reich hatte sich gefestigt, auch wenn die Hanse ein gewichtiges Wort künftig in der dänischen Politik mitzureden hatte.

Die Nachwelt dankte es ihm wenig. Noch auf dem Totenbett, so wollte man aus seinem Munde vernommen haben, bedauerte er, daß er die hansischen Gesandten nicht im Bade habe ersticken und den übelsten von ihnen nicht in kochendes Wasser werfen lassen. Daß er seine Geliebte wirklich geliebt haben soll, bleibt die einzig freundliche Nachricht, die sich mit seinem Namen verbindet.

Waldemar hinterließ zwei Töchter: Margareta, die König Hakon VI. von Norwegen geheiratet hatte, und Ingeborg, Gattin Heinrichs von Mecklenburg, eines Bruders des schwedischen Königs. Die Hanse mußte also für eine dänisch-norwegische oder dänisch-mecklenburgisch-schwedische Konstellation votieren. Die Wahl fiel auf erstere. Der dänische Reichsrat erhob daraufhin Olav, den jungen Sohn Margaretas, zum König und setzte seine Mutter als Regentin ein.

Mit der Option für Olav und seine Mutter bewies die Hanse Weitblick. Von Dänemark ging weit weniger Gefahr aus als von den deutschen Fürsten, die man mit ins Spiel gebracht hätte, wenn Ingeborg mit ihrem mecklenburgischen Gemahl der Vorzug gegeben worden wäre. So aber durfte man für absehbare Zeit vor erneuten Angriffen aus dem Norden sicher sein.

Die Kölner Konföderation wurde nach mehreren Verlängerungen zu Grabe getragen. Ihre Aufgaben hatte sie glänzend gelöst, Grund für ein Weiterbestehen gab es nicht, jedenfalls nicht nach Ansicht der Städte, die einer zu engen Bindung mit ihren dauernden finanziellen Belastungen aus dem Wege gehen wollten. So weit ging das Zusammengehörigkeitsgefühl denn doch nicht, als daß man dies durch einen formellen Zusammenschluß hätte absegnen wollen. Ad-hoc-Bündnisse ja, Dauerregelungen solcher Art nein. Dabei blieb es während der gesamten Lebenszeit der Hanse.

11. Kapitel:
1388, das Jahr der drei Handelssperren

Flexible response

Das auf den Frieden von Stralsund folgende Jahrhundert gilt allgemein als die »Blütezeit der Hanse«: Die Gemeinschaft war auf dem Gipfel ihrer politischen und wirtschaftlichen Macht angelangt. Ihr war eine nordeuropäische Führungsrolle zugefallen, die sie eigentlich nicht gewollt hatte, die sie jedoch, einmal erworben, dann konsequent spielte.

Aber: Es war leichter gewesen, diesen Gipfel zu besteigen, als sich darauf zu halten. Dafür sorgten schon die ausländische Konkurrenz, aber auch die Fürsten, denen unabhängige und finanzstarke Städte stets als verlockende Beute erschienen, dafür sorgten aber auch Fliehkräfte innerhalb der Gemeinschaft selbst, die zunehmend stärker wurden. Einmal mächtig geworden, schlug der Egoismus der einzelnen Städte durch, auf Kosten des Bundes.

Vorerst freilich war noch nichts davon zu spüren. Man hatte Nordeuropa wirtschaftlich fest im Griff: Was immer an Privilegien, an Handelsvorteilen im Ausland zu ergattern gewesen war, hatte man an sich gerissen, bis an die Toleranzgrenze der ausländischen Herrscher. Was immer es zu monopolisieren gab, Waren oder Wege, man hatte sie unter Kontrolle. Wer immer dagegen aufmuckte, ob Herrscher, Kaufmann oder einzelne Stadt, zog unweigerlich den kürzeren. Die Hanse hatte stets eine überlegene Antwort auf Angriffe: Einzel-Boykott und totale Handelssperren. Und wie immer diese Streitigkeiten auch ausgingen, die Hanse zog noch allemal ihren Vorteil daraus, wirtschaftlich wie politisch. Skrupel kannten sie nicht, ihnen war es letztlich gleichgültig, ob die Norweger oder Flanderer während einer Blockade verhungerten oder nicht, Hauptsache, sie blieben Sieger in den Auseinandersetzungen.

Ihre Methoden, sich durchzusetzen, waren ebenso einfach

wie wirkungsvoll. Sie beherrschten Strategie und Taktik der »flexible response«, die geschmeidige, angemessene Antwort auf eine tatsächliche oder vermeintliche Provokation. Krieg oder Handelssperren waren immer nur ultima ratio, das äußerste Mittel zur Durchsetzung ihrer Forderungen. Die Hanse hat nie gern dazu gegriffen, denn stets fügte man damit auch der eigenen Seite Schaden zu.

Ihre ganz große Stärke entfalteten sie am Verhandlungstisch, wenn sie auf dem Klavier von Drohung, Erpressung, Überredung und Überzeugung spielen konnten. Da waren sie in ihrem Element, das paßte zu ihnen, den weltgewandten Kaufleuten, da konnten sie ihre Muskeln spielen lassen, ohne wirklich zuschlagen zu müssen.

Meister der Diplomatie waren sie, gefürchtet mehr als Gegner am Verhandlungstisch denn auf dem Schlachtfeld. Noch bei Abschluß des Utrechter Friedens, der den hansisch-englischen Krieg 1474 beendete, entrang sich einem englischen Unterhändler das verzweifelte Bekenntnis, er würde lieber mit allen Fürsten der Welt verhandeln als noch einmal mit den hansischen Ratssendboten. Denn die hatten den verlorenen Krieg nachträglich in einen Sieg umzumünzen verstanden. Alles in allem bewies die Hanse während ihrer etwa 100jährigen Blüte stets größere Standfestigkeit als ihre Gegner.

Ihr vielleicht größter Vorzug: die wirtschaftliche und politische Anpassungsfähigkeit. Als die Genossenschaften der Fernkaufleute den Schutz ihrer Mitglieder im Ausland nur noch unzureichend wahrnehmen konnten, traten die Heimatstädte an deren Stelle und bestimmten fortan den Kurs. Aber die Städte schlossen sich nicht zu einem festgefügten Block zusammen, sondern bewahrten hansische Einheit in der Vielfalt, die ein Höchstmaß eben jener Anpassungsfähigkeit sicherte. Aber es war eine »Organisationsform« mit vorprogrammierter Zerfallstendenz.

Menschenjagd, ein Folklore-Spaß

Die historische Leistung der Hanse stand bereits am Ende des 14. Jahrhunderts fest: Sie hatte Nordeuropa aus dem wirtschaftlichen Dämmerschlaf gerissen. Unsichtbar, aber unübersehbar begannen sich zu dieser Zeit die Gegner zu formieren. Über der Hanse braute sich etwas zusammen, noch diffus, nicht so recht faßbar, aber die Hansestädte beschlich dann und wann ein unbehagliches Gefühl.
Die Engländer erwiesen sich als sehr gelehrige Schüler. Seit Mitte des 14. Jahrhunderts besuchten die »merchant adventurers«, die Genossenschaft der Kaufleute von den britischen Inseln, regelmäßig, wenn auch nicht in übermäßiger Zahl, die Häfen Preußens. In Elbing tauchen sie auf, in Danzig und Stralsund, um dort vor allem ihre Tuche an den Mann zu bringen und auf dem Rückweg Holz, Kupfer und Getreide mitzunehmen. Einige von ihnen ließen sich auch nieder, brachten Frau und Kinder mit, mieteten Häuser und Lagerräume und waren im übrigen recht gern gesehene Gäste.
Wohlgelitten war auch die englische Adelsjugend, die zur Freude des Deutschen Ordens mit Eifer an den sogenannten Litauer-Reisen teilnahm, einem von den Ordensbrüdern veranstalteten folkloristischen Spaß, bei dem es darum ging, im Nachbarland Litauen auf Menschenjagd zu gehen. Es galt, die Einwohner wie Hasen abzuknallen. Mit wachsender Strecke stieg die Belustigung, ein rechtes Vergnügen in einer Zeit, in der das Rittertum im Reich langsam, aber sicher, zum Raubrittertum verkam, während in der kalten Heimat die ritterlichen Tugenden hochgehalten wurden.
Der Handel der »merchant adventurers« hatte sich gut entwickelt. Zu gut, wie einflußreiche Städte meinten, die die Neulinge von den Geschäften möglichst fernhalten wollten und sich zu diesem Zweck einige Repressalien ausgedacht

hatten: Den Engländern wurde der Einzelhandel verboten, ebenso der Handel außerhalb der Städte; ihnen wurde der direkte Warenverkehr mit anderen Ausländern und die Befrachtung hansischer Schiffe untersagt. Umgekehrt durften Deutsche keine Waren mehr mit englischen Schiffen versenden. Nach 1370, seit dem Frieden von Stralsund, der die Hanse-Herrschaft über die dänischen Meerengen sicherte, hieß es für die Insulaner »Eintritt verboten«, sofern sie Richtung Ostsee segelten. Die Hansen duldeten sie nicht länger dort.

Es hagelte geharnischte Proteste von den Betroffenen, und die Hanse wäre mit Sicherheit darüber zur Tagesordnung übergegangen, wenn nicht zur gleichen Zeit in England der Wind den deutschen Kaufleuten stärker ins Gesicht geblasen hätte. Zu Zeiten Eduards III. war die Welt noch in Ordnung gewesen. Seit aber 1377 der zehnjährige Richard II. an die Macht gekommen war, der sich nur mühsam gegen seine drei mächtigen Onkel durchsetzen konnte, wuchs der Widerstand der Briten gegen die hansischen Kaufleute. Der englische Handel fühlte sich gegenüber den Deutschen zu sehr benachteiligt, und man drängte König und Parlament, diesem Übelstand abzuhelfen.

Der Stalhof beschwerte sich über erhöhte Abgaben, richtete damit aber überhaupt nichts aus. Und Lübeck, an das man sich jetzt wandte, wollte nichts unternehmen, was die angespannte Lage weiter verschärfen konnte. Solche Beschwichtigungspolitik der Tauben von der Trave verärgerte nun wieder den Deutschen Orden, dem der England-Handel zu wichtig war, als daß er ihn sich von den Engländern kaputtmachen lassen wollte. Die Falken in Preußen drängten auf Vergeltungsmaßnahmen, aber Lübeck und die Mehrzahl der Hansestädte winkten ab.

Selbst als Richard II. auf Druck des Parlaments und der engli-

1 Lübeck, Haupt der europäischen Hanse und Handels- und Verkehrsknotenpunkt der Ostseeländer, gelegen an der Mündung der Wakenitz in die Trave. Mit ihren gotischen Giebeldächern und Kirchtürmen bot die Stadt im Mittelalter ein einheitliches Bild der Backsteinarchitektur. Die Abbildung zeigt im Vordergrund das Holsten- und Burgtor, das im 15. Jahrhundert erbaut wurde. Im Hintergrund (links) ist die doppeltürmige Marienkirche zu sehen, errichtet im 13./14. Jahrhundert. (Foto vor dem Zweiten Weltkrieg.)

2 Rathaus von Lübeck, mit dessen Bau im 13. Jahrhundert begonnen wurde. Es erhielt im Laufe der Jahrhunderte Anbauten, die erst im 17. Jahrhundert beendet waren.

3 Brügge, Stadt in Westflandern, dessen wirtschaftliche Blütezeit – geprägt vom Tuchhandel – in das 14. Jahrhundert fällt. Auf dem Foto ist die Burgstraße mit den Gildehäusern abgebildet. Bemerkenswert sind vor allem die gotischen Giebel.

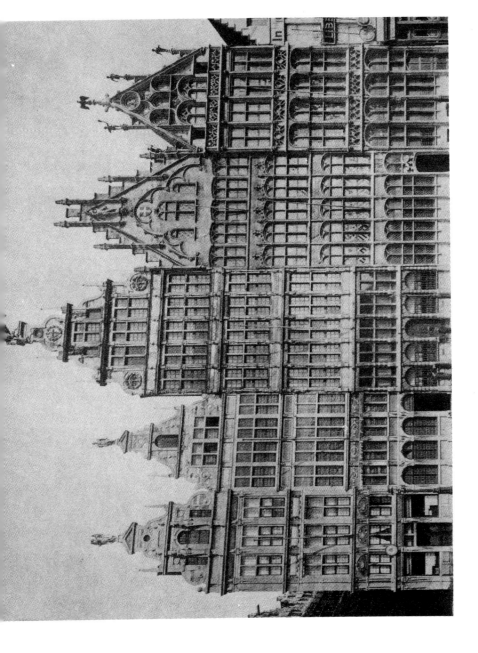

4 Antwerpen, schon im 8. Jahrhundert erwähnt, erlebte unter Karl V. im 16. Jahrhundert seine Blütezeit. Die Stadt galt in dieser Epoche als die reichste Stadt Europas. Gleichzeitig wurde sie Mittelpunkt der holländischen Malerei und Architektur. Die Abbildung zeigt die Gildehäuser mit ihren Renaissancegiebeln.

5 Hildesheim: Marktplatz mit Tempelhaus und Haus Wedekind. In der Mitte des Marktes steht der Rolandsbrunnen. Der Roland – Standbild eines überlebensgroßen Ritters mit Schwert – ist Symbol der städtischen Freiheiten und Rechte.

6 Braunschweig – die Stadt am Fuße des Harzes. Seine städtische Tradition reicht bis in das frühe Mittelalter zurück. Im 12. Jahrhundert erweiterte Heinrich der Löwe Braunschweig um einen zusätzlichen Stadtteil, den Hagen, und bedachte das Anwesen mit städtischen Privilegien. Die Abbildung zeigt den Altstadtmarkt mit dem Rathaus und die Martinikirche.

7 Münster, gelegen in der weiten Ebene des Münsterlandes. Im Anschluß an das schon von Karl dem Großen um 800 gegründete Bistum, mit Münster als seinem Mittelpunkt, entwickelte sich hier schon bald städtische Tradition. Bis zur Zerstörung im Zweiten Weltkrieg behielt die Altstadt ihren mittelalterlichen Charakter. Das hier abgebildete gotische Rathaus gilt als einer der schönsten Bauten der deutschen Gotik (um 1335 erbaut). Hier tagten das Gericht und der Rat. Zu Zeiten der großen Messen und Märkte wurde es auch als Kaufhaus eingerichtet. (Stahlstich von J. Poppel nach einem Gemälde von J. F. Lange, 19. Jahrhundert.)

8 Die Große Halle im Rathaus von Münster, auch Friedenssaal genannt, wo Gericht und Rat tagten.

9 Tangermünde, erbaut steil über der Tanger, die unterhalb der Stadt in die Elbe mündet. Die Stadt besitzt aus ihrer mittelalterlich-hansischen Blütezeit einen imposanten Mauergürtel und prächtige Backsteinbauten. Dazu gehört auch das hier abgebildete gotische Rathaus (erbaut um 1430).

10 Eindrucksvoll und zugleich malerisch ist der Blick von der Burg Karls IV. auf die gotische Kirche St. Stephan von Tangermünde, die ebenfalls wie die Burg im Stile der Backsteinbaukunst errichtet wurde.

11 Das Stadtsiegel von Lübeck aus dem Jahre 1280. Darauf abgebildet ist die hansische Kogge, die als typisches Kennzeichen im Vergleich zu späteren Schiffstypen nur einen Mast besitzt. Segel und Ruder bewegten das Schiff fort. Der im Bug sitzende Mann erhebt die Hand zum Schwur und leistet den Eid auf die genossenschaftliche Gemeinschaft.

12 Das Stadtsiegel von Stralsund aus dem Jahre 1329. Im Vergleich zur früheren Lübecker Prägung liegt hier eine bereits wesentlich differenzierte Arbeit vor. Deutlich sind das aufgeblasene Segel erkennbar und die im Heck aufgetürmten Waren.

13 Die Speicher von Lübeck an der Trave.

14 Hansisches Segelschiff, wie es in der Zeit vom 14. bis 16. Jahrhundert von den Mitgliedern der Hanse zum Transport von Waren und manchmal auch als Kriegsschiff verwendet wurde. Wie die Kogge wurde es mit Segel und Ruder fortbewegt. Im Unterschied zur Kogge hat dieses Schiff bereits 3 Masten und besaß eine größere Seetüchtigkeit. (Holzschnitt eines unbekannten Formschneiders um 1485.)

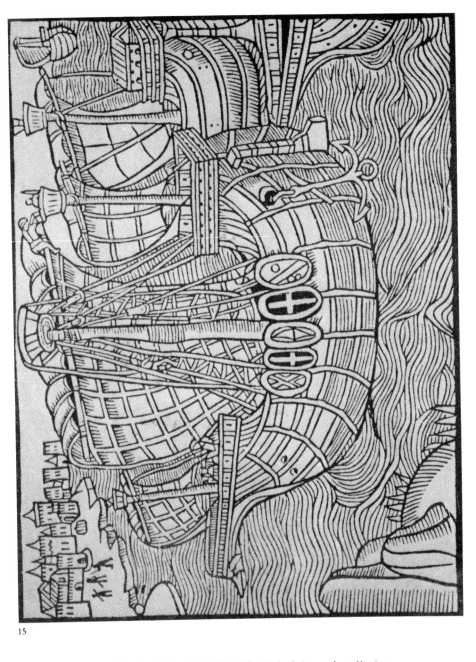

15 In einen Hafen einfahrende Segel- und Handelsschiffe. (Holzschnitt aus dem »Vergier d'honneur«, 15. Jahrhundert.)

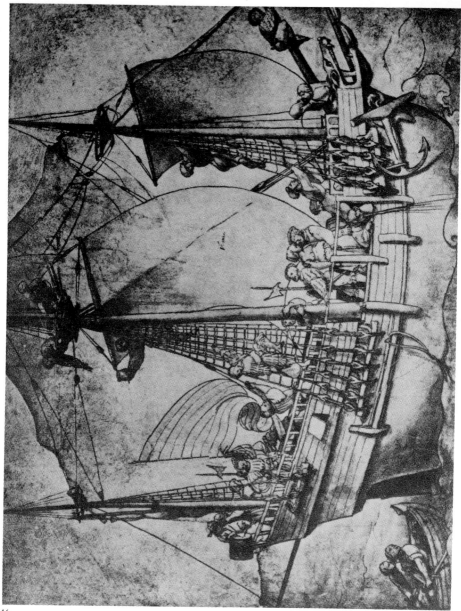

16 Auch der berühmte Maler und Zeichner der Renaissance, Hans Holbein der Jüngere (1497/98 –1543), zeichnete sehr präzise das für seine Zeit typische Segelschiff. Mit viel Liebe für das Einzelne vermittelt er uns mit dieser Darstellung eine detaillierte Nahansicht eines solchen Schiffes.

17 Ein Handelsschiff geht unter: Diese dramatische Szene schnitt der Maler und Graphiker Hans Burgkmair (1473–1531) in Holz.

18 Der »Lübecker Adler«, erbaut in den Jahren 1566/67. Verglichen mit den dickbäuchigen Vorgängern zeigt diese Konstruktion wesentliche Fortschritte der Seetüchtigkeit. Dieses zeitgenössische Gemälde ist im Hause der Schiffergesellschaft in Lübeck zu besichtigen.

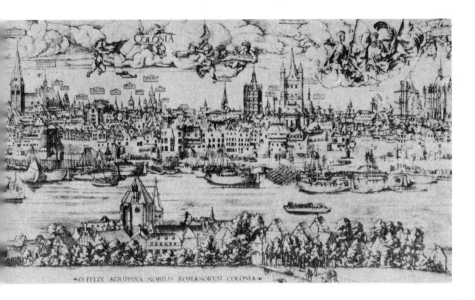

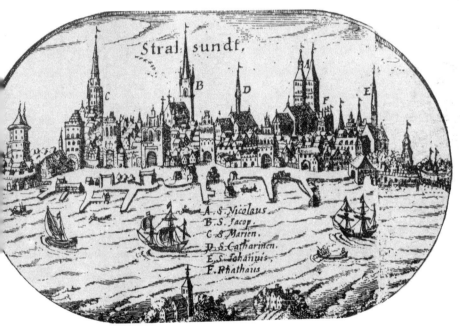

19 Stadtansicht von Köln (nach einem Holzschnitt von Anton von Worms, 1531). Die schon 50 n. Chr. gegründete römische Kolonie und spätere römische Provinzhauptstadt Colonia Agrippina entwickelte sich im Mittelalter zu einer der größten, reichsten und angesehensten Städte des Deutschen Reiches. Erst relativ spät, 1388, trat Köln der Hanse bei.

20 Gesamtansicht der Stadt Stralsund (Radierung von Eilhard Lubin, 1618). Der mittelalterliche Kern der Stadt liegt auf einer Insel zwischen Strelasund, Franken- und Knieperteich. Drei Dämme verbinden diesen Teil mit später entstandenen Vorstädten.

21

22

21 Reval vom Hafen aus gesehen. Mit seinem bis heute fast unversehrt erhaltenen Altstadtkern bietet Reval eine der schönsten Stadtansichten im östlichen Europa. (Aquarell aus der ersten Hälfte des 19. Jahrhunderts.)

22 Revaler Altstadt. Von der Landseite her umgab die Stadt ein gewaltiger Mauergürtel. Die Bastionstürme hießen im Volksmund »Kiek in de Kök«. (Darstellung aus dem 19. Jahrhundert.)

schen Kaufmannschaft die hansischen Privilegien nicht bestätigte, entfachte er in Lübeck keine Kriegsbegeisterung. Im Gegenteil, man schickte eine Verhandlungsdelegation nach England, welche die gewünschte Privilegien-Bestätigung dann schließlich nach Hause brachte. Offen blieben die Fragen nach dem Schadensersatz für die hansischen Kaufleute. Die Krise hatte jedoch nicht endgültig beigelegt werden können. Auch für die Zukunft zeichnete sich keine grundlegende Änderung ab, vor allem deswegen, weil der König wegen der Kriege gegen Schottland, Frankreich und Spanien in ständiger Geldverlegenheit war. So bat er denn 1382 die Hansen wieder einmal zur Kasse. Der Unmut wuchs, es geschah jedoch noch immer nichts.

Unvermutet schienen die Dinge zu eskalieren, als englische Schiffe 1385 eine deutsche Flotte, darunter sechs preußische Schiffe, im Swin angriffen. »Was dürft ihr viel klagen«, mußte sich der Orden belehren lassen, als er Schadensersatz verlangte, »ihr habt englische Ware genug in Preußen, da mögt ihr für einen Pfennig zwei nehmen.« Ob der Hochmeister das tat, ist nicht bekannt. Jedenfalls brach er die Beziehungen zu England daraufhin ab und schien völlig verstört, als die wendischen Städte weiterhin einer Auseinandersetzung aus dem Wege gingen.

Erst drei Jahre später, 1388, rafften sich die Städte zu einer halbherzigen Aktion auf: Sie beschlagnahmten englische Waren in Stralsund, wohin sich die »adventurers« aus Preußen zurückgezogen hatten. Richard II. zahlte mit gleicher Münze heim. Krieg lag in der Luft – aber, o Wunder, man raufte sich am grünen Tisch zusammen. Eine englische Delegation reiste nach Marienburg, wo man einen Vertrag aushandelte, der die gegenseitigen Arreste aufhob, den Hansen die Privilegien wieder einräumte, die geschädigten Kaufleute auf den Rechtsweg verwies und den Engländern Verkehrsfreiheit in allen Häfen und im Binnenland zubilligte.

Dieses Abkommen dürfte nicht sonderlich begeistert aufgenommen worden sein, denn immerhin bot es den Engländern die reale Chance, sich legal in der Ostsee auszubreiten. Wovon sie dann auch regen Gebrauch machten. Sie schlossen sich zu festeren Organisationen zusammen, mieteten in Danzig ein Versammlungshaus und wählten, ganz so wie die Hansen im Ausland, einen »Governor«, einen Ältermann also.
Dennoch blieb das deutsch-englische Verhältnis weiter gespannt. Dem Deutschen Orden kamen alsbald die englischen Aktivitäten nicht mehr geheuer vor, die Städte fühlten sich leicht verunsichert. Richard II. kassierte weiterhin Sondersteuern, und die hansischen Reeder klagten über britische Freibeuter. Zu kriegerischen Verwicklungen kam es jedoch nicht, lediglich der Deutsche Orden kündigte 1398 die zehn Jahre zuvor geschlossene Vereinbarung auf.

Drei Messen für ewige Zeiten

Im gleichen Jahr 1388, als der Eklat mit England eben noch hatte abgewendet werden können, geriet man erneut in Flandern aneinander: Die Hanse verhängte am 1. Mai eine Handelssperre, die bisher vierte, die erste Blockade Brügges eingerechnet. Schon 15 Jahre nach der letzten Auseinandersetzung von 1360 kündigte sich neues Ungewitter an. Der Grund war stets der gleiche: Beschwerden des Kontors in Brügge über nicht beglichene Schadensersatzrechnungen, ungerechtfertigte neue Zollerhebungen auf importierten Bergener Stockfisch, das völlig unverständliche Verbot, Hamburger Bier einzuführen, mangelhafte Verarbeitung der berühmten flandrischen Tuche – eine ziemlich lange Liste, die man nach Lübeck geschickt hatte, verbunden mit dem dringenden Wunsch um Abhilfe.

Aber die Hanse rührte sich nicht, außer, daß man eine Delegation nach Brügge sandte, die ohne greifbares Ergebnis wieder abreiste. Das Kontor fühlte sich im Stich gelassen und schritt – was es nach den Statuten gar nicht durfte – zur Selbsthilfe. Man verabredete heimlich, im Winter 1377–1378 aus der Stadt zu verschwinden. Aber wie immer in Fällen äußerster Geheimhaltung wurde die Sache ruchbar. Der wütende Graf Ludwig von Male, Herr über Flandern, ließ die Kaufleute einsperren und ihre Waren einziehen. Erst als sie feierlich versprachen, Brügge nicht zu verlassen, kamen sie wieder frei.
Politisch drohte Flandern Ende der siebziger Jahre im Chaos zu ersticken, schwere Unruhen erschütterten das Land. Es kam zu Aufständen in Gent, Brügge und Ypern, wo die Weber die Macht an sich gerissen hatten. Graf Ludwig sowie sein Nachfolger und Schwiegersohn Philipp der Kühne von Burgund warfen, unterstützt von Frankreich, die Rebellen schließlich nieder. Aber der Schaden, den inzwischen der Handel erlitten hatte, war für Flandern kaum noch tragbar. Deutsche und andere ausländische Kaufleute hatten die Flucht vor den Kriegswirren ins benachbarte Holland und Brabant ergriffen, dort waren sie sicher und konnten in Ruhe den Ausgang der Unruhen abwarten. Sofort nach seinem Amtsantritt 1384, als er Flandern sicher im Griff hatte, machte sich Philipp an den wirtschaftlichen Wiederaufbau seines Landes.
Die Hanse, im sicheren Gefühl, daß dies ohne ihre Beteiligung ein aussichtsloses Unterfangen sein würde, verlangte von dem neuen Herrn Flanderns die Anerkennung ihrer Privilegien. Sie überzog aber ihre Forderungen. Eine große Sühneaktion sollte Philipp starten, nämlich eine Kapelle bauen lassen, drei Messen für ewige Zeiten stiften und eine Rente aussetzen, mit der drei Priester für die Kapelle bezahlt

werden konnten. Philipp der Kühne glaubte, sich verhört zu haben. Die Verhandlungen platzten.

Aber die Hanse setzte auf Sieg. Im Vertrauen darauf, daß ihre Kaufleute durch nichts und niemanden zu ersetzen waren, verfügte sie 1388 die schon bekannte Handelssperre für Gesamt-Flandern, wie gehabt nach bewährter Checkliste: Verlegung des Kontors ins holländische Dordrecht, Herkunftsbescheinigungen für die Waren, Handelsgrenze an der Maas und, in Erweiterung der 1358er-Maßnahmen, Beschlagnahme aller Waren aus Flandern, die in Hansehäfen gelöscht werden sollten, auch wenn sie Neutralen gehörten.

Vermutlich hätten die Hansen sich gar nicht auf so lange und nutzlose Verhandlungen eingelassen, bevor sie den Handelskrieg eröffneten, wenn der Deutsche Orden und die von ihm abhängigen preußischen Städte mitgezogen hätten. Aber: So aggressiv der Hochmeister sich in dieser Zeit gegenüber England gebärdete, so konziliant gab er sich hinsichtlich Flandern, genauer, gegenüber dem flandrischen Landesherrn. Mag dabei eine vage, nie ausgesprochene Solidarität von Fürst zu Fürst eine Rolle gespielt haben oder sonst eine Seelenverwandtschaft, der Hochmeister jedenfalls bot seine Vermittlung in dem Konflikt an, derer man sich auch gern bediente.

Die Durchführung der Handelssperre war alles andere als eine kraftvolle Demonstration hansischer Stärke, auch wenn sie schließlich mit einem Erfolg endete. Zunächst einmal mußten die Städte dem Orden Konzessionen machen. Die Fratres durften trotz des Embargos ihren Bernstein in Flandern verkaufen und auch weiter das weiße Tuch für ihre Ordensmäntel aus Mecheln beziehen, auch die Märkte von Brabant besuchen, obwohl diese Landschaft innerhalb der Sperrzone lag.

Obstruktion betrieben die zuiderseeischen Städte, allen voran

Kampen, das Schmugglern bereitwillig Unterschlupf gewährte und mit Konterbande schacherte.
In den Friedensverhandlungen ließ man die lächerliche Forderung nach einer Sühnekapelle inklusive der drei Messen pro Jahr endlich fallen und begnügte sich mit dem Versprechen der Gegenseite, je eine Wallfahrt nach Rom, Santiago de Compostela und ins Heilige Land auszurichten sowie eine offizielle und öffentliche Entschuldigung wegen der Verhaftungen der Hansekaufleute 1378 abzugeben. Flandern bestätigte dann die alten Handelsvorrechte und bewilligte neue, die Schadensersatzforderungen wurden anerkannt, Heinrich Westhof und der junge Jordan Pleskow, die als Vertreter Lübecks die Verhandlungen führten, waren es zufrieden.
Die ersten Kaufleute kehrten Ende 1392 nach Brügge zurück, 150 Mann waren es, alle hoch zu Roß und ebenso hochnäsig. Im Januar des nächsten Jahres wurde dann die öffentliche Entschuldigung zelebriert. Mehr als 100 Delegierte der Städte hatten im Remter des Karmeliterklosters, dem Sitzungssaal des Gemeinen Kaufmanns zu Brügge, Platz genommen und lauschten andachtsvoll der Verlesung des Sühnebriefes. Und damit es auch jedermann erfahre, hatte man die Türen zur Straße geöffnet.
Der Sieg war vollkommen, daran gab es nichts zu deuteln. Dennoch mischten sich leise zweifelnde Töne unter die Jubler, denn der Hanse war nicht verborgen geblieben, daß die flämischen Städte vor Abschluß des Vertrages gelobt hatten, sich künftig den Ansprüchen der Hanse gemeinsam zu widersetzen, die man als zu weitgehend betrachtete.

Nieburs »Kreuzküssung«

Noch eine Handelssperre wurde 1388 verhängt: Sie betraf Nowgorod, und sehr deutlich tritt hier der innere Zusammenhang der hansischen Handelspolitik zutage. Derselbe Hansetag von 1388, der die Sperre gegen Flandern verfügte, verständigte sich auch über Nowgorod. Da der Handel ohnehin mit England und Flandern, den Hauptabsatzmärkten der Ostwaren, darniederlag, waren keine schwerwiegenden Handelsnachteile von dieser Aktion am anderen Ende der hansischen Welt zu befürchten.

Der Augenblick war also günstig für eine längst schon fällige Maßnahme. Nie waren es große, welterschütternde Krisen, die den Osthandel lähmten, sondern immer kleine, lokal begrenzte Konflikte. Ob Grenzstreitigkeiten zwischen Rußland und Livland, ob der städtische Frieden in Nowgorod selbst gestört war, stets hatte das negative Rückwirkungen auf den Handel, dessen Monopol sich die Hansen gesichert hatten und das ernstlich nicht gefährdet werden durfte. So nahmen denn die Nowgorod-Fahrer stets aufs neue die Unbequemlichkeiten und Gefahren der schweren Reise ins ferne Rußland auf sich, in der Gewißheit, reichlichen Gewinn mit nach Hause zu bringen, in der Ungewißheit aber auch, eventuell Objekt von Repressalien zu werden.

Die bisherigen Handelsverträge enthielten zwar Bestimmungen darüber, daß auch trotz Streitigkeiten – an denen nicht unbedingt die Hanse beteiligt zu sein brauchte – der Handel hinüber und herüber gewährleistet sein sollte, die Wirklichkeit aber sah anders aus.

Waren irgendwo Feindseligkeiten ausgebrochen oder Gewalttaten begangen worden, an den Russen zu Lande von den Livländern oder dem Deutschen Orden, zur See von den Finnen, Schweden oder irgendwelchen Seeräubern, so entlud sich die Wut der Nowgoroder nur allzu schnell an allem, was irgend nach Ausland roch: Meist waren Deutsche greifbar. Im mildesten Fall wurden sie samt ihren Waren arrestiert, oft genug jedoch erschlagen. Die Nowgoroder formulierten das

so: Sie hätten den deutschen Kaufmann im Sack und diesen mit Bast zugebunden.
Bis dann der Geschäftsverkehr wieder in Gang kam, vergingen meist Jahre. Die siebziger und achtziger Jahre waren in diesem Sinne unerträgliche Zeiten, und ein Seufzer der Erleichterung entrang sich den Osthändlern, als die Hanse 1388 endlich zuschlug.
Vier Jahre lang ließ man Nowgorod schmoren, dann war die Zeit reif für Verhandlungen. Eine Hanse-Delegation unter Leitung des lübischen Ratsherren Johann Niebur begab sich nach Dorpat, anschließend nach Nowgorod und schaffte Frieden, der gemäß russischer Sitte durch eine Kreuzküssung beschworen wurde. Diese »Kreuzküssung Nieburs« blieb ein Jahrhundert lang die vertragliche Basis für den beiderseitigen Handelsverkehr, auf die man sich immer dann berief, wenn sich Spannungen ergaben. Und daran mangelte es auch im 15. Jahrhundert nicht.

12. Kapitel:
Das romantische Bild

Wie eine Ansichtskarte

Der Reisende, der sich einer mittelalterlichen Stadt näherte, mochte entzückt sein von dem Anblick; wie ein Kleinod liegt sie da, eingebettet zwischen grünenden Hügeln, Wäldern, Wiesen und Feldern. In der Morgensonne glänzen die Kuppeln der Stadtkirchen, die des Rathauses und vieler großer und kleiner Türme, dichtgedrängt. Zwischen den Häusern die Ruinen alter Mauertürme, die Stadt ist längst über ihre alte Einfriedung hinausgewachsen, man hat eine neue Mauer gezogen, wieder mit zahllosen runden und eckigen Türmen von unterschiedlicher Höhe und Dicke. Erker springen aus der Mauer hervor, und auf den Zinnen macht sich die Wache zur Ablösung bereit.
Bevor der Reisende durch eines der Tore reitet – die größeren Tore sind doppelt angelegt, wie das Lübecker Burgtor – bevor er also durch das stark befestigte Außentor über die Brücke reitet, die den Stadtgraben überspannt, muß er noch am Galgenberg vorbei. An dem Gestell hängen formlose Bündel, vom Wind leicht geschaukelt, und mißmutige Krähen hocken auf dem starken Querbalken.
Sein Weg führt vorüber an Äckern, Weiden und Gärten, er passiert kleine Gehöfte, wahrscheinlich Landsitze der Patrizier, auch sie von Mauer, Graben und Zugbrücke umgeben. Auf einer lichten Anhöhe drehen sich lärmend die Flügel einer Windmühle, am Bach, der sich durch die Wiesen schlängelt, klappert eine Wassermühle. Liegt die Stadt an einem größeren Fluß, muß der Reiter noch über eine hölzerne Brücke und spendet vielleicht einen Groschen für den Opferstock, zum Wohle seiner Seele, zum Nutzen des Brücken-Heiligen und seiner Kirche. Die romantische Ansichtskarte ist fertig, der Reisende kann durch eines der Tore die Stadt betreten.

So schnell allerdings kommt er da nicht durch, denn heute ist Markttag, und an den engen Toren herrscht ziemliches Gedränge. Jeder Wagen, der von außen kommt, wird von den Torwächtern gefilzt, damit nicht Verbotenes in die Stadt gelange. Man ist besonders genau, seit man vor kurzem einen Bestechungsskandal aufgedeckt hatte. Der Fuhrmann zahlt einen Torzoll und eine Abgabe auf die Waren, sofern es nicht die ständig benötigten Lebensmittel für die Bürger oder bestimmtes Rohmaterial für die Zünfte sind, die frei eingeführt werden dürfen.

Zu gleicher Zeit rumpeln Frachtwagen der Kaufleute heran, aufs herzlichste begrüßt von den Leuten am Tor. Wertvolle Ladung ist unter den Leinendecken verborgen, eine schwere Fuhre, denn immerhin sechs Pferde je Wagen waren notwendig, ihn über schlechte Landstraßen zu ziehen. Bewaffnete Reiter des nächsten Landesherrn haben der Karawane das Geleit bis an die Grenzen der Stadt gegeben, dort wurden sie von den Knechten der Kaufleute empfangen, die sich schon Sorgen um den Transport gemacht hatten. Um so größer ist jetzt die Freude – alles ist wohlbehalten angelangt. Mühsam windet sich der Zug durch die engen Straßen zur öffentlichen Waage, wo die Ware zunächst gewogen und die allfällige Steuer entrichtet wird. Ratsleute und viele Zuschauer haben sich eingefunden, sie gratulieren den Kaufleuten: Ihre glückliche Ankunft bedeutet ebensoviel wie die glückliche Heimkehr eines Schiffes von den Meeren. Die ersten Becher kreisen schon, jedermann stößt auf das Ereignis an.

Platz in einer der vielen Kneipen zu bekommen, ist heute noch schwieriger als sonst, aber unser Reisender schafft es schließlich doch. In einer Schenke nahe am Markt nimmt er Platz. Der niedrige Raum ist zum Bersten voll von Knechten, Handlangern, kleinen Bauern, die ihr Gemüse feilbieten,

Krämern und solchen Leuten, von denen man nie genau weiß, was sie eigentlich so treiben, und denen das Messer gelegentlich locker sitzt. Der Fremde bestellt einen Krug Bier und läßt sich vom Wirt die Adressen eines besseren Badehauses und einer Herberge mittlerer Preislage geben.

Inzwischen ist es Mittag geworden, das Geschiebe und Gedränge draußen auf dem Marktplatz hat etwas nachgelassen. Dafür bimmelt es jetzt von allen Enden der Stadt, überall werden die Glocken geläutet – eine oft genug mißtönende Begleitmusik zum Geschrei auf Markt und Straßen. Zahllos sind die Gotteshäuser: Stadtkirchen, Kirchen des Klerus, Kapellen, von Privatleuten und Bürgergesellschaften gestiftet, Klosterkirchen.

Mönche und Nonnen in ihren verschiedenen Trachten sind für den Stadtmenschen ein vertrauter Anblick. Ein Haus in der Stadt haben die Johanniter, der Deutsche Orden, die Benediktiner. Begarden sieht man und Beginen, jene unverheiratet gebliebenen Mädchen und Witwen, die sich meist aus ökonomischen Gründen zu klosterähnlicher Gemeinschaft zusammengeschlossen haben. Aber sie stehen in keinem guten Ruf. Überhaupt ist das Ansehen der Geistlichkeit so ziemlich auf Null gesunken, und so mancher Domherr weiß auch, warum.

Der Stadtrat hatte sich entschlossen, Geld auszugeben, viel Geld. Das Rathaus, der Repräsentativbau der Stadt, wird erweitert, der Turm soll noch höher und imponierender werden. Der Clou: Eine Turmuhr wird künftig den Bürgern anzeigen, was die Stunde geschlagen hat. Es ist ein großes, ein teures Stück, zu dessen Bau man eigens einen Meister von weit her hatte kommen lassen. So eine Turmuhr zu haben, galt als schick. Sie kamen im 14. Jahrhundert in Mode. Bis dahin meldeten nur die Kirchenglocken und der Türmer mit seinem Horn oder der Trompete die Tageszeiten. Am Rathaus stand vielleicht noch die alte Sand- oder die Sonnenuhr, die Tag und Nacht in 24 Stunden einteilte, aber deren Zeit war abgelaufen.

Schweine auf der Straße, Wanzen im Haus

Wahrscheinlich wäre es sinnvoller gewesen, das viele Geld im Stadtsäckel für ein neues Straßenpflaster auszugeben, statt dem technischen Fortschritt zu huldigen. Denn die Straßen waren seit dem letzten Winter in einem erbarmungswürdigen Zustand.
Meist waren sie unregelmäßig gezogen, selten mehr als zwanzig Meter breit. Im Regelfall maßen sie nur zwischen zwei und zehn Metern. Das Pflaster aus unregelmäßig behauenen Feldsteinen: unvorstellbar schlecht. Hamburg hatte zwar schon im 13. Jahrhundert damit begonnen, vielbefahrene Wege zu befestigen, in Lübeck pflasterte man seit 1310, Bürgersteige aber waren unbekannt. Rinnsteine lagen nur in den breiteren Straßen am Rand, sonst wurden Abflußrinnen in der Mitte des Pflasters entlanggeführt, mitunter durch lose Bretter abgedeckt – Stolperfallen für Fußgänger. Da hinein goß man den Inhalt von Nachttöpfen, Waschschüsseln und Eimern, der mitunter in hohem Bogen zum Fenster hinausgeschüttet wurde. Und irgendwo sammelte sich dann der Dreck in stinkenden Pfützen, wenn der Abfluß in den nächsten Graben verstopft war, und die Bürgersleute hatten alle Mühe, trotz ihrer Holzschuhe, einigermaßen sauber wieder nach Hause oder ins Kontor zu gelangen.
Die Pflastersteine saßen nur selten fest im aufgeweichten Untergrund, Regengüsse lockerten sie zusätzlich. In dickem Strahl schoß das Wasser aus den Dachrinnen, die als Wasserspeier weit in die Straßen hineinragten, auf die Straße. Im Frühjahr sorgte das Schmelzwasser für weiteren Matsch, weil

man winters den Schnee nicht fortschaffte, sondern ihn zu hohen Bergen auftürmte. Ein schwerbeladenes Fuhrwerk genügte, und noch nach Monaten konnte man dessen Spuren im Pflaster verfolgen, wenn nicht die Eindrücke inzwischen mit vieler Mühe beseitigt worden waren. Noch 1788 schrieb eine Hamburger Gassenordnung vor: Schwerbeladene Frachtwagen dürfen nicht durch die Stadt fahren. Für den Warentransport habe man sich der »Schleifen« – niedrige Schlitten mit starken Kufen – zu bedienen. Was überhaupt kein Problem war, selbst im Sommer nicht, denn der viele Unrat hielt die Straßen stets glitschig.
Ein unaufhörliches Kommen und Gehen beherrschte Markt und Gassen. Geschiebe, Gedränge, Lärm allerorten, jeden Augenblick Glockengeläute und fromme Gesänge, dazwischen das Brüllen, Grunzen und Blöken von Ochsen, Schweinen und Schafen, die durch die Straßen getrieben wurden. Landwirtschaft war den Städtern keineswegs fremd, und mancher Bauer wohnte sogar innerhalb der Mauern. Schweinehaltung war auch in Bürgerhäusern nichts Ungewöhnliches, so lange jedenfalls nicht, bis der Rat es verbot. Dazwischen das Rattern der Karren und Wagen, Krämer, den Inhalt ihres Bauchladens anpreisend, Würstchenverkäufer, Fladenverkäufer, Lebkuchenverkäufer. Vor den Häusern die Werkstätten der Handwerker, man hämmerte, hobelte, klopfte und nagelte zwischen Kuhfladen und Schweinedreck, Mistgruben, Weihrauch und Brezeln – eine irre Symphonie aller erdenklichen Geräusche und Gerüche.
Häufig sind Brunnen auf der Straße zu finden, einfache Ziehbrunnen mit einer Rolle, einem Seil und zwei Eimern. Wird der eine heraufgewunden, verschwindet der andere in der Tiefe. Wo gutes Wasser fehlt, bemüht sich die Gemeinde, Bäche in die Stadt umzuleiten, selbst Schöpfwerke hat man dafür ersonnen. Denn auch an reichlich fließenden Wassern

hing das Wohlergehen der Stadt: Es war Tränke für das Vieh und unentbehrlich zum Brandlöschen. Vor allem aber war das städtische Gewerbe auf Wasser angewiesen – so die Gerber, denen bei Gelegenheit dann die Felle wegschwammen, die Weber, Wollspinner und Färber, die direkt am Wasserlauf siedelten. Am Bach wurde gewaschen, und der Bach spülte den Unrat fort.

Die Häuser: kaum mehr als drei Stockwerke, aus Fachwerk und Ziegel gebaut. Fast immer ragt das obere Geschoß ein wenig über das darunterliegende vor, die Gassen werden so zum Himmel hin abgeschlossen. Es sind oft düstere und muffige Hohlwege, in die kaum Sonnenlicht dringt. Von den Eingangstüren, unmittelbar in Pflasterhöhe gelegen, führten steile und schmale Treppen in die oberen Stockwerke. An einem dicken, durch langen Gebrauch fettigglänzenden Tau kann man sich festhalten. Größere Möbelstücke nach oben zu transportieren, ist unmöglich. Sie werden mit Winden nach oben gehievt und durch die Fenster ins Zimmer gezogen.

Wohnt in dem Haus ein Kaufmann, beherrschen Lagerräume und Kontor die Szene. Er braucht ein Gebäude, dessen Speicher von der Straße gut zugänglich ist, sonst stellt er keine besonderen Ansprüche an seine Herberge. Das klassische Kaufmannshaus ist zweigeteilt. Unten befinden sich die große Diele, um die sich Küche, das Kontor und die Schlafkammer gruppieren, darüber liegen die Speicher. Der Oberbau hat ein steiles Dach, zur Straßenfront verkleidet durch Treppengiebel.

Die Diele ist ein Mehrzweckraum. Die Wagen können samt Pferden direkt hineinfahren und dort auch wenden. In den Fußböden sämtlicher Etagen befindet sich eine Aussparung. Ein über eine Rolle laufendes Seil reicht vom Dachfirst bis hinunter in die Diele: Es ist der Lastenaufzug des Hauses, mit

dem man Ballen, Fässer und Säcke in die Obergeschosse befördert.
Ursprünglich dient die Diele auch noch als Wohnraum, was recht unpraktisch ist, später wird dann die Küche hinter Glaswände verlegt und eine Wohnstube abgetrennt. Eine Treppe führt nach oben zu der unter der Dielendecke hängenden Schlafkammer. Wohlhabenden Kaufleuten genügt auch das bald nicht mehr, sie bauen ihre Wohngemächer nach rückwärts zur Hofseite aus.
Der einfache Bürger aber lebt weitaus primitiver. Klares Glas für Fensterscheiben, das man aus Venedig einführt, ist für die meisten unerschwinglich. In Hamburg sind zwar schon im 14. Jahrhundert Glasfenster üblich, aber ein solcher Durchblick besteht nur aus mehreren kleinen und trüben Glasscherben, die durch Bleifassungen zusammengehalten werden – sogenannte Butzenscheiben. Erst im 15. Jahrhundert verwendet man viereckige Scheiben. In den Erdgeschossen mancher Häuser ließen sich die Fensterläden nach vorn klappen, ein paar Stützen darunter, und fertig war ein »Schaufenster«, in dem allerlei Waren feilgeboten werden konnten.
Die Wohnbedürfnisse sind noch bis ins 15. Jahrhundert sehr bescheiden. Man lebt mit Kleinvieh, aber auch Schweinen und Pferden unter einem Dach, läßt sie auf der Straße oder dem Hof herumlaufen, wo auch Küchenkräuter, Blumen und Obst gezogen werden. Häufig befindet sich dort auch ein Brunnen, manchmal im Besitz mehrerer Familien, ebenso die Sickergrube, die direkt mit dem Abort verbunden ist. Für deren Reinigung sorgen der Fron und seine Knechte, was gewöhnlich nachts geschieht, aber nur in unregelmäßigen Abständen. Eine Lübecker Vorschrift verbot, den Fäkalienwagen am Haus eines Ratsherrn vorbeizufahren.
Kärglich auch die Ausstattung der Wohnungen: Lehmböden und gekalkte Wände, Tapeten kennt man noch nicht. In den

oberen Geschossen liegen die blanken Dielen, die nie geölt werden. Wanzen und Flöhe sind allgegenwärtig und der Dreck, und niemand regt sich auf, wenn ein Besucher kräftig in die Stube spuckt.

Die Küche ist oft der einzige Wohnraum der nicht begüterten Familien. Dort brennt ständig ein offenes Feuer auf einem Herd, die Hausfrau wacht mit Argusaugen darüber, daß immer ein wenig Glut erhalten bleibt, denn das Feuermachen mit Zunder, Stahl und Stein ist umständlich und kostet viel Zeit. Eß- und Küchengeräte sind aus Metall, Holz und Ton gefertigt, Löffel und Messer die gebräuchlichsten Gerätschaften. Von der Gabel weiß man hierzulande noch nichts. Man zerlegt das Fleisch mit dem Messer, sofern es nicht schon vorgeschnitten ist, und ißt mit den Fingern.

Die Wohnungseinrichtung: nicht eben üppig. Nur die Erwachsenen schlafen in Betten, die Kinder benutzen Schlafbänke. Wäsche und Kleidung werden in Truhen aufbewahrt, Schränke stellt man erst im 16. Jahrhundert auf. Ein Stuhl – sofern überhaupt vorhanden – gilt als Ehrenplatz. Normalerweise sitzt man auf Bänken, die sich an den Wänden entlangziehen. In der Mitte steht der Tisch, für gewöhnlich eine einfache Holzplatte, die auf Holzblöcke gelegt und nach dem Mahl wieder weggeräumt wird.

Eine grobschlächtige Gesellschaft

Nicht viel anders sieht es in der Kneipe aus, wo unser fremder Gast seinen zweiten und dritten Krug Bier ausgetrunken hat. Tische, Bänke und ein Schanktisch, das ist alles. Der Gast bezahlt und geht. Er führt sein Pferd – es hat keinen Sinn, den kurzen Weg bis zur Herberge noch aufzusitzen. Er muß über den Marktplatz, auf dem das Gedränge am frühen Nachmittag wieder heftiger geworden ist.

Mitten unter den schwitzenden und schwatzenden Leuten ein Ritter, hochnäsig, vierschrötig, eine verschlagene Type. Provozierend mustert er die braven Bürger, währenddessen sein Knecht um ihn herumwieselt und ihm ständig etwas zuflüstert. Der Mann genießt keinen guten Ruf, denn immer wieder sagt er der Stadt Fehde an, und seien die Gründe dafür auch noch so fadenscheinig. Manchen Bürger hat er schon gefangen und in seinen Turm gesperrt, manchen Bauern erschlagen, und mit einzelnen Ratsfamilien ist er bis aufs Blut verfeindet. Aber zur Zeit herrscht gerade Frieden, und er darf sich innerhalb der Mauern aufhalten. Er weiß jedoch: Gern gesehen ist er nicht.
Besonders mißtrauisch äugt ein Zisterzienser-Mönch zu dem Streithammel hinüber. Er hat in der Stadt zu tun, muß Wein für das Kloster einkaufen, das ein paar Meilen vor den Toren liegt. Leise und mit vorgeneigtem Kopf nach Art der Mönche spricht er mit einem Dominikaner. Auch der will Wein kaufen und darf sicher sein, daß er ihn auch trinken kann, weil das Haus der Dominikaner in der Stadt liegt. Dem Zisterzienser aber, der an seinen langen Rückweg denkt und zu dem Ritter hinübersieht, kommen doch Bedenken. Er sieht sich schon als Beute jenes Edelmanns.
Solche Sorgen plagen die einkaufenden Hausfrauen, Mägde und Knechte nicht, alles wirbelt durcheinander, schiebt sich von Stand zu Stand weiter, vorbei an den sorgsam ausgebreiteten Waren der Handwerker, der Metzger, der Bauern, bis schließlich die Marktfahne am Rathaus abgenommen wird oder eine Glocke das Ende der Geschäftszeit verkündet. Die Händler packen ein, sie ziehen von dannen mit ihren Karren und Wagen, fahren zum Tor hinaus und zählen das Geld, das sie heute wieder verdient haben.
Auch der Rat ist zufrieden. Man hat zwar ein paar Diebe gefangen, sonst ist weiter nichts vorgefallen. Und die Bürger –

die Männer zumeist – genießen den milden Abend. Aber nicht zu Haus bei Weib und Kind, sondern auf der Straße, in der Schenke, in den Innungshäusern. Das Leben, das der mittelalterliche Stadtmensch führt, ist ein öffentliches, stets unter der Kontrolle der Gemeinschaft. Ständig wird er beaufsichtigt, ständig beobachtet von seinesgleichen, den Nachbarn, den Zunftgenossen, und immer deren geschriebenen und ungeschriebenen Normen unterworfen.
Geregelt ist alles und jedes. Von der Wiege bis zur Bahre ist der Bürger eingebunden in das Leben der Gesellschaft, seine Individualität verschwindet, schafft sich aber ein Ventil durch ungeheuren privaten Aufwand bei Feiern und bei der Kleidung. Der Rat versucht wenigstens die Auswüchse durch Verordnungen, Erlasse und Verbote einzudämmen, hat aber nicht viel Erfolg damit.
Der Bürger liebt die Schwelgerei, er praßt gern und oft, er schaut zu, wie der Adel es treibt, um ihn nachzuäffen. Der Bauer wiederum guckt beim Städter ab und schneidert die Lebensformen auf seine Verhältnisse zurecht. Man schätzt das Kompakte, das Klobige, liebt die Übertreibung in allen Lebensbereichen.
Das Essen: reichlich und mit Gewürzen geschmacklich bis zur Unkenntlichkeit verstümmelt. Ein Menü. Erster Gang: Eiermus mit Pfefferkörnern, Safran und Honig dazu, Hirse-Gemüse, Hammelfleisch mit Zwiebeln, gebratenes Huhn mit Zwetschgen. Zweiter Gang: Stockfisch mit Öl und Rosinen, Bleie in Öl gebacken, gesottener Aal mit Pfeffer, gerösteter Bückling mit Senf. Dritter Gang: sauer gesottene Speisefische, in Butter gebackene Äpfel, kleine Vögel mit Rettich in Schmalz gebraten, Schweinskeule mit Gurken.
Ein anderes Menü, erstens: Hammelfleisch und Hühner in Mandelmilch, gebratenes Spanferkel, Gänse, Karpfen und Hechte, eine Pastete. Zweitens: Wildbraten in Pfeffersoße,

Reis mit Zucker. Drittens: Gänsebraten und Hühnerbraten mit Eiern gefüllt, Karpfen und Hechte, Kuchen.
Diese Kompositionen sind zwar barbarisch, den Leuten hat's aber gut geschmeckt. Daß sie ein Würgen im Hals verspürten, wenn sie auf die schmalzgebratenen Rettich-Vögel – wahrscheinlich Sperlinge – bissen, scheint unwahrscheinlich. Allenfalls wurde ihnen nach dem Essen übel, weil sie ihren strapazierfähigen Mägen doch zuviel zugemutet hatten – wenn sie sich überfressen hatten.
So setzt man sich also an die Tafel, zückt sein Messer, das man stets bei sich führt, säbelt an dem Fleisch herum und ißt mit den Fingern. Der Umgangston dieser schmatzenden, rülpsenden und furzenden Gesellschaft ist roh: »Daß dich die Pestilenz ankomme« oder »daß dich das höllische Feuer verbrenne« sind gängige Redensarten, an denen sich die grobschlächtige Gesellschaft ergötzt.
Die beiden Menüs sind nicht einmal sonderlich luxuriös. Die gewöhnlich verschwenderische Fülle bei Hochzeitsessen dagegen stellt ziemlich alles in den Schatten – Grund genug für den Rat, dagegen einzuschreiten. Danzig beschränkt die Anzahl der Gäste und den Aufwand je nach der sozialen Stellung der Eltern des Brautpaares. Um 1540 darf der »habende Kaufmann« fünf Tische zu je zwölf Personen aufstellen, die minder Reichen nur vier. Eine ältere Verordnung aus dem 15. Jahrhundert beschränkt die Anzahl der Schüsseln: 20 zum Mittagessen, zehn zum Abendessen, wobei offenbleibt, wieviel Personen daran teilnehmen konnten.
Numerus clausus auch bei anderen privaten Feiern. Der Rat regelt einfach alles. Nicht mehr als 20 Frauen aus Verwandtschaft und Nachbarschaft dürfen am Bett der Wöchnerin erscheinen, um der Mutter Glück zu wünschen, meint der Rat von Lübeck. Wenn, wie üblich, der Säugling drei Tage nach der Geburt getauft wird, sollen nur zwölf Frauen anwesend

sein. Viel Bier und Wein fließt bei diesen Gelegenheiten, das Essen ist üppig, obwohl der Rat auch hier die Zahl der Gerichte wie auch der Geschenke vorgeschrieben hat.

Bier wird in fast jedem Haus gebraut, bis mit der Zeit ein Gewerbe daraus entsteht. Wein baut man in ganz Deutschland an, sogar noch in Pommern und Preußen, wo, wen wundert es, eine Art veredelter Essig daraus wird. Also süßt man das Gesöff mit Honig, gibt ihm Kräuter und Gewürze bei und nennt es »Läutertrank«. Zu besonderen Gelegenheiten wird der teure importierte Südwein gereicht, eine süße Leckerei, die sich aber nicht jedermann leisten kann.

Modebewußte Paradiesvögel

Nahezu ungehemmt kann sich die Lust am Feiern bei öffentlichen Anlässen austoben, sei es, daß hoher Besuch in der Stadt erwartet wird, sei es, daß Innungen, Zünfte, Gilden und Kaufmannsvereinigungen derartige Feste ausrichten.

Ganz Lübeck ist am 22. Oktober 1375 auf den Beinen: Der Kaiser, auf Verbeugungstournee durch das Reich, besucht die Hansestadt. Nachdem er in der Gertrudenkapelle vor dem Burgtor aus dem Reiseanzug in sein Festkostüm gestiegen ist, wird er in feierlichem Zug von den Stadtvätern durch das Tor zum Dom geleitet. Den Anfang machte ein Ratsherr mit den Stadtschlüsseln, hinter ihm reitet der Markgraf von Brandenburg mit dem Reichszepter, dann Markgraf Albrecht von Meißen mit dem Reichsschwert, darauf, unter einem von vier Ratsherrensöhnen getragenen Brokathimmel, seine Majestät höchstselbst, dem die zu Fuß gehenden Bürgermeister das Pferd führen. Es schließt sich der Erzbischof von Köln mit dem Reichsapfel an, gefolgt von der Kaiserin, wieder unter einem von vier Ratsherrensöhnen getragenen Brokathimmel, und zwei Bürgermeister, die Hände am Zügel des Pferdes.

Im weiteren Gefolge finden sich manche Granden des Reiches, Herzöge, Grafen. Am Burgtor haben die Mönche der Lübecker Klöster die Honneurs gemacht – Geschichtsschreiber Detmar unter ihnen –, auf der Breiten Straße empfangen den Kaiser herausgeputzte Frauen und Mädchen, vom Dom aus kommt ihm die gesamte Geistlichkeit entgegen, alles von Gesang und Glockengeläut begleitet.
Das ist so recht nach dem Herzen der Lübecker. Daß der Kaiser ausgerechnet ihnen die Ehre gibt, nachdem vor genau 194 Jahren der waffenstarrende Barbarossa die Stadt besucht hatte, bewegt sie nicht sonderlich. Aber es ist eine einzigartige Gelegenheit, sich selbst zur Schau zu stellen.
Die Bourgeoisie feiert den Kaiser, am meisten aber sich selbst. Sie ist es, die sich nun aller Welt in voller Pracht zeigen darf und damit demonstriert, wer in Deutschlands Norden fünf Jahre nach dem Stralsunder Frieden das Sagen hat. Und das Leuchten in ihren Augen wird nur noch von der abendlich-festlichen Illumination der Stadt übertroffen, als ihnen der Kaiser bei einer Sondersitzung des Rats bescheinigt, sie seien »Herren«. Was sie selbstverständlich in aller Bescheidenheit zurückweisen, aber der Kaiser besteht darauf: »Ihr seid Herren.« Da schweigen sie dann ganz ergriffen, beglückwünschen das Staatsoberhaupt zu seinem scharfen Verstand und überschlagen die Vorteile, die soviel Ehre wohl bringen wird. Sie brachte aber keine.
Der Kaiser blieb bis zum November und wurde mit täglichen Turnieren, Freß- und Saufgelagen, Tanzvergnügen und Umzügen bei Laune gehalten. Gegen Ende des Besuchs traf die Nachricht vom Ableben des Dänenkönigs Waldemar Atterdag ein, worauf seine Majestät das Gesicht in kummervolle Falten legte. Die Lübecker aber feierten nur um so freudiger.
Der Aufwand, der bei solchen Gelegenheiten getrieben wird – es mußte ja nicht immer gleich ein Jahrhundert-Hit wie

Kaisers Besuch sein –, war ungeheuer. Und an Gelegenheiten, sich und die Seinen zur Schau zu stellen, mangelt es nicht: zahllos die kirchlichen Feste, jede Menge jahreszeitlich bestimmter Volksbelustigungen, häufige festliche Zusammenkünfte der berufsständischen Organisationen wie Gilden, Innungen, Zünfte und sonstiger Gesellschaften, dazu private Anlässe – verstauben konnten die guten Kleider in den Truhen jedenfalls kaum.

Die Kleidertrachten wechseln auf vielfältige Art, Burgund aber gibt den Ton in Modefragen an, an den sich vor allem die Männer eisern halten. Zu Gecken sind sie geworden, zu Paradiesvögeln, die in ihrer Prachtentfaltung die Frauen weit hinter sich lassen. Seit alters her besteht der »Herren Hauptzier«, die ihnen niemand nachahmen darf, aus einer langen »Schraube«, einem vorn sich öffnenden langen Mantelrock, der mit »Buntwerk« – den feineren Pelzarten Marder, Feh, Fuchs und Zobel – gefüttert ist. Bevor noch Hüte oder barettartige Kopfbedeckungen aufkamen, stülpten sie sich die »Gugel« – eine Kapuze mit Schulterkragen, die nur das Gesicht freiließ – über den Kopf, weder ein besonders schönes noch bequemes Ensemble.

Aber die Patrizier halten so eifersüchtig an dieser Ausstattung fest, daß die Bremer Ratsgeschlechter schon vor der ersten Hälfte des 13. Jahrhunderts eine Urkunde fälschten, die ihnen, den ruhmvollen Mitstreitern Gottfrieds von Bouillon, beim Ersten Kreuzzug, erlaubt, »Buntwerk und Gold« zu tragen, Pelze also und goldene Ketten.

Nichts verdrießt denn auch die Herren mehr, wenn sie in Zeiten des Umsturzes die neuen, nicht gar so hoch geborenen Stadtherren in der pelzbesetzten Schraube einherstolzieren sehen. Um so gravitätischer und hochnäsiger schreiten sie dann einher, stets darauf bedacht, ihre kostbaren Kleider peinlich sauber zu halten, was bei den schmutzigen Straßen gar nicht so einfach ist. Niemand hätte sie daher lächerlicher machen können als ein gewisser Evert von Huddessen, Stralsunds Gesandter am Hofe des dänischen Königs Erich. Er erwirbt sich 1430 das besondere Wohlwollen des launischen Herrschers, als er, nach der Mahlzeit zum Besuch des Lustgartens vor der Stadt eingeladen, wohlgemut durch die Pfützen dem Pferd des Königs nachhüpft, während die anderen hansischen Sendboten verlegen auf ihre Diener warten, um sich in Sänften tragen zu lassen. »Ei, ei, was stehen wir denn hier noch herum«, höhnt Huddessen, »soll die königliche Majestät etwa ohne Begleitung bleiben? Meine Herren von Stralsund sind wohl reich genug, daß sie mir einen neuen Rock bezahlen können.« Das saß.

Nur die Narrenkappe blieb

Was trägt der feine Mann sonst noch? Seit ungefähr 1390 jedenfalls nicht mehr das lange tunikaartige Gewand, das in Körpermitte von einem Gürtel gehalten wurde, sondern Rock und Hose, die allerdings mehr Ähnlichkeit mit Strumpfhosen hat als mit dem leger geschnittenen Beinkleid von heute.
Die Wamse sind wattiert und gefüttert, die Ärmelöffnungen und der Schoß lappig ausgezackt – ein Modegag, der sich allseits großer Beliebtheit erfreut und einem englischen Feldherrn das Leben kostete. John Chandos stolperte im Gefecht über die Zotteln seines Mantels und wurde erschlagen, bevor er wieder auf den Beinen war.
Schreiend bunt, im sogenannten »mi-parti«, treten Männlein und Weiblein auf. Grün ein Hosenbein etwa, rot das andere. Das gilt als letzter Schrei, ist schick und nötigt vor allem den Nachbarn gleichen Standes zu neidischer Bewunderung. So lange allenfalls, bis der sich noch papageienhafter kleidet,

vielleicht mit Stoffen aus zweifarbigem Karomuster oder Diagonalstreifen. Höchster Wertschätzung erfreuen sich, wie könnte es anders sein, flandrische Tuche, gewebt aus bester Wolle, sehr strapazierfähig, und wenn dieses Tuch »Scharlach« war, eine Bezeichnung, die dem Stoff und nicht der Farbe galt, fühlt man sich schon als kleiner König. Die besten Qualitäten in roter, blauer, brauner und grüner Farbe kommen aus Gent. Seide steht noch höher im Kurs, weil man noch mehr dafür bezahlen muß, denn sie wird vorwiegend aus den Mittelmeerländern herangeschafft.
Schnabelschuhe an den Füßen und ein reich verzierter Gürtel runden das Bild des mittelalterlichen Stutzers ab, dessen würdevolles Auftreten den krassesten Gegensatz zu seinem Aufzug bildet. Er ist ein rundlich ausgestopfter Harlekin, der da lustwandelt, und seine Gugel hat sich – wenn auch in abgewandelter Form – bis heute erhalten: als Narrenkappe.
Die modebewußte Damenwelt gibt sich ein wenig dezenter, sofern bei den immer enger werdenden Kleidern davon die Rede sein kann. Auch eine sächsische Hofgesellschaft, die auf der Rückreise von Hochzeitsfeierlichkeiten in Dänemark in Lübeck Station macht, ist tief beeindruckt, als die Damen der Ratsherren zum Empfang am ersten Tag in langen roten Schleppkleidern erscheinen, am nächsten Tag dann in weißen Gewändern gleichen Schnitts, behängt mit allerlei Schmuck von Perlen, Edelsteinen und Gold.
Den Kopf der Damen ziert für gewöhnlich eine Haube, die dann bei offiziellen Anlässen geradezu abenteuerlichen Gebilden weicht. Lästert der Ritter de la Tour Landry: »Die Frauen gleichen den gehörnten Hirschen, welche den Kopf senken, wenn sie in den Wald gehen.« Und der Karmelitermönch Thomas Conette ärgert sich dermaßen über den Hennin – einen Kopfputz in spitzer Kegelform, einer Schultüte ähnlich und bis zu einem Meter hoch –, daß er einen Feldzug

gegen diesen Hut eröffnet. Leider kommt er selbst dabei zu Tode. Man verbrennt ihn 1434 als Ketzer.
In einer Zeit, die alles und jedes bis ins Detail reglementiert, kann es nicht ausbleiben, daß die Städte sich auch der ausufernden Mode annehmen. Kleiderordnungen werden erlassen, weniger jedoch um die Verschwendungssucht einzudämmen, sondern um der Abgrenzung zu den niederen sozialen Schichten willen. Schon im 14. Jahrhundert setzt man derartige Vorschriften in Kraft, mehr und immer speziellere in den folgenden beiden Jahrhunderten.

Stockkonservativ, dünkelhaft und elitär

Auch die Hansetage geben Anlaß für die ausrichtende Stadt, das Ereignis in ansprechendem äußeren Rahmen zu begehen, und die teilnehmenden Ratssendboten der anderen Mitgliedsstädte halten kräftig mit. Die Delegierten ziehen mit vielen Pferden und Wagen sowie einer zahlreichen Dienerschaft zum Ort des Geschehens und prunken überall zu Ehren und auf Kosten ihrer Stadt, was minderbemittelte Kommunen oft genug davon abhält, solche Hansetage zu besuchen. Da muß der sogenannte Spielgraf, der sich mit seinen Gesellen vor der Herberge einstellt und die Gäste mit Zink, Krummhorn, Pommer, Pauken und Trompeten willkommen heißt, belohnt werden, da darf im Ratskeller bei öffentlichen Lustbarkeiten niemand zurückstehen.
Gern protzt der Veranstalter mit städtischen Ritterspielen, Turnieren also, bei denen sich das Bürgertum einmal mehr darin gefiel, ritterliche Lebensart nachzuahmen. Sie genießen es, mit starken Kleppern, von denen sich mancher Bürgermeister drei oder vier hält, in Harnisch und mit Waffen aufeinander loszugaloppieren und sich aus dem Sattel zu heben. Das zeugt von Mannhaftigkeit, von Mut und beweist dem

Adel, der gern an diesen Veranstaltungen teilnimmt, was die Stadtmenschen doch für Kerle sind. Statt sich nun aber als Gastgeber fein zurückzuhalten, stoßen sie mit Wonne ihre Gäste vom Pferd, was mitunter zu wüsten Händeln führt. So 1536 in Reval, als der Bürgermeister gerade noch einen Amoklauf der Edelleute verhindern kann, nachdem ein Kaufgeselle seinen erlauchten Gegenspieler von dem Zossen gerannt hat. In Lübeck vollführen im Jahre 1478 fürstliche und ritterliche Gäste, angetrunken nach einem Gelage im Löwensaal, das halsbrecherische Kunststück, vollgerüstet bei Fackelschein ihr Turnier auszutragen und darauf in vollem Harnisch zu tanzen.
Die sozialen Gegensätze innerhalb der Bürgerschaft, die im Verlauf des 15. Jahrhunderts immer schroffer zutage treten, trennen auch bei öffentlichen Lustbarkeiten die Oberschicht immer stärker von den mittleren und niederen Gruppen. Man will jetzt unter sich sein, die Begüterten wie die minder Begüterten. An Stelle der früheren fröhlichen Maifeiern aller Städter miteinander pflegen nun die ratsfähigen Familien der Hansestädte von Livland bis hinein nach Flandern das »Maigrafentum«. Der Reihenfolge nach muß der Ratsherr, der den Maikranz im vorigen Jahr empfangen hat, zu Beginn des Wonnemonats oder zu Pfingsten mit Musik begleitet ins Feld hinaus, um den »Mai einzureiten«. Andere wohlhabende Bürger begleiten ihn, der ganze Zug wird von einem festlich herausgeputzten Jungen angeführt. Nach der Rückkehr trägt dieser einen blumendurchwirkten Laubkranz an einer Stange oder hat ihn um die Schultern geschlungen. Anschließend zieht man zum laubgeschmückten Rathaus und verbringt den Tag bei Musik und Tanz, Essen und Trinken.
Sehr kostspielig wird es für den, der neu in den Rat eintritt, und die Bürger argwöhnen nicht zu Unrecht, daß er das, was er für seinen Einstand ausgeben muß, sich durch eine nicht gar so korrekte Amtsführung wieder herausholt.

Überall haben sich die Patrizier zu exklusiven Klubs zusammengeschlossen, deren vornehmster wahrscheinlich die Kölner Richerzeche war, die bis zum Ende des 14. Jahrhunderts die Stadtämter unter sich verteilte und sich standhaft weigerte, andere Bürger als ihresgleichen aufzunehmen. Das erklärt auch die Heftigkeit der Unruhen in Köln, denen schließlich die Richerzeche zum Opfer fällt, ohne daß damit auch die Vorherrschaft des Patriziats gebrochen worden wäre. Andernorts, wie in Hamburg oder Stralsund, fehlen solche Gesellschaften. Lübecks reichste Familien aber haben sich zur »Zirkelgesellschaft« zusammengefunden, die sich durch Zuwahl von Mitgliedern ergänzt und schließlich so vornehm wird, daß sich wenige Jahrzehnte später neben ihr eine »Kaufleutekompanie« etabliert, in der sich die anderen vermögenden, aber neureichen Kaufleute zusammenschließen. »Gesellschaft der Schwarzhäupter« nennen sich die exklusiven Klubs in den livländischen Städten, »Junkergesellschaften« in anderen.

All diese »Junker«, »Schwarzhäupter«, »Zirkelbrüder« und wie immer sie heißen, leben teilweise schon vom ererbten Vermögen, vermehrt noch durch eigene Handelstätigkeit, sie ernähren sich vom gewinnbringend angelegten Kapital und fürchten von jeder Neuerung den Verlust ihrer, wie sie meinen, wohlerworbenen Rechte. Es ist eine stockkonservative, elitäre und dünkelhafte Gesellschaft, ständig von der Furcht geplagt, in einer wirtschaftlichen Talsohle Ämter und Ansehen einzubüßen und von einem Heer von Feinden umzingelt zu sein.

Damit haben sie jedenfalls dann recht, wenn die Handwerker Putz machen. Aber es sind Konflikte, denen der Charakter sozialer Kämpfe fehlt: Es ist nicht der Aufstand der Armen gegen die Reichen, es ist der – nirgends voll verwirklichte – Versuch, als mündiger Bürger anerkannt zu werden. Beson-

ders in der zweiten Hälfte des 14. Jahrhunderts breiten sich diese Aufstände wie ein Flächenbrand aus. Flandern macht den Anfang, die Reformation gießt noch Öl ins Feuer.
In Magdeburg beginnt es schon 1301: Zehn Handwerkerführer werden bei lebendigem Leibe verbrannt, nachdem ihr Aufruhr niedergeschlagen worden ist. Bremen, Braunschweig folgen – die Hanse wird allmählich unruhig. Als dann acht Braunschweiger Bürgermeister von den aufgebrachten Handwerkern erschlagen werden, schließt man die Stadt aus der Gemeinschaft aus. Die Knochenhauer erheben sich in Lübeck, werden aber brutal zusammengeschlagen. Die tyrannische Herrschaft der Wulflams in Stralsund findet ihr Ende in einem Aufstand. Die rücksichtslose Gewalt der Kölner Richerzeche wird 1396 von den Handwerkern gebrochen, schließlich verjagen die Lübecker 1408 ihren Rat – die wohl gefährlichste und existenzbedrohendste Krise für die Hanse.
Überall aber siegt schließlich wieder der alte Rat, manchmal erst nach geraumer Zeit, wie im Falle Lübecks erst nach acht Jahren, mitunter schon früher. Die Solidarität der Geschlechter, vielfältig untereinander von Stadt zu Stadt versippt, setzt sich durch, wenn auch fortan Vertreter der Handwerkerschaft in den Rat aufgenommen werden – eine kleine Konzession ohne dauerhafte Wirkung.
Praktisch jeder Bürger ist Mitglied einer Gesellschaft. Zumeist sind es berufsständische Organisationen wie die der »Bergenfahrer«, »Schonenfahrer«, »Rigafahrer« – geschaffen für die Kaufleute, die nach dorthin Handel treiben. Die Handwerker haben sich zu Ämtern, Innungen, Gilden und Korporationen zusammengeschlossen. Besonders beliebt sind Geselligkeits-Vereine, die Schützenbrüderschaften zum Beispiel, deren jährliche Freischießen zu wahren Volksfesten geraten.

Zunftspiele und Festgelage werden zu allen möglichen Gelegenheiten abgehalten. Die Schuhknechte und Schneider in Lübeck, anderswo die Schmiede, tanzen zu Pfingsten unter wunderlichen Verrenkungen den altgermanischen Schwerttanz; ein Meister, der daran teilnimmt, darf dabei Waffen tragen. In Königsberg führen die Metzger einen buntgeschmückten Ochsen herum, ehe er am Spieß knusprig gebraten wird, oder sie tragen eine mehrere hundert Ellen lange Bratwurst, dekoriert mit bunten Bändern; die Bäcker schleppen eine riesige Brezel herbei – farbenfrohe, lärmige, ausgelassene Feste sind es, die man feiert.

An normalen Alltagen aber wird es gegen neun Uhr abends ruhig in der Stadt. Allmählich kehrt man nach Hause zurück, und auch unser fremder Gast geht auf sein Zimmer in der Herberge, nachdem er sein Pferd gut versorgt weiß. Er hat Glück, denn er ist heute der einzige, der hier nächtigt. Die anderen beiden Betten in seiner Kammer sind nicht belegt. Unten auf der Straße ist es inzwischen dunkel geworden, da und dort noch ein paar verspätete Heimkehrer, Kienfackeln in der Hand, denn eine öffentliche Straßenbeleuchtung gibt es noch nicht. Nur zu festlichen Anlässen, zum Beispiel des Kaisers Besuch, werden Straßen und Plätze festlich illuminiert. Wer es sich leisten kann, mietet sich Fackelträger, was lichtscheues Gesindel, das sich jetzt in den Ecken herumdrückt, auf Distanz hält. Überfälle waren in den dunklen Gassen alltäglich, die Täter wurden aber nur selten gefaßt. Die Straßen sind leer geworden. Nur der Nachtwächter, der ein kupfernes Zeichen bei sich trägt, damit man ihn nicht mit einem Dieb verwechselt, schlurft mit seinen Holzpantinen über das Pflaster und ruft die Stunden aus.

13. Kapitel:
Hildebrand Veckinchusen – ein Hansekaufmann in Brügge

Geräucherte Lehrlinge

Das also war aus dem verlausten, stinkenden, herumvagabundierenden Händler der hansischen Gründerzeit geworden: ein behäbiger, parfümierter Bürger, ein vollgefressener Stadtbewohner, der gern auf die strapaziösen Geschäftsreisen verzichtete, wenn er einen Angestellten losschicken konnte, und lieber im heimatlichen Kontor hockte. An seine nach Stockfisch und Hering riechenden Ahnherren, die auf ihrem Kahn oder in primitiven Hütten schliefen, mochte er nicht gern erinnert werden. Er roch zwar auch noch, aber nicht mehr wie seine Vorfahren nach Stockfisch und Hering. Der Duft der großen weiten Welt umwehte ihn noch immer, obwohl er längst seßhaft geworden war, ein bißchen Abenteuer steckte nach wie vor in dem reputierlichen Beruf des Kaufmanns, und ein wenig haftete ihm noch das Odium des unzuverlässigen Windbeutels an. »Koplude sind Loplude« war noch lange ein geflügeltes Wort an der Küste, »Kaufleute sind Laufleute« – es war besser, die Schulden sofort einzuziehen, als sich auf spätere Zeiten vertrösten zu lassen. Kaufmann konnte jeder werden, der es wollte. Berufsbeschränkungen kannte man nicht, wohl aber, wie auch das Handwerk, eine halbwegs geordnete Ausbildung. Schulbesuch, Lehre, Auslandsreisen, das waren die Stationen der Jünger Merkurs, bevor sie sich selbständig machten oder in Vaters Geschäft eintraten. Mit sechs Jahren wanderten die ABC-Schützen zum ersten Mal in die Schule, Einrichtungen, die zumeist von der Kirche unterhalten wurden, seit 1300 gab es in Lübeck aber auch die ersten städtischen Schulen, sehr zum Ärger des Klerus, der sein Ausbildungsmonopol dahinschwinden sah. Dort mußte man zuallererst »still sitzen und swigen«, wie ein Kaufmann später in schmerzlicher Erinnerung an Rohrstock und Rute, den unerläßlichen pädagogischen Hilfsmitteln, notierte.

Wenn der Zögling zwischen zwölf und 15 Jahren die Schule verließ, hatte er zumindest Lesen, Schreiben, Rechnen und etwas Latein gelernt, womit er schon als gebildet gelten durfte, denn die Mehrzahl seiner Mitbürger waren Analphabeten.

Die kaufmännische Lehre schloß sich daran an, der junge Mann wurde auf Reisen zu den ausländischen Niederlassungen der Firma geschickt. Er lernte Buchführung und kaufmännisches Rechnen und durfte endlich, nach zwei bis drei Jahren, wenn er Kaufgeselle geworden war, Geschäfte auch auf eigene Rechnung tätigen.

Gefürchtet waren Jobs in Bergen. Dort veranstaltete das Kontor alljährlich zu Pfingsten zu Ehren aller neuen Lehrlinge und Gesellen die berüchtigten »Bergener Spiele«, deren Veranstalter der norwegische Dichter Ludwig Holberg eher den Hottentotten und tatarischem Gesindel als den Christenmenschen zurechnen wollte.

Was ging da vor sich? Die Ankunft der hansischen Flotten im Frühjahr wurde regelmäßig groß gefeiert. Die Saison begann mit Umzügen durch die Stadt, mit Maskeraden, Tänzen und Gelagen. Im Mittelpunkt der Festivitäten aber standen »Aufnahmeprüfungen« der Neuen. Erst wenn sie die manchmal mehr tot als lebendig bestanden hatten, durften sie sich als Bergenfahrer bezeichnen.

Drei Proben hatten sie abzulegen, und mit der Rauchprobe begann es. Der junge Mann wurde zu einem handlichen Bündel verschnürt und in die Rauchöffnung des Schütting hochgezogen, derweil die Altgesellen unten ein kräftiges Feuerchen entfachten, in dem sie zu allem Überfluß auch noch stinkende Abfälle verbrannten. Der vom Husten und Brechreiz halb erstickte Prüfling mußte nun zur Gaudi seiner Folterknechte die blödsinnigsten Fragen beantworten. Konnte er schließlich halberstickt nur noch röcheln, ließ man

den Geräucherten wieder herab und spülte ihn mit mehreren Fässern Wasser so gründlich ab, daß er auch noch fast ersoff. Höllisch aufpassen mußten die Neulinge freilich, daß ihnen dies nicht tatsächlich bei den Wasserspielen widerfuhr, denn bei dieser Belustigung wurden sie in den Hafen geworfen und mußten in ein Boot klettern, während sie von den in anderen Schiffen stehenden Gesellen reichlich mit Birkenreisig verdroschen wurden. Hatte der Proband auch das überstanden, ging's ans Spießrutenlaufen, der viehischsten Tortur im Reigen dieser spaßigen Spiele.
Nackt, betrunken und mit verbundenen Augen führte man den Prüfling ins sogenannte Paradies, wo er ausgepeitscht wurde, bis die Haut in Fetzen ging. Und weil er dabei so schön schrie, ließ man ihn anschließend vor den um die Tafel versammelten Gesellen noch ein Lied singen.
Erst im 16. Jahrhundert artikulierte sich massiver Protest gegen diese Gewalttätigkeiten, selbst die Hanse schritt dagegen ein, aber vergeblich. Die Spiele verschwanden erst mit dem Untergang der Hanse selbst.
Die Roheit hatte ihren triftigen Grund: Die Mehrzahl der Bergenfahrer entstammte kleinen Verhältnissen, einfache und schlichte Gemüter waren es, zum Teil vom platten Land kommend und manchmal ohne die Spur einer Schulbildung. Für sie, die man aus dem weltläufigen Brügge und vornehmen London hinausgeworfen hätte, bot Bergen die Chance, Wohlstand und Ansehen zu erwerben. Jünglinge von fertigem Gelde hatten da nichts zu suchen, meinten die sozialen Aufsteiger. Also schreckte man sie ab und blieb unter sich.
»Da werden sie dann den Winter über von den anderen unterwiesen und unterrichtet, daß feine und verständige Gesellen daraus werden. Und wenn sie dann eine Zeitlang dort gewesen und Handel getrieben haben, kommen sie in Deutschland und in den Seestädten in schöne gute Häuser zu

sitzen, werden vornehme Bürger und wohlhabende Leute, die zu hohen Ehrenstellen gelangen. Es kommen auch viele in das Kontor, die sich weder von Vater noch Mutter noch Lehrer zwingen lassen wollen. Davon kommt dann ein Teil zurecht und werden noch gute Leute daraus.« Der Handelsmann, der diese Ehrenrettung für das Bergener Kontor schrieb, mußte es wissen. Er hatte so gründlich schreiben gelernt, daß er dem Kontor sogar eine »Komödie« widmete.

Patrizier und Krämer

Den typischen Hansekaufmann gibt es nicht. Durch nichts unterscheidet er sich von seinen ausländischen Berufsgenossen, außer, daß er eben der deutschen Hanse angehörte, Im- und Export betrieb und dabei mehr oder weniger gut verdiente.
Ganz oben in der Hierarchie steht der Patrizier, der große, reiche Handelsmann, dessen Geschäfte den gesamten hansischen Raum umspannen, von Brügge und London über Lübeck nach Riga, Reval und Nowgorod. Er unterhält Firmenniederlassungen an allen wichtigen Städten, besucht die wichtigen Messen und Märkte. Er ist der Vertreter seines Berufsstandes, der im 14. und 15. Jahrhundert in Lübeck und anderen wichtigen Städten charakteristisch wird.
Sein Einkommen fließt aus mehreren Quellen: dem eigentlichen Handel, aus Kapitalzinsen und aus Anteilen an Handelsgesellschaften und Schiffen, Grundbesitz und Renten. Der Patrizier beherrscht die hansische Szene, wenigstens nach außen. Er stellt die Ratmannen, die Bürgermeister und bestimmt den politischen Kurs der Stadt.
Ein Patrizier hat Geld, und zwar erheblich mehr als seine Mitbürger. Er verfügt über zwischen 5 000 und 40 000 lübische Mark – keine gewaltige Summe angesichts süddeutschen

Kapitals, das zur gleichen Zeit angehäuft wird (Fugger: 375000 lübische Mark, Welser: 486000 lübische Mark, Große Ravensburger Handelsgesellschaft: 198000 lübische Mark).
2000 Mark lübisch hat der kaufmännische Mittelstand, der in der Regel keine Angehörigen des Patriziats stellt, auf dem Konto. Die Geschäftsverbindungen dieser Kaufleute reichen meistens nur in ein Land, nach Rußland, England oder Schweden. Sie betätigen sich als Groß- und Kleinhändler, wie zum Beispiel die Gewandschneider. Sie sind es, die zusammen mit den Handwerkern zeitweilig Front gegen den Rat machen, weil ihnen der Zugang zu öffentlichen Ämtern verwehrt wird.
Die untere Gruppe schließlich, die Krämer und Einzelhändler, aber auch die kleinen Fernkaufleute, folgt mit erheblichem Abstand, finanziell und sozial. Ein Krämer wurde nicht in die Gesellschaft der Fernkaufleute aufgenommen, die kleinen, finanzschwachen Fernkaufleute hingegen doch. Sie stellen die Masse der Bergen- und Schonenfahrer und genießen am Ort als Hansen dieselben Rechte wie die großen Kollegen.
Die Übergänge der Schichten sind fließend, vertikale soziale Mobilität ist möglich, wenn auch nicht die Regel. »Von meinen Eltern habe ich nichts empfangen«, schreibt ein Bertold Rucenberg 1364 in sein Testament, »was ich an Gütern besitze, habe ich mir von Jugend an mit eigener, mühevoller Arbeit erworben.«
Oder Sievert Veckinchusen, der, noch bevor er den Sprung ins Patriziat geschafft hat, als angesehener Bürger Lübecks stirbt. Im Gegensatz zu seinem Bruder Hildebrand, einem sozialen Absteiger, der seine letzten Tage verbittert und verarmt zubringt.

Schwiegersohn gesucht

Kein Hansekaufmann hat mehr Dokumente hinterlassen als Veckinchusen: Außer elf Rechnungsbüchern sind es rund 550 Briefe, geschäftliche und private. Dies ist Hildebrands Geschichte.

Die Familie stammt aus Westfalen. Hildebrand und Sievert sind wahrscheinlich um 1370 in Reval geboren. Die Veckinchusen sind eine gutbürgerliche Familie. Sie stellen Geistliche und Ratsherren, vor allem aber Kaufleute, deren Handel die hansische Welt umspannt: Riga, Reval, Brügge, Gent, Köln und Lübeck, wo sich später Sievert und Hildebrand niederlassen.

Über die Jugend der beiden Brüder ist nichts bekannt. Mit Sicherheit aber beginnen sie ihren Handel vom Baltikum aus und sind dann von 1390 an regelmäßig in Brügge zu finden. Um die Jahrhundertwende trennen sich ihre Wege: Sievert übersiedelt nach Lübeck, Hildebrand bleibt nach Zwischenstationen in Lübeck in Brügge.

Hildebrand wird zum ersten Mal im April 1390 aktenkundig. Im holländischen Dordrecht hat er französischen oder spanischen Wein gekauft und sich hierüber eine Bescheinigung ausstellen lassen, die die Rechtmäßigkeit des Kaufs attestiert. Die brauchte er, um die Ware exportieren zu können. Seit 1388 nämlich hat die Hanse über Flandern eine Handelsblockade verhängt und das Kontor in Brügge auf Anordnung der Städte nach Dordrecht verlegt. Jene Bescheinigung sollte verhindern, daß mit Schmuggelgut gehandelt wurde.

In den nächsten Jahren wird Hildebrand zweimal zum Ältermann des livländischen Drittels gewählt, ein Indiz für sein Ansehen bei den Kollegen. 1398 – er hat zum zweiten Mal das Ehrenamt inne – erhält er von seinem Bruder Cäsar aus Riga folgenden Brief: »Freundliche Grüße vorweg... Hilde-

brand, hier gibt es einen ehrbaren Bürger namens Engelbrecht Witte, der mit uns in Geschäftsverbindungen treten will. Er hat eine feine, zierliche Tochter von fünfzehn Jahren, die er Dir gern zur Frau geben möchte...« Das Kind hieß Margarete und wurde von seinem wohlhabenden Vater reichlich ausgestattet: eine Mitgift von 200 Pfund Groschen, angemessene Aussteuer an Hausgerät und 100 Mark rigisch, als »Spielpfennige« (Nadelgeld). Es versteht sich von selbst, daß Cäsar angesichts solch gewichtiger Argumente und der Aussicht auf lukrative Geschäftsverbindungen seinem Bruder in Brügge wärmstens eine Eheschließung empfiehlt.
Ein Teenager wie Margarete durfte sich mit ihren fünfzehn Lenzen fast schon als alte Jungfer vorkommen, gemessen daran, daß selbst Säuglinge zu jener Zeit in den Ehestand traten, wenn es den beteiligten Familien von Nutzen schien. Zwar erhob die Kirche schwachen Protest und meinte, die Kontrahenten müßten wohl freiwillig ihre Zustimmung geben, an geistlicher Assistenz scheiterte eine solche Form der Eheschließung jedoch nie. Einfacher war die Sache schon, wenn so ein Dreikäsehoch wenigstens die Eheformel nachplappern konnte. Häufig wurden die Frischvermählten nach der Zeremonie heimgebracht, wo man sie zusammen ins Bett steckte, sie aufforderte, »Vater und Mutter« zu spielen, und dazu seine Zoten riß.
Eine Heirat, auch die zwischen nahezu Erwachsenen, war ein Tausch zwischen zwei Familien: Tochter plus Mitgift gegen alerten und möglichst einflußreichen Schwiegersohn. Liebe? Ein Luxus, dessen Folgen unberechenbar und daher aus geschäftlichen Gründen abzulehnen war. Daß die Ehen darum unglücklicher gewesen wären, ist nicht bekannt.
Hildebrand jedenfalls, der zur Hochzeit nach Riga abreiste, bekam, neben der ansehnlichen Mitgift, mit Margarete ein treusorgendes Eheweib, das ihm sieben Kinder schenkte und

selbst dann noch zu ihm hielt, als er schon längst im Gefängnis saß.

Die neue Geschäftsverbindung Veckinchusen–Witte ließ sich gut an. Hildebrand blieb eine Zeitlang in Riga und arbeitete im Geschäft seines Schwiegervaters mit. Bald aber kommt es zum Krach zwischen den beiden. Es ging um die 100 Mark Nadelgeld, auf deren Auszahlung Hildebrand bestand, die der alte Geizkragen aber unter fadenscheinigen Gründen nicht herausrücken wollte.

Das junge Ehepaar übersiedelte nach Lübeck. Hildebrand erwarb dort das Bürgerrecht. Lange hielt es ihn nicht an der Trave, denn bereits 1403 ist er wieder in Brügge zu finden, wo sich schon sein Bruder Sievert aufhielt. Margarete läßt er in Lübeck zurück, um sich voll und ganz seinen Geschäften in Flandern widmen zu können.

Bemerkenswert ist, wohin die Handelsbeziehungen dieses »nur« mittelständischen Kaufmanns reichen. Die Briefe nennen Absender aus Reval, Riga, Dorpat – was im Grunde nicht weiter verwunderlich ist, denn Hildebrand stammt aus der Gegend und hat Verwandte dort zu sitzen –, sie sind an Partner im gesamten flandrischen Raum adressiert und gehen selbst bis nach Lucca in Italien, Amiens und La Rochelle in Frankreich. Hildebrand steht inmitten eines ausgedehnten Handelskreises, der wahrscheinlich noch weiter zu fassen ist. Mit Sicherheit ist nur der kleinere Teil seiner Korrespondenz erhalten geblieben.

Viel Brief', viel Ehr'

Briefe zu empfangen galt als ehrenvoll und steigerte das Ansehen. Also schrieb man viel, um auch möglichst zahlreiche Antworten zu erhalten. Das gleiche Schreiben faßte man mehrfach ab und brachte es auf verschiedenen Wegen auf die

Reise. Der Empfänger war stets derselbe, nur wollte der Absender sicher sein, daß sein Brief auch wirklich den Adressaten erreichte. Schiffer übernahmen die Schriftstücke zur Beförderung oder reitende Boten mit sinnigen Namen wie »Hund, der Läufer« oder »Unruhe, der Läufer«, deren Dienste ein Kaufmann mieten konnte – Vorläufer einer Einrichtung, die sich später nach italienischem Vorbild »Post« nannte und für die dann ab 1501 ein gewisser Franz von Taxis als Hauptpostmeister des Kaisers Maximilian I. verantwortlich zeichnete.

Dieses Brief-Splitting bot mehrfachen Vorteil. Reisen gehörte damals zu den unsichersten Unternehmungen, auf die sich ein Mensch einlassen konnte. Die Straßen verdienten kaum den Namen, ihr Zustand war miserabel, Pflasterung war weitgehend unbekannt. In der Regel handelte es sich um zerfurchte, schmale Feldwege, auf denen kaum zwei Karren aneinander vorbeikommen konnten – eine Tortur für fahrende Kaufleute, eben noch erträglich für Berittene. Waren die Zeiten unsicher, und sie waren es oft, weil immer wieder irgendwer mit irgendwem in Fehde lag, dann gehörte schon ein gut Teil Todesverachtung dazu, sich auf diesen Wegen blicken zu lassen. Hinter jeder Wegbiegung, in jedem Gebüsch konnten Schnapphähne lauern, die Gott und die Welt, den Landesherrn, besonders aber alle Kaufleute zum Teufel wünschten und diese auch dahin schickten, nachdem sie sie ausgeplündert hatten.

Auch die Seefahrt war, trotz aller Fortschritte seit den Tagen der Wikinger, alles andere als sicher. Das Hauptübel: die allgegenwärtigen Piraten.

Welcher Brief schließlich den Lieben daheim oder dem fernen Geschäftsfreund ausgehändigt, welches von den mehreren gleichlautenden Schreiben als erstes ankam, war letztlich unkalkulierbar.

Zweimal, 1409 und 1417, konnte Hildebrand Veckinchusen einen Rekord melden: Briefe aus Köln und Lübeck erreichten ihn in Brügge nach nur drei Tagen. Die längste Zeit dagegen war ein Schreiben aus Riga auf Reisen: 73 Tage, auch ein Rekord.

In Brügge hatte sich Hildebrand, wie üblich für ausländische Kaufleute, ein Haus von einem sogenannten Wirt gemietet, in dem er Wohnraum, Lager und Kontor einrichtete. Anders als in den übrigen großen Hanseniederlassungen Nowgorod, Bergen und London, lebte der »gemeine Kaufmann« in Brügge nicht in klösterlicher Abgeschiedenheit hinter Mauer und Palisadenzaun, sondern suchte sich bei Privatleuten Quartier, wo immer er es in der Stadt finden konnte. Diese berufsmäßigen Vermieter, »Wirte« genannt, standen im übrigen auch als Makler und Dolmetscher zur Verfügung, wovon die Hansen allerdings keinen Gebrauch machten, denn Flämisch verstanden sie als Westfalen und Niederdeutsche ohnehin, und von der Inspruchnahme der Maklerdienste waren sie – im Unterschied zu anderen Ausländern – per Privileg befreit. Seit 1309 genossen sie auch noch den besonderen Vorzug, daß die Wirte für die Waren haften mußten, die ihre Gäste bei ihnen gelagert hatten, was oft genug zu endlosen Streitereien Anlaß gab.

Brügge war im 14. Jahrhundert der Weltmarkt schlechthin. Was im europäischen Handel Rang und Namen hatte, traf sich in der Stadt am Swin, die mit rund 150000 Einwohnern auch heute noch zu den Großstädten zählen würde. 52 Zünfte gingen dort ihrem Gewerbe nach, die Tuchindustrie beschäftigte mehr als 50000 Arbeiter. Selbst weitgereiste und welterfahrene Italiener gerieten angesichts Brügges ins Schwärmen und priesen die Stadt als »nordisches Venedig«. »Die Einwohner sind von Natur aus freigiebig«, rühmt noch Jahrhunderte später ein Gast der Stadt, als ihr Glanz längst

verblaßt war, »die Weiber sind schön und prächtig in ihren Kleidern.« Worüber sich schon Königin Johanna von Navarra bei ihrem Einzug in die Stadt so ärgerte, daß sie sich in dem berühmten Ausruf Luft machte: »Ich dachte allein Königin zu sein, und ich erblicke Hunderte um mich herum.«
Kunst, Kultur und Wissenschaft fanden in der heiteren Urbanität Brügges ihren besten Nährboden. Maler, wie Hans Memling und Jan van Eyck, führten dank spendabler Mäzene ein auskömmliches Dasein.

Abgesehen von politischen und sozialen Kämpfen – Flanderns Städte sahen sich zunehmd dem Druck der Landesherren ausgesetzt und hatten außerdem alle Mühe, Bürgerunruhen wegen Beteiligung an der Stadtregierung zu unterdrücken – machte der Swin den Stadtoberen am meisten Sorgen. Brügges Reichtum war ein Geschenk dieses Flusses. Leider nur drohte er allmählich zu versanden, obwohl man alle Anstrengungen auf sich nahm, dagegen anzubaggern. Die großen Kauffahrteischiffe konnten ohnehin nicht bis in den Hafen von Brügge segeln. Sie waren wegen der Stromverhältnisse gezwungen, in Sluis, spätestens in Damme, den Seehäfen Brügges, Anker zu werfen. Dort lud man die Güter auf Schuten um und transportierte sie nach Brügge, wo sie von den Handelsherren argwöhnisch auf Beschädigungen untersucht wurden. War alles in Ordnung, wurde die Ware in das Lager gekarrt.

Üblicherweise fanden sich dort die Käufer ein. Der Handelsbrauch gestattete damals – in Brügge wie anderswo – grundsätzlich nur den »Kauf auf Gesicht«, das heißt nur den Erwerb einer greifbar vorhandenen Ware. Das Termingeschäft war noch nicht erfunden.

Sofern etwas abgewogen werden mußte, begaben sich Käufer und Verkäufer zur öffentlichen Waage. War man sich han-

delseinig, so wurde das Geschäft durch einen »Weinkauf«
besiegelt und gefeiert. Für wohltätige Zwecke fiel dann in der
Regel ein »Gottespfennig« ab.

Wer schwatzt, zahlt

Ältermann des Hansekontors zu sein, brachte außer der Ehre
nur Ärger ein. Hildebrand Veckinchusen, insgesamt dreimal
vom livländischen Drittel wie üblich acht Tage nach Pfingsten gewählt, teilte sich den Job mit fünf Amtskollegen –
einem weiteren aus seinem Drittel und je zwei aus den anderen Dritteln.
In den Händen dieser sechs Männer, assistiert von einem
18köpfigen Ausschuß und wenigen festangestellten Schreibern, lag die Geschäftsführung des Hansekontors, also die
Vertretung des »gemeinen Kaufmanns« der Stadt Brügge und
den Fürsten gegenüber, soweit die offenen Fragen nicht unter die Zuständigkeit Lübecks fielen, und die Leitung der
kontorinternen Angelegenheiten, als da waren Kontrolle der
Warenqualität, Unterbindung unlauteren Geschäftsgebarens, Finanzverwaltung der Hanseniederlassung, wozu auch
der »Schoß« gehörte, eine Umsatzsteuer zugunsten des Kontors und Rechtsprechung bei Streitigkeiten der Hansen untereinander.
Eher undankbar war die Aufgabe der Älterleute, täglich
zweimal sogenannte Morgensprachen abhalten zu müssen,
eine Art öffentliche Sprechstunde für alle Mitglieder des
Hansekontors, die nur den Nachteil hatte, Pflichtveranstaltung zu sein, der sie sich kaum entziehen konnten. Vormittags gegen elf Uhr und nachmittags zwischen 16 und 17 Uhr –
um pünktliches Erscheinen wurde dringend gebeten – versammelte man sich im Karmeliterkloster, wo man Gastrecht
genoß, und benutzte die Räume als Klubzimmer auch dann

noch weiter, als man schon längst ein eigenes Haus an die Stelle gebaut hatte.
Wer zu spät zu den Versammlungen kam, mußte eine Buße zahlen, ebenso derjenige, der sich aus einer Versammlung davonstehlen wollte und dabei ertappt wurde. Schwatzen mit dem Nachbarn kostete ebenfalls Geld.
Im übrigen ließ das Kontor seine Mitglieder in Ruhe. Unbehelligt von lästigen Vorschriften konnten sie ihren Geschäften nachgehen. Der Kaufmann war seßhaft geworden. Sein Unternehmen leitete er von der »scrivekamere«, der Schreibstube aus. Die dazu unerläßlichen Voraussetzungen, Lesen, Schreiben und Rechnen, beherrschte er jetzt. Bei der Buchführung und Korrespondenz ließ er sich aber gern von einem angestellten Schreiber unterstützen.
Üblicherweise pflegte kaufmännische Tätigkeit als Eigengeschäft oder im Rahmen einer Handelsgesellschaft abgewikkelt zu werden.
Das Eigengeschäft betraf nur einen Kaufmann allein. Entweder brachte er selbst die Ware an den Bestimmungsort, einen Messeplatz zum Beispiel, oder er schickte seinen Gehilfen. Der bekam dann genaue Anweisungen mit auf den Weg und hatte sich peinlich genau daran zu halten. Ging bei dem geplanten Geschäft dennoch etwas schief, wurde der Kaufvertrag etwa angefochten, so traf das den beauftragten Gehilfen dann nicht, wenn er beschwor, daß er die Instruktionen seines Chefs befolgt habe. Er handelte also in eigenem Namen, aber auf Rechnung seines Prinzipals. Diese weitverbreitete Spielart hieß »sendeve«, ein Kommissionsgeschäft.
Weit zahlreicher scheinen aber die Handelsgesellschaften gewesen zu sein, innerhalb derer der Kaufmann seine Aktivitäten entfaltete. Mit den herkömmlichen Genossenschaften, die im Prinzip nichts anderes als Reisegesellschaften waren, oder den späteren Handelsgesellschaften, deren Geschicke

ein großer Kaufmann leitete – wie bei den Fuggern und Welsern oder den Italienern –, hat das aber nichts zu tun.
Die Gesellschaften der Hansen arbeiteten nach dem Prinzip der Arbeitsteilung, etwa nach dem Grundmuster: Mehrere Kaufleute, die in verschiedenen Ländern oder Städten wohnten, schlossen sich einzig zu dem Zweck zusammen, ein ganz bestimmtes, gewinnversprechendes Geschäft gemeinschaftlich abzuwickeln. Jeder brachte seinen Kapitalanteil ein, und der Gewinn wurde entsprechend dieser Anteile ausgeschüttet. Während einer der Teilhaber etwa die Verpackung und den Versand der Ware in Riga übernahm, besorgte der andere den Verkauf in Lübeck oder sonstwo und kaufte vielleicht neue Waren, die er seinem Partner nach Riga schickte. Dieses Verfahren wurde natürlich auch zwischen drei oder mehr Beteiligten angewandt, die mit den unterschiedlichsten Kapitaleinlagen beteiligt gewesen sein konnten.
Wenn nun bestimmte Warenmengen oder der gesamte Vorrat abgesetzt worden war, wurde abgerechnet und der Gewinn ausgezahlt oder in ein weiteres Geschäft investiert.
Jeder größere Kaufmann gehörte mehreren Gesellschaften an, zu gleicher Zeit oder nacheinander. In keiner war er eigentlich der Chef, in jeder aber Teilhaber. Häufig schlossen sich weitverzweigte Familien zu derartigen Unternehmungen zusammen, wie auch im Falle Hildebrand Veckinchusen, dessen Schwiegervater, ein Bruder und ein Schwager in Riga lebten, ein anderer Schwager in Dorpat und in Lübeck sein Bruder Sievert. Zwei Neffen dienten zeitweilig zu Fahrten nach Livland und Venedig.
Hildebrand handelte mit allem, was marktgängig war. Eine Spezialisierung nach Branchen kannte man damals bestenfalls in Ansätzen. Üblich war dagegen die Ausrichtung der Geschäfte auf ein bestimmtes Land oder eine Stadt, England zum Beispiel, oder Schonen, Bergen, Nowgorod, Venedig.

Zur kühnsten Kaufmannstat der Gebrüder Veckinchusen und einiger Geschäftsfreunde wurde 1407 die Gründung der »Venediger Gesellschaft«. Sie endete mit einem Fiasko.
Hansische Kaufleute fuhren im ersten Jahrzehnt des 15. Jahrhunderts noch nicht mit eigenen Schiffen ins Mittelmeer. Was sie an südlichen Waren benötigten, konnten sie in Brügge bei den dort zahlreich vertretenen Italienern erwerben. Hildebrand gehörte aber anscheinend zu denen, die das Monopol der Südländer nicht länger hinnehmen, sondern selbst an Ort und Stelle zu günstigeren Preisen einkaufen wollten.
Die Venedig-Gesellschaft entwickelte sich anfangs vielversprechend. Das Gründungskapital von 5000 Mark zu je fünf Anteilen wurde 1409 auf 11000 Mark erhöht. Der Kompagnon in der Lagunenstadt, Peter Karbow, verfrachtete die üblichen Spezereien wie Gewürze, Seide, aber auch Hutzukker, Weihrauch und Alaun nach Norden und erhielt dafür Tuche, Rosenkränze aus Bernstein, vor allem aber die stets begehrten Pelze.

Sauer auf den Kaiser

Allmählich jedoch, seit 1410 etwa, begann sich die geschäftliche Erfolgskurve abzuflachen, die Geschäfte gingen schlecht oder gar nicht mehr. Karbow hatte sich bei Gewürzkäufen übernommen und zu viele Wechsel auf seine Mitgesellschafter gezogen. Dazu kam der Betrug durch einen Lieferanten und der Überfall auf einen Teilhaber in Deutschland, bei dem er 1700 Gulden verlor – die Gesellschafter entzweiten sich und prozessierten gegeneinander, das Unternehmen mußte liquidiert werden.
Hildebrand Veckinchusen, durch diesen Fehlschlag und einige andere mißglückte Geschäfte in finanzielle Bedrängnis

geraten, verlegte sich aufs Spekulieren, obwohl ihn Sievert in Lübeck dringend davor warnte. 1420 kam ihm zu Ohren, daß in diesem Jahr kein Salz von Frankreich aus der Baye nach Livland verschifft würde. Hals über Kopf schickte er seinen Boten Philipp Sporenmaker von Brügge nach Riga und Dorpat mit der Order an seine dortigen Geschäftsfreunde, alle vorhandenen Salzvorräte aufzukaufen. Aber andere Kaufleute hatten auch von der angeblich drohenden Salzknappheit Wind bekommen und kauften gleichfalls. Aus dem großen Geschäft ist anscheinend nichts geworden, Hildebrand mußte viel Geld zusetzen.

Die Unglücksserie riß nicht ab. Eine Sendung Feigen, nach Hamburg bestimmt, verdarb, weil sie unterwegs naß geworden war. Eine Ladung Reis hatte wegen undichter Fässer Wasser gezogen und war nur mit Verlust zu verkaufen. Hildebrand konnte diese Häufung von Fehlschlägen nicht mehr verkraften, ihm ging das Betriebskapital endgültig aus.

Hinzu kam eine allgemeine Konjunkturflaute, die auch das ruhmlose Ende seines Venedig-Handels beschleunigt haben dürfte. Die Märkte waren gesättigt. Wenn Hildebrand überhaupt etwas verkaufen konnte, dann nur zu Schleuderpreisen. Danzigs Tuchläger waren 1418 und 1419 randvoll, ebenso die Lübecks. Rosenkränze aus Bernstein, sonst ein Exportschlager ersten Ranges, fanden in Venedig keine Abnehmer mehr. Stockfisch aus Norwegen und russisches Wachs blieben in Frankfurt liegen, Hildebrands Gehilfen müssen rheinaufwärts bis hin nach Straßburg ziehen, um Käufer zu finden.

Auch die politischen Verhältnisse waren einem gedeihlichen Handel nicht eben förderlich. In Lübeck regierte noch der Neue Rat, die Hanse hatte die durch den Umsturz in ihrer Hauptstadt verursachte Krise noch nicht überwunden. Kaiser Sigismund hatte darüber hinaus 1417 den Handel mit Venedig verboten.

Der Kaiser: Auf den war Hildebrand sowieso sauer. Als er nämlich als Mitglied einer sechsköpfigen Delegation des »Gemeinen Kaufmanns« in Brügge zu Seiner Majestät reiste, um ihr zum Regierungsantritt zu huldigen, benutzte der ebenso verarmte wie geldgierige Herrscher mit dem roten, gabelförmigen Bart die günstige Gelegenheit, die Hansen anzupumpen. Um 3000 Kronen waren sie erleichtert worden, und seinen Anteil hat Hildebrand erst wiedergesehen, als er schon längst bis über die Ohren in Schulden steckte.
Sievert, dem Bruder, klagte er wiederholt seine Not. Der aber konnte oder wollte ihm nicht helfen, er schob jedenfalls finanzielle Gründe vor.
In seiner Verzweiflung suchte Hildebrand schließlich bei den professionellen Geldverleihern in Brügge, den »Lombarden«, Zuflucht. In den Hansestädten wurden sie nicht geduldet, hatten jedoch nach mancherlei Schwierigkeiten seit 1281 ein Aufenthaltsrecht für Brügge.
Die Lombarden – ihr Name deutet auf die italienische Herkunft –, drastischer und nach heutigen Begriffen treffend als »Wucherer« bezeichnet, boten sich den Kaufleuten oft genug als letzte Rettung an, bewirkten aber weit häufiger deren totalen Ruin, aus dem es keinen Wiederaufstieg gab, Zinsen bis zu 60 Prozent waren keine Seltenheit.
Veckinchusen geriet in die Fänge des bekannten Genueser Geld-Clans Spinghel, aus dem er sich nicht mehr befreien konnte. 1419 wurde er noch einmal zum Ältermann gewählt, war demnach noch kreditwürdig, und reiste nach Lübeck, wahrscheinlich, um irgendwo und irgendwie Geld aufzutreiben.
Vergeblich. Bruder Sievert leiht ihm nichts mit der stereotypen Begründung, daß er selber nicht viel habe. Andere Quellen blieben verschlossen.
Wieder zurück in Brügge, ohne eine Chance für weitere Kre-

dite oder einen Zahlungsaufschub, den Bankrott vor Augen, entschloß er sich 1421 zu einem letzten, verzweifelten Schritt: Er flieht.
Sorgsam bereitet er alles vor. An seinen Freund in Köln schickt er Kleidungsstücke, andere Sachen und Hausrat läßt er durch einen Mittelsmann verkaufen. Hildebrand will sich während der alljährlichen Pfingstmesse zu Antwerpen aus dem Staub machen.

In die Falle gelockt

Aber das Vorhaben mißlang, er hatte die Rechnung ohne seinen Wirt in Brügge, Jakob Schotteler, gemacht.
Dem waren die Fluchtvorbereitungen natürlich nicht verborgen geblieben, und warum sein Gast sich absetzen wollte, wußte er nur zu gut. Schotteler befürchtete nicht ohne Grund, daß sich die Gläubiger seines Mieters wegen der unbezahlten Rechnungen an ihn wenden würden, um sich schadlos zu halten, so, wie es die Hansen in ihren Privilegien durchgesetzt hatten. Und tatsächlich bestand kurz nach Hildebrands Abreise zur Messe ein Kaufmann höflich, aber bestimmt darauf, daß Schotteler einen Minus-Saldo von neun Pfund Groschen begleiche.
Veckinchusen mußte nach Brügge zurück, und zwar schnell, das stand für den Wirt fest, wollte er überhaupt noch eine Chance haben, nicht in den Bankrott hineingezogen zu werden. Antwerpen war gewissermaßen Ausland, und da kein entsprechendes Auslieferungsabkommen für flüchtige Schuldner bestand, mußte Schotteler seine ganze Schreibfertigkeit aufbieten, um ihn zurück nach Brügge zu locken.
Er bat und drohte, schmeichelte und appellierte an Hildebrands Ehrgefühl, wurde grob und gab sich wieder sanft, zeigte Verständnis für die Kurzschlußreaktion, warb ande-

rerseits um Verständnis auch für sich, der jetzt unverschuldet ins Elend gestürzt werde. Festsetzen hätte er ihn, Hildebrand, können, wenn er nur gewollt hätte. Dennoch habe er ihn ziehenlassen, weil er sich einfach nicht habe vorstellen können, daß sein Gast ihn, den Wirt, zahlen lasse. Alle Tage müsse er sich auf der Schöffenkammer blicken lassen, »um Eurer Schulden, nicht der meinen willen.« Hildebrand möge sich doch endlich besinnen und mit den Gläubigern mündlich in Brügge eine Zahlungsvereinbarung treffen.
Veckinchusen aber wich aus, er wußte, was ihm in Brügge blühte.
Erst als Schotteler ihm seine persönliche Sicherheit garantierte, kehrte er zurück. In dem Antwerpener Gasthof »Zur Gans«, am Kornmarkt, schloß der Flüchtling unter Zeugen einen entsprechenden Vertrag mit seinem Wirt, der ihm sogar noch bei der Sanierung der Finanzen behilflich sein und ihm notfalls zur Flucht außer Landes verhelfen wollte.
Der Verfall des Veckinchusenschen Unternehmens war indes nicht mehr aufzuhalten. Sehnlichst erwartete Zahlungen blieben aus, anderweitige Hilfe – etwa vom Bruder aus Lübeck oder den livländischen Verwandten – war nicht zu erwarten. Die Gläubiger zögerten keinen Augenblick länger, sie ließen Hildebrand im Januar 1422 in das Schuldgefängnis, den »Stein«, werfen. Schottelers vertragliche Zusicherungen waren das Papier nicht wert, auf dem sie geschrieben standen.
Vier lange Jahre schmachtete er dort, schwankend zwischen tiefer Niedergeschlagenheit und ohnmächtigem Zorn, besonders auf Sievert in Lübeck. In den Briefen an seine Frau machte er sich Luft. Sanftmütig erwiderte sie, daß es schließlich der vielgeschmähte Sievert sei, der jetzt sie und die Kinder durchbringe. Er möge nicht ungerecht sein.
Wie sich Hildebrands Gefängnisaufenthalt im einzelnen ge-

staltete, ist unbekannt. Der »Stein« jedenfalls bot den Vorteil für sensible Inhaftierte, sich ein Kämmerchen mieten zu können, um nicht tagein, tagaus den allgemeinen Wohn- und Schlafraum mit den anderen Insassen teilen zu müssen. Für das Essen hatte der Gefangene selbst aufzukommen, der Kerkermeister mußte für gute Qualität der Speisen und Getränke sorgen.

Welchem Umstand Hildebrand schließlich seine Entlassung zu verdanken hatte, bleibt ungeklärt. Mochten sich seine Gläubiger mittlerweile endgültig davon überzeugt haben, daß doch nichts mehr zu holen sei, und ihre Forderungen aufs Verlustkonto gebucht haben; mochten sie glauben, daß von einem freien Hildebrand noch am ehesten Zahlungen zu erwarten waren – am 16. April 1425 jedenfalls öffneten sich die Gefängnistore für ihn. Tags zuvor hatte Engelbrecht mit Gefängniswärter Johann Rok über die Unterhaltskosten von 53 Pfund abgerechnet.

Wenige bescheidene Versuche unternahm Hildebrand noch, in Brügge wieder Fuß zu fassen, aber vergebens. 1426 kehrte er endgültig nach Lübeck zu seiner Familie zurück. Wahrscheinlich ist er zwei Jahre darauf gestorben, verbittert und völlig verarmt.

14. Kapitel:
Christliche und unchristliche Seefahrt

Wie Frau Störtebeker Witwe wurde

Die Hochzeit wurde mit allem bürgerlichen Pomp gefeiert. Eine große Anzahl Gäste erschien, tat sich an der reichlich gedeckten Tafel gütlich, sie tanzten und ließen das Brautpaar hochleben. Für den Brautvater, den Ostfriesenhäuptling Keno ten Broke, ging mit der Heirat seiner bildhübschen Tochter ein langgehegter Wunsch in Erfüllung, denn die Geschäftsbeziehungen zwischen ihm und seinem Schwiegersohn versprachen noch enger und herzlicher zu werden, und der Bräutigam freute sich auf ein trautes Heim für seine alten, gichtgeplagten Tage, wenn er die Seestiefel mit bequemen Hauslatschen vertauschen würde.
Als die junge Frau ihr »Ja« hauchte, wußte sie schon, daß es dazu mit hoher Wahrscheinlichkeit nie kommen würde, daß sie eines schönen Tages Witwe sein würde und, sofern es Gott gefiele, eine noch junge, wohlhabende obendrein. Denn ihr frisch angetrauter Mann hieß Klaus Störtebeker, kein Geringerer als Deutschlands gefürchtetster Seeräuber. Frau Störtebeker war eine kluge Frau. Das Glück dauerte nur zwei kurze Jahre.
Wie in jedem Frühjahr, so begann auch die Jagdsaison des Jahres 1401, als die letzten Eisschollen auf der Nordsee geschmolzen waren. Störtebeker und seine Mannen begaben sich aus ihren Winterquartieren an der friesischen Küste, wo sie in bester Eintracht mit ihren friesischen Hehlern die kalte Jahreszeit verbracht hatten, nach Helgoland. Die rote Insel, ihr Sommerquartier, bot die allerbesten Voraussetzungen für Raubzüge in der Nordsee: zentral gelegen und fast unangreifbar. Mit den Einwohnern hatten sie eine Art Nichtangriffspakt geschlossen. Sie ließen die Insulaner in Ruhe und hatten sich von deren Seite keiner Hinterlist zu versehen. Brauchten sie Trinkwasser, so gaben es die Helgoländer gern

im Tausch gegen Beutegut her. Oder sie ließen sich ihre Dorsche und Hummer teuer mit geraubtem Hamburger Bier bezahlen.

Friedlich lebte man nebeneinander, und jeder zog seinen Vorteil daraus. In den Pausen zwischen den einzelnen Ausfahrten sortierten die Likedeeler ihre Beute und versteckten sie in den zahlreichen Höhlen der Insel, während die Helgoländer neue Lebensmittel vom Festland heranschafften. Getreide etwa, Fleisch, aber auch frisches Wasser, wenn die Zisternen erschöpft waren.

Mit aufkommender Flut segelte der Seeräuberkapitän gewöhnlich hinüber nach Neuwerk, einer Insel, die von den Hamburgern zur uneinnehmbaren Festung ausgebaut worden war. Dort legten sie sich auf die Lauer und fielen wie die Wölfe über die Hamburger Schiffe her, die die Elbe ansteuerten.

Nach Neuwerk selbst trauten sie sich aber nicht. Der dicke und sehr wehrhafte Turm – noch heute ein respektheischendes Bauwerk – schreckte sie ab, wie auch die Festung Ritzebüttel bei Cuxhaven, der zweite strategisch wichtige Punkt für den Schutz der Küste. Den Kauffahrern nutzte das freilich wenig, wenn Störtebeker in Sichtweite des Neuwerker Turms über sie herfiel. Hilfe war mangels dort stationierter Kriegsschiffe nicht zu erwarten.

Reeder, Kaufleute und Kapitäne lagen dem Hamburger Rat seit langem in den Ohren, nun endlich etwas gegen diese Plage zu unternehmen, eine Aufgabe aber, die so einfach gar nicht zu lösen war, denn man hatte es jetzt zum erstenmal mit einem organisierten, fast militärisch exakt geplantem Seeraub zu tun.

Hamburg stellte ein Flottenbau-Programm auf die Beine. Im Winter 1400/01 verstärkten sie ihre Seestreitmacht, worunter sich auch zwei Schiffe des nachmals berühmten Hamburger

Neubürgers und Kaufmanns Simon van Utrecht befanden, dessen »Bunte Kuh« zum Flaggschiff ausersehen wurde.
Als die Nachricht, daß Störtebeker nach Helgoland ausgelaufen sei, eintraf, wurde in Windeseile die Kriegsflotte klargemacht und segelte in die Nordsee.
Störtebeker stellte sich dem Kampf, er wußte, was auf dem Spiel stand. Bordwand an Bordwand, durch unzählige Enterhaken miteinander fest verbunden, trieben die Schiffe dahin, während an Bord ein Kampf auf Leben und Tod entbrannte.
Lange Zeit tobte er unentschieden hin und her. Kaum hatte die eine Seite die Oberhand gewonnen, machte die andere Partei den Vorteil durch vermehrte Anstrengungen wieder zunichte. Bis es schließlich den Hamburgern gelang, Störtebeker gefangenzunehmen und mit ihm siebzig seiner Kumpane. Das war die Entscheidung, und im Triumphzug kehrte die Flotte nach Hause zurück.
Immerhin, die Hamburger gewährten ihrem Widersacher so etwas wie einen fairen Prozeß. Denn Störtebeker wurde erst am 20. Oktober 1401 auf dem Grasbrook in Hamburg hingerichtet. Damit auch jeder gehörig davon Kenntnis nehme und nicht etwa auf den Gedanken käme, Störtebekers Nachfolge antreten zu wollen, spießte man die abgeschlagenen Köpfe auf Pfähle und gab sie zur Besichtigung frei. In Friesland legte eine junge Frau Trauerkleidung an.

Kaperfahrer gechartert

Daß die Hamburger sich überhaupt mit diesem Gesindel herumschlagen mußten, verdankten sie dem Deutschen Orden. Der nämlich hatte die Piraten aus der Ostsee, wo man sie Vitalienbrüder nannte, vertrieben, nachdem sie der hansischen Schiffahrt unerträgliche Schäden zugefügt hatten.

Seeraub hat es zu allen Zeiten und an allen Küsten gegeben. Das nahm man gottergeben als Schicksalsschlag hin, sofern es sich in Grenzen hielt. Ob nun die Küstenbewohner listig ein Leuchtfeuer auslöschten oder ein neues entzündeten, um das unter Land segelnde Schiff auf den nächsten Sand oder die nächsten Klippen zu locken, oder mit kleinen schnellen Booten den Frachtern den Weg abschnitten, sie enterten, die Besatzung niedermachten und das Schiff ausraubten, daran hatte man sich zähneknirschend gewöhnt, darauf hatte man sich eingestellt und wehrte sich, so gut es eben ging.

Mit dem Auftauchen der Vitalienbrüder aber änderte sich die Lage ganz entscheidend: Die Piraterie bekam System und diente ganz legal den Zwecken kriegführender Länder.

Es war die Zeit der skandinavischen Wirren, als der Seeraub zu voller Blüte wuchs. Königin Margaretas weitreichender Plan, die drei skandinavischen Reiche unter einer Krone zu vereinigen, stand kurz vor der Vollendung. Lediglich Schweden machte noch Schwierigkeiten, denn Albrecht von Mecklenburg, noch das nominelle schwedische Oberhaupt, mochte nicht aufgeben, vor allem auch deshalb, weil Stockholm mit seiner großen deutschen Einwohnerschaft unverbrüchlich zu ihm hielt. Aber die Stadt war von dänischen Truppen eingeschlossen und mußte über See versorgt werden.

Schiffer, die diesen Nachschub organisierten, gab es in Fülle, besonders die Mecklenburger rissen sich um diesen Job, der zunächst nichts weiter war als Charterverkehr gegen Entgeld.

Das lief auch alles ganz gut, bis die Kapitäne auf den ebenso naheliegenden wie unseligen Gedanken verfielen, fremde, völlig unbeteiligte Schiffe zu überfallen. König Albrechts Vater, der Herzog von Mecklenburg, nutzte die Gunst der Stunde, um seinem bedrängten Sohn zu helfen. Er ermunterte seine Landeskinder, an den Fahrten nach Stockholm teilzunehmen, und alle, alle kamen, Strauchdiebe, Bürgersöhne, Bauern, Adlige, in der Nase den Geruch vom leichtverdienten Geld. Für den Absatz der erbeuteten Waren sorgten dann Rostock und Wismar, die sich auf diese Weise den zweifelhaften Ruf erwarben, erstklassige Hehler-Städte zu sein. Und die Hanse mußte diesem Treiben ohnmächtig zusehen.

Mehrere Versuche Lübecks, die beiden ungeratenen Töchter wieder zur Räson zu bringen, scheiterten. Sie verschanzten sich hinter der Treue, die sie ihrem Stadtherrn schulden würden, lehnten jede Aktion gegen die Seeräuber ab und verwahrten sich sogar dagegen, das Beutegut den rechtmäßigen Eigentümern wieder zurückzugeben.

Bei solcherart Rückendeckung wurde die Ostseemafia immer dreister, eroberte 1391 Bornholm und Gotland und setzte sich auch an der finnischen Küste fest. Plünderungen von Bergen und Malmö folgten.

Vier Jahre danach konnte die Hanse diesen Überfällen wenigstens die juristische Legitimation entziehen: Sie setzte einen Frieden zwischen Margareta und dem Hause Mecklenburg durch, womit der Grund für jede weitere Kaperfahrt entfallen war. Viel gewonnen war damit freilich nicht, denn die Seeräuber hatten sich längst als selbständige Macht in der Ostsee etabliert und sich nach kaufmännischem Vorbild genossenschaftlich organisiert, woraufhin man sie »Likedeeler« nannte, Leute also, die ihre Beute untereinander aufteilten.

Da entschloß sich der Deutsche Orden zu handeln. Hochmeister Konrad von Jungingen unterbreitete der begeisterten Hanse den Plan, das Seeräubernest Gotland auszuräuchern, und legte den Tag der Offensive auf den 31. März 1398 fest, einem sehr frühen Termin, zu dem die Ostsee noch nicht völ-

lig eisfrei war, man aber die Seeräuber-Flotte noch im Hafen von Visby wußte.
Der Überraschungsangriff gelang vollkommen. Soweit die Piraten entkommen konnten, suchten sie Zuflucht an der deutschen und schwedischen Küste, andere flohen Richtung Nordsee, darunter auch Klaus Störtebeker und sein Vorgesetzter Godeke Michael, die nun von vorn beginnen mußten. Um sich nicht gegenseitig die Beute abzujagen, teilten beide das Revier auf, Störtebeker trieb sein Unwesen vor der Elbmündung, Michael machte das Weser-Ems-Gebiet unsicher.
Drei Jahre lang gingen die Gangster fast ungestört ihrem blutigen Handwerk nach, dann schlugen die Hamburger zu, und nach Klaus Störtebeker ereilte auch Godeke Michael das Schicksal. Die Nordsee konnte in weiten Teilen als piratenfrei gemeldet werden.

Mit einer Ambrakugel ins Mannschaftslogis

Auch ohne Seeräuber, die nie gänzlich von den Meeren verschwanden, war so eine Seefahrt alles andere als lustig. Meist begann schon der Ärger, bevor noch ein Frachter die Leinen loswarf. Für den Kaufmann, der kein eigenes Schiff und auch keine Anteile, »Parten«, besaß, stellte sich die dringliche Frage nach einem vertrauenswürdigen Schiffsführer. Denn von dessen Erfahrung, Geistesgegenwart und Mut hing es entscheidend ab, ob die Ware auch den Bestimmungshafen erreichte.
Vor dem 22. Februar jeden Jahres durfte kein Schiff segeln, so hatte es die Hanse verfügt. Die Winterpause, die zu Martini, am 11. November, begann, wurde regelmäßig zur Instandsetzung des Schiffes genutzt. Es mußte neu kalfatert werden, alte Planken wurden durch neue ersetzt, überall gab

es etwas auszubessern und zu reparieren. Die Werften in den Hafenstädten hatten Hochbetrieb.

Unterdessen begann der Kapitän, fast ausnahmslos Miteigner des Schiffes, die »Schiffskinder«, seine Besatzung, anzuheuern. Am liebsten war es ihm, wenn er seine alten, erprobten und verläßlichen Matrosen wieder irgendwo auflesen konnte, irgendwo auf dem Land oder in der Stadt, oder besser noch, sie meldeten sich bei ihm wieder für die neue Fahrtzeit zurück. Sonst mußte er mit ungelernten Seeleuten vorliebnehmen, Männern, die oft genug nicht die geringste Ahnung von der Seefahrt hatten und die Disziplin an Bord auf eine harte Probe stellten.

Wenn das Eis brach und das Schiff für die Fahrt gerüstet wurde, traten eines Tages diese wetterfesten Gestalten in ihrer Seemannstracht an Deck an. Manch einer schleppte eine riesige Seekiste mit sich herum, vollgestopft mit Wäsche, mit einem kurzen faltigen Wams und den allgemein üblichen Strumpfhosen und der Gugel, jener bekannten Kapuze mit Schulterkragen. Meist befand sich auch noch ein Harnisch, eine Armbrust, später sogar noch ein Schießprügel darin, denn der Janmaat war zugleich auch ein Krieger zur See – wegen der Seeräuber unumgänglich notwendig.

Deswegen auch wurden weit mehr Leute angeheuert, als zur eigentlichen Seefahrt notwendig waren. Eine Kogge von 200 Tonnen Tragfähigkeit hatte etwa 20 Mann Besatzung, die Hälfte von ihnen hätte genügt, das Schiff sicher ans Ziel zu bringen.

War nun die Mannschaft vollzählig versammelt, teilte der Kapitän oder in seiner Vertretung der Steuermann die Wachen ein und wies die Quartiere zu. Zwanzig und mehr Mann an Bord eines Schiffes von Kuttergröße: Es herrschte eine drangvoll fürchterliche Enge in den Logis, und es dürfte nicht übertrieben sein, wenn von einem Schiffsoffizier be-

richtet wird, daß er den Mannschaftsraum nur mit einer Ambrakugel in der Hand betrat.
Die Schiffskinder hausten im »Roof« vor dem Mast, und die ersten Streitereien entzündeten sich beim Gerangel um die günstigsten Plätze für die Hängematte, bis der Kapitän, der inzwischen seine Kajüte auf dem Achterdeck bezogen hatte, mit einem Machtwort dazwischenfuhr, und die Mannschaft bekam zum erstenmal einen Vorgeschmack dessen, was ihnen bei Disziplinlosigkeiten bevorstand.
Nur sehr zögernd hatte sich das Seerecht der seit der hansischen Frühzeit erheblich veränderten Schiffahrt angepaßt. Noch war der genossenschaftliche Gedanke nicht gänzlich verdrängt, wonach der Schiffer, der Kapitän also, eher der primus inter pares war als ein absoluter Herrscher an Bord. Und sogar das Visbysche und Hamburger Schiffsrecht von 1497 bestimmte noch ganz im Sinne der Roles d'Oleron – eine Art Grundgesetz des Seerechts –, daß in Zweifelsfällen der Schiffsrat, zusammengesetzt aus den Offizieren, mitfahrenden Kaufleuten und der Mannschaft, nach seiner Ansicht über Wind und Wetter befragt werden mußte.
Daß sich diese Art Mitbestimmung an Bord als höchst unpraktikabel erwies, nimmt nicht wunder. Mit zunehmender Schiffsgröße aber und mehr Leuten an Bord war eine straffe Führung durch den Kapitän unerläßlich, um so mehr, als im 14. und 15. Jahrhundert die Klagen über Vergehen der Mannschaft unerträglich zunahmen.
Häufig verschwanden die Matrosen ganz einfach, sie desertierten, wozu sie bei den langen Liegezeiten in den Häfen genügend Gelegenheiten hatten. Oder sie meuterten. Mehr als einmal mußte der Schiffer vor seiner Mannschaft in das Topkastell flüchten und hatte oft nicht einmal mehr die Genugtuung, sie bestraft zu sehen. Das mindeste, womit Befehlsverweigerung geahndet wurde, war Entzug der Heuer. Für

schwerere Vergehen bestimmte die Hanse seit 1418 Gefängnis, rückfällige Täter wurden außerdem gebrandmarkt.

Keine Ahnung von Kompaß und Karte

Hinter dem Mast sank die Stimmung auf den Nullpunkt, denn der Alte hatte fest mit günstigem Wind gerechnet, aber es rührte sich kein Lüftchen. Nun neigte man ohnehin nicht zu übertriebener Eile. Weder Kaufleute, Reeder noch Schiffer fanden es sonderlich bemerkenswert, wenn ein Frachter wochenlang im Hafen oder auf der Reede lag, bis er endlich be- oder entladen wurde. Zeitdruck war so gut wie unbekannt. Vor der ersten Ausfahrt nach dem Winter machte sich aber immer wieder eine gewisse Nervosität bemerkbar, jeder wartete gespannt auf das Auslaufen.
Endlich kam das ersehnte Kommando: »Leinen los!« Und behäbig glitten die Schiffe in die Fahrrinne des Stroms. Der Alltag des Seemanns begann.
Er begann damit, daß der Schiffer höllisch Obacht gab, nicht auf einen der zahlreichen Sände aufzulaufen, zum Beispiel im Swin, wo mitten im Pulk der Schiffe eine Kogge nach Lübeck segelte, deren Kapitän sichtlich bessere Laune bekam. Hatte man das offene Wasser erreicht, wurde mit dem Lot navigiert, worüber Heinrich der Seefahrer, jener portugiesische Königsbruder, der sich unsterbliche Verdienste um die nautische Grundlagenforschung erworben hat, selbst aber nie zur See gefahren war, lästerte: Die Flandernfahrer verständen überhaupt nichts von Kompaß und Seekarte.
Das stimmte. Aber sie brauchten auch nichts davon zu verstehen, denn noch segelten sie fast ausschließlich in Sichtweite der Küste, wo ihnen feste Landmarken wie Kirchtürme, Baumgruppen oder markante Bodenerhebungen zur Standortbestimmung ausreichten. Dies war mit ein Grund,

weshalb die Küstenstädte ihre Kirchtürme besonders hoch bauten. Der Rostocker Petriturm war bei klarer Witterung 32 Seemeilen weit zu sehen.
Außer Sichtweite der Küste wurde mit dem Lot navigiert. Etwa so, wie sich ein Blinder mit dem Krückstock vorwärts tastet, bewegten sich die hansischen Kauffahrteifahrer über Nord- und Ostsee – ein abenteuerliches Verfahren im Vergleich zum Mittelmeer, wo Kompaß und Seekarte schon seit dem 13. Jahrhundert in Gebrauch waren.
Auf diese Weise Schiff, Mannschaft und Ladung heil in den Zielhafen zu bringen, setzte natürlich ein ungeheures Maß an Erfahrungen bei der Schiffsführung voraus.
Später, im 15. Jahrhundert, faßte man den gesamten, jahrhundertealten Erfahrungsschatz in einem »Seebuch« zusammen, einem Handbuch, das praktische Hinweise über Hafen- und Küstenverhältnisse, Wassertiefen und Bodenbeschaffenheit, Ebbe- und Flutzeiten gab. Fast die gesamte europäische Küste war darin aufgeführt, lediglich Schottland und die Westküste Norwegens fehlten. Das Kompendium wurde nach der flämischen Vorlage ins Niederdeutsche übersetzt, von der Hanse bearbeitet, ergänzt und vervielfältigt. Große Verbreitung dürfte es jedoch nicht gefunden haben, denn Lesen und Schreiben galten hansischen Schiffern noch lange als entbehrliche Tugenden.
Sofern nichts Außergewöhnliches geschah, etwa ein Seeräuberangriff, Sturm oder Havarie drohte, lief auch das Leben an Bord in gewohnt trägen Bahnen. Wach- und Rudergänger wurden regelmäßig abgelöst, alle halbe Stunde mußte die Sanduhr, »Glasen«, umgedreht werden. Am Bug, weit über die Bordwand gelehnt, sang der Lotgast die Wassertiefe aus. Bei 27 Faden Tiefe, rund 50 Meter, befahl der Steuermann neuen Kurs Nordnordost, das heißt: Da ihm ja kein Kurskompaß zur Verfügung stand, drehte er das Schiff so lange,

bis der Wind das Segel in einem bestimmten Winkel traf.
Dann wußte er, daß er Richtung Doggerbank fuhr. Noch ein
paar Lotungen zur Überprüfung, und in einigen Tagen stand
die Kogge vor Jütland, vorausgesetzt, der Wind blieb weiter
günstig.
Derweil beschäftigte sich die Freiwache mit allerlei Putz- und
Flickarbeiten an ihrer Seemannsausrüstung oder sie schlief.
Für die eigentliche seemännische Arbeit genügten wenige
Matrosen. Denn bis zur Mitte des 15. Jahrhunderts waren die
hansischen Frachter mit nur einem Mast und einem Großsegel ausgerüstet. Um das Segel zu kürzen, kletterte man auch
nicht auf die Rah, sondern fierte sie, das heißt, man ließ sie
an einem Tau herunter – womit auch der schwierigste und gefährlichste Teil der Matrosenarbeit entfiel.
Andere Aufgaben, wie Korn umschaufeln oder die Ladung
umstauen, erforderten auch nicht sonderlich viel Leute.
Diese Arbeit aber wurde von den Seeleuten ohne Murren verrichtet. Sie konnten sich damit einen kleinen Nebenverdienst
sichern, denn derlei Tätigkeiten mußten extra vergütet
werden.
So segelte das Schiff gemächlich dahin, legte zwei bis drei
Seemeilen in der Stunde zurück – bei besonders günstigen
Bedingungen das Doppelte –, der Rudergänger drehte die
Sanduhr wieder herum, und der Ausguck döste vor sich hin.
Der Koch bereitete gerade die Mahlzeit vor – heute war ein
»Fleischtag«, an dem es Speck und Erbsen geben sollte und
als Nachspeise ein Stück Zwieback, aus dem erst die Maden
herausgeklopft werden mußten, bevor sich die schlechten
Seemannszähne an dem harten Zeug versuchten –, der Koch
hatte eben das Ungeziefer abgeschöpft, das auf der Erbsensuppe schwamm, als der Ausguck am Horizont ein Segel
entdeckte. »Ein Vitalier, ein Vitalier«, brüllte er hinunter.
Schlagartig wich der behäbige Schiffsbetrieb hektischer Betriebsamkeit.

Schnell löschte der Koch das Herdfeuer und rannte zu seiner Seekiste, um den Harnisch anzulegen. So wie er, griffen auch alle anderen Besatzungsmitglieder zu den Waffen, zu Armbrüsten, Speeren, Beilen und Entermessern und, da unsere Kogge ein modern ausgerüstetes Schiff war, auch zu Feuerbüchsen, die in Windeseile geladen wurden.
Im Handumdrehen war das Schiff gefechtsklar, und jetzt zeigte sich auch, wozu die vielen Leute an Bord gut waren: Sie bildeten eine respektable Streitmacht, die schon manchen Kaperer in die Flucht geschlagen hatte.

Seekrank? Keine Heuer

Hansische Kauffahrteischiffe galten allgemein als recht wehrhaft, es gehörte auch auf seiten eines Piraten oder fremden Kriegsschiffskommandanten einiger Mut dazu, es mit ihnen aufzunehmen. Das mußte auch der englische Ritter John Colvyle erfahren, der 1413 mit acht Fahrzeugen an der bretonischen Küste entlangsegelte und dabei auf zwei preußische Holke traf, beladen mit Stückgut und Wein. Er ließ ein Boot übersetzen und fragen, ob sie Güter der Feinde des Königs von England geladen hätten. Wenn ja, ersuche er die Kapitäne, ihm diese auszuliefern, selbstverständlich gegen Bezahlung.
Die Preußen wußten jedoch, woran sie waren. Berichtete der Ritter später: »Besagte Schiffer und Kaufleute der Holke wollten darauf nicht antworten. Am folgenden Morgen fielen sie wie Kriegsleute und wie Feinde unseres Herrn Königs plötzlich über die Flotte her und machten einen gewaltigen Angriff. Eine große Anzahl der Leute unseres Herrn Königs wurde dabei getötet.« Colvyle konnte die Preußen schließlich doch noch überwältigen und eine gute Prise mit nach Hause nehmen.

Wir wollen annehmen, daß der rasch sich nähernde Vitalier diesmal ohne Erfolg blieb, daß der tüchtige Koggen-Schiffer nicht nur den ersten Angriff des Räubers zurückweisen konnte, sondern ihn durch ein ebenso riskantes, wie bravouröses Segelmanöver auf die gefürchteten Mahlsände in der Elbmündung lockte, wo er mit solcher Wucht auflief, daß sich die Rah löste und herunterfiel. Da saß er nun fürs erste fest und mochte hoffen, daß er mit der nächsten Flut wieder freikam und den Schaden repariert hatte. Währenddessen entschwand seine Beute unter der Kimm.

Ohne weitere Zwischenfälle umrundete das Frachtschiff dann Jütland, durchfuhr den Sund, und als der Schiffer das Leuchtfeuer von Falsterbo passierte, wußte er, daß er am nächsten Tag in Lübeck einlaufen würde.

Ein richtiger Kai zum Laden und Löschen der Schiffe an der Trave war nicht vorhanden, wie überhaupt ausgebaute Häfen damals zu den ausgesprochenen Raritäten gehörten. Einzige rühmliche Ausnahme: Bergen. Die »Deutsche Brücke« dort bestand aus in das Hafenbecken eingerammten Pfählen, über die man Bohlen gelegt hatte. Die Schiffe konnten also fast unmittelbar vor den Toren der Hansespeicher festmachen. In den weitaus meisten Fällen indessen ankerten die Schiffe draußen im Strom oder legten an Pfählen an. Bestes Beispiel ist der Swin, den die beladenen Segler wegen zu geringer Wassertiefe ohnehin nur bis Damme oder Sluis befahren konnten.

Eine bunt zusammengewürfelte Flotte aller gängigen Schiffstypen wie Koggen, Holke, Kraweele, Kraier, Ewer, Barken und Pleyten wartete – unter Umständen sogar wochenlang – darauf, ihre Ladung in Schuten leichtern zu können. Ein einziger Kran, das Wahrzeichen eines jeden Hafens, bewältigte den gesamten ein- und ausgehenden Güterumschlag einer Handelsstadt – manchmal, trotz aller Gemächlichkeit, eine harte Geduldsprobe für Schiffer und Kaufmann.

Auch Lübeck verzichtete auf Kaianlagen. Aber man hatte sogenannte Prähme, starke, mit der Schmalseite am Ufer vertäute Flöße in die Trave gelegt, an denen die Frachter festmachen konnten.

Die Kogge aus Brügge wurde schon sehnlichst erwartet. Fuhrwerke standen bereit, die Waren zu übernehmen. Dann trat die Besatzung an Deck an, um das zweite Drittel der Heuer in Empfang zu nehmen, denn das erste Drittel hatten sie nach altem Brauch schon bei der Abfahrt in Brügge erhalten, und die letzte Rate wurde auch dort fällig, nachdem das Schiff zurückgekehrt war. Ein Mann hielt jedoch die Hand vergeblich auf, er bekam nichts. Unterwegs war er nämlich seekrank geworden, und das wurde nach Hamburger und Lübecker Schiffsrecht mit dem Entzug der Heuer bestraft.

15. Kapitel:
Das organisierte Chaos

»Trotzdem funktioniert ihr?«

»Wieviel Mitglieder habt ihr eigentlich?«
»Keine Ahnung.«
»Ungefähr, eine Größenordnung.«
»70 bis 80 etwa. Aber genau weiß das keiner.«
»Wißt ihr wenigstens, wieviel Geld ihr in eurer Bundeskasse habt, wie hoch euer Jahresetat ist?«
»Welcher Etat? Welches Geld? Welche Kasse?«
»Na, Menschenskind, jeder Bund braucht doch eine gemeinsame Kasse, eine gemeinsame Finanzplanung. Ihr braucht Geld für Kriege, für Geschenke, für Bestechungen...«
»Sicher, aber eine gemeinsame Kasse gibt's nicht.«
»Auch keine Finanzminister, Kriegsminister, Wirtschaftsminister?«
»Wozu? Wir haben nicht einmal eine Verfassung oder auch nur einen verbindlichen Vertrag.«
»Nichts, gar nichts?«
»So ist es.«
»Und trotzdem funktioniert ihr?«
»Ja, eben deshalb.«
So etwa hätte sich ein Dialog zwischen einem ahnungslosen Zeitgenossen des 15. Jahrhunderts und einem Hanse-Vertreter entwickeln können, wenn jener Mensch neugierig nach der Hanse gefragt hätte. Tatsache war: Die erste Wirtschaftsmacht Nordeuropas, politisch auch nicht gerade ein Zwerg, besaß nichts, was sie offiziell als Bund ausgewiesen hätte. Keine Statuten, keine Exekutivorgane, keine Finanzplanung, keine Mitgliederlisten – nichts. Die Hanse lebte davon, daß die Mitgliedsstädte sich zu ihr bekannten, daß die Mitglieder sie, die Hanse, wollten. Und sie wollten sie so lange, wie sie sich als taugliches Mittel zur Durchsetzung und Erhaltung der Handelsvorrechte gebrauchen ließ.

Bei dieser Sachlage fehlte jeder zwingende Grund, sich durch eine Verfassung oder andere Verträge auf Dauer aneinander zu binden. Absprachen von Fall zu Fall, wie zum Beispiel die Kölner Konföderation, erwiesen sich als vollkommen ausreichend. Auf diese Weise ließen sich die unvermeidlichen Interessengegensätze und Rivalitäten der Städte am besten ausgleichen. Die Hanse: ein prinzipielles Chaos, das organisiert war.

Eine Liste der Mitgliedsstädte der Hanse gab es zu keiner Zeit und sollte es wahrscheinlich auch nicht geben. Als der englische König Richard II. die Hanse aufforderte, ein solches Verzeichnis aufzustellen, reagierte man hinhaltend. Man redete sich darauf hinaus, die Gesamtzahl nicht zu kennen. Und hatte damit noch nicht einmal gelogen, wenngleich der wahre Grund in diesem speziellen Fall der war, dem Gegner keine Urkunde in die Hand zu geben, die ihm als Grundlage für Schadenersatzforderungen dienlich sein konnte.

Das Brügger Kontor nannte 1469 »72 gute Städte«, und diese Angabe galt den Zeitgenossen, auch den Ausländern, lange Zeit als hanse-amtlich.

Die Angaben in anderen Dokumenten des 15. und 16. Jahrhunderts schwanken zwischen 55 und 80 Mitgliedsstädten. Offenbar hat sich niemand die Mühe gemacht, die Städte einmal aufzulisten, sei es auch nur für interne statistische Zwecke. Das mußten dann mit viel Fleiß die nachgeborenen Gelehrten besorgen, die eine Gesamtzahl von rund 180 Hansestädten ermittelten, allerdings nicht unterschiedslos mit gleichen Rechten ausgestattet. Nur etwa 70 Kommunen gelten danach als »Städte von der deutschen Hanse«, als Vollmitglieder also – insofern lagen die damaligen Zeitgenossen gar nicht so falsch. Der größere Rest, meist die kleineren und passiven Gemeinwesen, werden den sogenannten Beistädten zugerechnet, Trabanten gewissermaßen, zwar an den hansischen Privilegien, nicht aber an allen Rechten beteiligt.

Wie wurde man nun Mitglied der Hanse? Früher, zu Zeiten der Fahrtgenossenschaften, war die Sache ganz einfach: »Hanse« war ganz persönlich der Fernhändler, der sich mit anderen zusammenschloß, um nach Nowgorod, Flandern und sonstwo hinzufahren. Ein formelles Aufnahmeverfahren scheint es nicht gegeben zu haben, entweder man deklarierte sich schon bei der Abfahrt als »Hanse« oder erst am Zielort. Eine vollkommen problemlose Angelegenheit, denn keine der bekannten Kontorstatuten – weder die ersten drei Schraen Nowgorods noch die Satzung Brügges – enthalten entsprechende Hinweise.

Spätestens aber seit dem Hansetag von 1356 in Lübeck, der den bedeutsamen Umbruch zur Städtehanse vollzog und den Genuß der hansischen Privilegien an das Bürgerrecht einer »Hansestadt« band, war es für einen Fernhändler lebenswichtig, Bürger einer solchen Stadt zu sein oder zu werden.

Wie es scheint, haben die Städte mit sanftem Druck auf der Einbürgerung fremder Kaufleute, die sich ständig in ihren Mauern aufhielten, bestanden, um die freien Handelskapazitäten zu binden. 1434 jedenfalls ließ man nur noch die geborenen Hansestädter als »hansische Kaufleute« gelten. Und noch später, gegen Ende des 15. Jahrhunderts, mußten zumindest die Kaufleute des westfälischen Drittels eine Art Bürgerbrief vorlegen, bevor sie sich aktiv in den Handel einschalten durften. Hansekaufmann war damit derjenige, der das Bürgerrecht einer Hansestadt besaß und sich am Außenhandel beteiligte.

Wie bei einem Verein

Wie aber konnte eine Stadt »Hansestadt« werden? Wenn sie nicht schon eine »geborene Hansestadt« war – wozu die

Gründungsmitglieder der Gemeinschaft gehörten, die Städte also, die sich von Anbeginn an am nordeuropäischen Handel beteiligt hatten, wie Lübeck und seine Töchter an der Ostsee, Riga, Reval, Dortmund, Soest, Köln, um nur wenige herauszugreifen –, dann mußte sie einen formellen Aufnahmeantrag stellen, ganz so wie bei einem Verein. Manche kleinere Kommunen in Westfalen allerdings behaupteten frech, schon immer »Hansestadt« gewesen zu sein. Damit ersparten sie sich, wenn man ihnen glaubte, die umständliche Prozedur einer formalen Aufnahme in den illustren Klub, der auf dem möglichst lückenlosen Nachweis bestand, daß die Kandidatin immer schon Handel getrieben hatte, immer schon an den Privilegien des »gemeinen Kaufmanns« teilhatte und so weiter und so fort.
Über Annahme oder Ablehnung eines Aufnahmegesuchs entschied ein Hansetag, der sein Mäntelchen recht deutlich nach dem jeweiligen politischen und wirtschaftlichen Wind zu hängen pflegte. 1422 und 1451 bat zum Beispiel Utrecht um Aufnahme. Der Antrag wurde abgelehnt. Warum? Den Hansen saß die Angst vor den Holländern im Nacken, die in der Ostsee schon wie selbstverständlich herumsegelten und der Hanse den Rang streitig zu machen begannen. Man fürchtete, von den Privilegien würden bald alle Holländer profitieren, was man aus verständlichen Gründen nicht zulassen wollte. Andere Städte wie Arnheim und Kampen ließ man fast zwei Generationen warten, ehe ihr Antrag positiv entschieden wurde. Narwa etwa bekam noch im 16. Jahrhundert den Futterneid der livländischen Städte zu spüren. Sein Aufnahmegesuch wurde abgelehnt.
Wenn eine Stadt aus irgendwelchen Gründen keine Lust mehr hatte, Mitglied der Hanse zu sein – meist unfreiwillig auf Druck eines Landesherrn –, erschien sie einfach nicht mehr zu den Hansetagen. Ihre Kaufleute besuchten dann die

Niederlassungen nicht mehr und büßten damit auch die Privilegien ein. Der Hansetag von 1514 schloß 30 solcher Städte aus.
Die spektakulärsten Fälle freilich waren die hochoffiziellen Ausschlüsse, die rein numerisch jedoch nicht ins Gewicht fielen. Diese »Verhansung« betraf fast ausschließlich bedeutende Städte, vor allem dann, wenn dort eine Bürgerrevolte den alten patrizischen Rat verjagt hatte und man ein Exempel statuieren wollte. Die geschaßten Bürgermeister führten in solchen Fällen herzzerreißende Klage vor einem Hansetag, der dann in der Regel den Daumen senkte: so 1375 bei Braunschweig, 1427 bei Bremen, bei Köln 1471. Diese Ausschlüsse waren vorübergehend, auf Dauer jedenfalls glaubte man einander denn doch nicht entbehren zu können.
Keine Regel ohne Ausnahme: Mitglieder der Städte-Vereinigung waren außerdem ein Fürst, der Hochmeister des Deutschen Ordens und die Bauernrepublik Dithmarschen.
Die Bedeutung des Ordens für die Entwicklung des Ostens stand außer Frage, und mehr als anderswo in den deutschen Territorialstaaten waren die preußischen Städte von ihrem Landesherrn abhängig. Das Besondere aber war, daß der Orden selbst als Handelspartner auftrat. Seine Kaufleute, dem Großschäffer unterstellt, kamen überall – außer in Nowgorod – in den Genuß der Hanseprivilegien.
Zweifellos färbte das große Ansehen, das der Orden in der Welt genoß, auf die Hanse ab. Seine Streitmacht zu Land und zur See war für die Gemeinschaft oft genug von ausschlaggebender Bedeutung in den Kriegen mit Dänemark und bei der Bekämpfung der Seeräuber in der Ostsee. Aber der Orden ließ sich nie vollkommen in die Gemeinschaft integrieren, da seine primär politischen Ziele den stets von der Wirtschaft her bestimmten hansischen Glaubenssätzen oft zuwiderliefen, sei es, daß er entgegen hansischen Bestrebungen die Eng-

länder unterstützte oder sogar den Dänen im Kampf gegen die Hanse half.

Dithmarschen war für die Hanse insofern interessant, als es in ständiger Gegnerschaft zum Erzfeind Dänemark stand. Das machte es zum natürlichen Verbündeten Lübecks, was 1468 durch einen Vertrag besiegelt wurde und genau hundert Jahre, bis 1568, Bestand hatte. Besondere Hochachtung nötigten die Bauern von der holsteinischen Westküste den Lübeckern ab, als sie 1500 in der Schlacht bei Hemminstedt das dänische Heer vernichtend schlugen. Fortan wurden sie regelmäßig zu den Hansetagen eingeladen, auch wenn manche der feinen Patrizier ihre ach so sensiblen Nasen über die groben Bauern aus der Marsch rümpften.

Drittel und Viertel

Die Städte hatten sich in »Drittel« gegliedert, mehr oder weniger zufällige Gruppierungen, ohne viel Rücksicht auf die Geographie: das lübisch-sächsische, das westfälisch-preußische und das gotländisch-livländische Drittel. Diese ungewöhnliche Einteilung erscheint erstmals 1347 in den Statuten des Brügger Kontors, wo sich die Kaufleute ihrer Herkunft nach in dieser Weise zusammengeschlossen hatten, wobei die westfälisch-preußische und die gotländisch-livländische Kombination sich weniger aus den deckungsgleichen Interessen als vielmehr der Absicht ergeben hatten, zu dem mächtigen lübisch-sächsischen Drittel ein Gegengewicht zu bilden.

Zur ersten Gruppe mit seinem »Vorort« Lübeck, gleichsam seiner Hauptstadt der Gesamt-Hanse, zählten neben allen wendischen Städten auch die Pommerns und Brandenburgs; die zweite Gruppe schloß die rheinischen Städte ein, wobei Dortmund als Vorort später von Köln abgelöst wurde; die dritte Gruppe schließlich - zuerst von Visby, dann von Riga angeführt - war eine Verlegenheitslösung. Visby - auch noch in der Mitte des 14. Jahrhunderts von beachtlichem Einfluß - wollte sich, was eigentlich nahegelegen hätte, weder Livland noch Preußen anschließen. Nirgendwo sonst hatten sich die Kaufleute so wie in Brügge formiert. Aber: Weil der Flandernhandel im Wirtschaftssystem der Hanse an hervorragender Stelle rangierte, betrachtete man die Drittelung bald als allgemeinverbindlich.

Naturgemäß wuchs den Vororten eine besondere Bedeutung zu, und die Kämpfe um den ersten Platz spielten keine geringe Rolle, immerhin hingen Einfluß und Ansehen innerhalb der Hanse nicht unwesentlich davon ab. Braunschweig zum Beispiel gab keine Ruhe, bis 1494 die Drittel neu geschnitten wurden und es sein eigenes Drittel erhielt, dem dann außer den sächsischen Städten auch noch die preußischen und livländischen Städte zugeschlagen wurden. Was wiederum Danzig nicht ruhen ließ, bis es die völlige Neuordnung der Städte in »Viertel«, in vier »Quartiere«, durchgesetzt hatte, von denen es dann das preußisch-livländische anführte.

Außer den allgemeinen Hansetagen wurden noch sogenannte Dritteltage abgehalten, bei denen sich die Städte des entsprechenden Drittels versammelten. Kleinarbeit wurde auf den Regionaltagen geleistet, zu denen sich auch nicht-hansische Städte einfanden.

Über allen thronte Allmutter Lübeck, mächtig, reich, gefürchtet und angesehen, das Nervenzentrum der Hanse, in dem alle Fäden hansischer Aktivitäten zusammenliefen und von dem aus alle wichtigen Fäden hansischer Politik gesponnen wurden, seit dem Hansetag 1418 sogar offiziell, als man der Travestadt praktisch die Geschäftsführung des Bundes übertragen hatte.

Lübeck trug die Hauptlast der hansischen Organisation, ehrenamtlich gewissermaßen, denn außer Scherereien fiel materieller Gewinn nicht ab. Jedenfalls nicht direkt, wohl aber auf Umwegen. Die Kaufleute von der Trave hatten überall ihre Finger in den Geschäften, wußten über alles schon im voraus Bescheid und nutzten ihren Informationsvorsprung weidlich aus. Beamte und Angestellte dagegen kannte die Hanse nicht, bis auf die späte Ausnahme Heinrich Sudermann, einen Manager, der die Gemeinschaft trotz aller Bemühungen auch nicht mehr vor dem Zerfall retten konnte.

Rallye nach Lübeck

Als Hauptstadt war Lübeck für die Einberufung des obersten hansischen Beschlußgremiums, des allgemeinen Hansetags, auch »Tagfahrt« genannt, verantwortlich. Diese Hauptversammlung der Mitgliedsstädte war die höchste Instanz in allen hansischen Belangen. Sie entschied über alle grundsätzlichen Fragen wie Kriegserklärungen und Friedensschlüsse, Ratifizierung von völkerrechtlichen Verträgen, internationale Verhandlungen, schlichtete aber auch Streit zwischen den Mitgliedern – eine kaum zu übersehende Fülle von Aufgaben, die regelmäßige und häufige Zusammenkünfte erforderlich gemacht hätten, zumal die Schwierigkeiten mit dem Ausland und interne Probleme im 15. Jahrhundert sehr zugenommen hatten. Dem war aber nicht so. Allgemeine Hansetage, bei denen alle drei Drittel vertreten waren, fanden sogar relativ selten statt: im 14. Jahrhundert im Durchschnitt nur alle 1,7 Jahre einmal, im 15. Jahrhundert nur noch jedes dritte Jahr. Man erwog schließlich, alle drei Jahre regelmäßig die Vollversammlung einzuberufen, aber der Vorschlag wurde abgelehnt.
Eine ziemlich dürftige Bilanz also, die durch das Fernbleiben

vieler Städte auch nicht eben aufgebessert wurde. Nie waren mehr als zehn bis zwanzig Städte vertreten – 180 zählte die Hanse insgesamt. Der Rekordbesuch lag 1447 bei 39 Städten. Die Erklärung für dieses scheinbare Desinteresse ist einleuchtend: Den Städten waren die Kosten für die Entsendung einer Delegation zu teuer. Spesen und Tagegelder für zwei oder drei Ratsherren und Bürgermeister, die meist zu Hause sehr viel dringender gebraucht wurden als bei der Konferenz in der Ferne, belasteten die Stadtkasse. So ließ man sich lieber von anderen Städten desselben Drittels vertreten. Das kam billiger und brachte denselben Erfolg.

Lübeck nahm freilich Rücksicht darauf und lud nur dann zu Gesamttagen, wenn wirklich gesamt-hansische Belange zu verhandeln waren. Und häufigere Zusammenkünfte schienen auch gar nicht notwendig zu sein, da die Geschäftsführung weitgehend bei Lübeck lag.

Fast immer kam die Initiative zur Einberufung der Hauptversammlung von der Trave. Theoretisch sollte die Stadt ihre Einladungen an alle wendischen Städte und an die Vororte der übrigen Drittel verschicken, die sie dann an die Kommunen ihres Bezirks weiterzureichen hatten. Tatsächlich jedoch schrieb Lübeck an, wen es wollte, das heißt also die, auf deren Erscheinen es besonderen Wert legte. Das diente der Bestandspflege und schmeichelte der Eitelkeit auch der Gemeinden der zweiten Garnitur.

Mehrere Monate vor der geplanten Tagfahrt gab Lübeck den Termin bekannt, meist lag er zur Pfingstzeit im Mai oder Juni. Abgesehen von den weiten und beschwerlichen Anreisen, die zu bewältigen waren, sollten die Teilnehmer Gelegenheit erhalten, sich über ihre Verhandlungstaktik und -ziel klarzuwerden.

Die Lübeck-Rallye begann, und spätestens am Abend vor Tagungsbeginn sollten die Ratssendboten in ihren Herbergen Quartier bezogen haben.

Ob sie den Termin tatsächlich einhalten konnten, entzog sich nur zu oft ihrer Disposition. Es kam nicht selten vor, daß der Beginn der Tagung um Wochen verschoben werden mußte oder sogar gänzlich gestrichen wurde, weil die Vertreter wichtiger Städte ausblieben.

Die miserablen Straßen waren ein Haupthindernis für pünktliches Erscheinen. Man reiste mit Pferd und Wagen auf schlichten Feldwegen, stolperte auf den matschigen und ausgefahrenen Pfaden von Panne zu Panne, wobei auch das ganze Reisegefährt umkippen konnte, wie auf jener hübschen Darstellung einer Reise von Papst Johannes XXIII. (1415 abgesetzt) über die Alpen, der, die verrutschte Tiara auf dem Kopf und die Hände zum Stoßgebet gefaltet, hintenüber aus dem Wagen fällt.

Wirklich aufatmen konnte ein Unterhändler aber erst, wenn er unbehelligt von freiberuflichen oder professionellen Wegelagerern in den Diensten der zahlreichen weltlichen und geistlichen Herren durch eines der Lübecker Stadttore fuhr oder ritt. Zwar genossen die Abgesandten auf diesen Dienstreisen Immunität, nur hielt man sich nicht immer daran.

Besonders trübe Erfahrungen sammelte Kölns langjähriger Vertreter Dr. Johann Frünt. Von 1450 bis 1465 wurde er dreimal Opfer von Überfällen und durfte die zweifelhafte Gastfreundschaft der Tecklenburger Grafen genießen, die dafür verantwortlich waren. Von dem letzten Zwangsaufenthalt 1465 erholte sich der schon altersschwache Pechvogel nie mehr richtig. Kurz darauf verschied er.

Und hinterher ins Freudenhaus

Nachdem nun die hansischen Gesandtschaften – auch Vertreter ausländischer Mächte wurden häufig eingeladen – mehr oder weniger glücklich und pünktlich in Lübeck einge-

troffen waren, hätte die Tagung eigentlich beginnen können. Das tat sie auch, meist aber mit einem Streit über die Sitzordnung im Lübecker Ratssaal. Denn: Die Sitzordnung spiegelte getreulich die Rangordnung wider, die sich die Städte untereinander zubilligten, und da mochte nun keiner mit schlechten Plätzen vorliebnehmen. Selbst die Stellung Lübecks und anderer bedeutender Städte war nicht sakrosankt. Besonders Köln mäkelte oft und gern an Lübeck herum. Auf dem Regensburger Reichstag von 1454 hatte die Domstadt den Reichstag-Vorsitz ergattert, folglich, so meinten die Rheinländer, gebühre er ihnen auch bei Hansetagen. Dazu pflegten die eigenwilligen Bremer zustimmend zu nicken und setzten sich gleich auf Platz zwei neben Köln – worauf der große Tumult losbrach, weil sich nun wieder Hamburg und Braunschweig, Danzig und Dortmund zurückgesetzt dünkten. Reichstagsvorsitz oder nicht: Lübeck ließ sich das Präsidium nicht nehmen und wußte dabei die große Mehrheit der Mitglieder hinter sich. Sein Vertreter saß in der Mitte des hufeisenförmigen Tisches im Ratssaal, rechts neben sich den grantigen Kölner, an den sich der maulende Bremer anlehnte. Zur linken Seite des Lübecker Ratsmannes nahm dann Hamburgs Mann Platz. Diese Hackordnung hatte sich im Laufe des 15. Jahrhunderts herausgebildet und wurde auch später beibehalten.
Waren die Präliminarien überstanden, die Beglaubigungsschreiben überreicht und die Grußadressen ausgetauscht, konnte man endlich zur Sache kommen. Allerdings ließen sich im Regelfall die zur Debatte stehenden Punkte leichter auf die Tagesordnung setzen als nachher abhandeln. Mitunter arteten die Sitzungen in endlose Palaver aus, man rang miteinander um Nichtigkeiten, warf sich gegenseitig Obstruktion vor, was zumindest in den Fällen zutraf, wenn Unterhändler fröhlich und unverschämt erklärten, sie hätten

keine ausreichende Verhandlungsvollmacht und könnten hierzu und dazu nichts Verbindliches sagen. Besonders Köln spielte auf diese Art häufig den Bremser und erklärte es 1458 geradezu zum Prinzip, seine Gesandten nicht mit Abschlußvollmacht auszustatten. Der Zweck dieser Taktik: Schutz vor unliebsamen Beschlüssen.
Trotz aller Bemühungen gelang es der Hanse nicht, die unbedingte Bevollmächtigung der Ratssendboten durchzusetzen. Beschlüsse wurden mit Stimmenmehrheit gefaßt, die unterlegene Minderheit hatte sich zu fügen, was sie aber nur in ganz seltenen Fällen ohne Widerspruch tat. Die potenten Städte scherten sich sowieso wenig um Mehrheiten, wenn sie den eigenen Interessen entgegenstanden.
Noch eine andere Obstruktions-Variante wurde gern benutzt: die vorzeitige Abreise der Unterhändler. Damit entzog man sich der Schlußabstimmung und hatte einen billigen Vorwand, mißliche Beschlüsse nicht befolgen zu müssen. Die überkommene Regelung, sich ordnungsgemäß abzumelden, sofern man die Versammlung vorzeitig verlassen wollte, wurde ignoriert, selbst Bußgelder halfen da nichts. Irgendwann, nach Wochen vielleicht, wurden dann endlich Beschlüsse gefaßt, das Sitzungsprotokoll in Ordnung gebracht, die Tagungsergebnisse niedergeschrieben, die allfälligen Widersprüche einzelner Städte notiert und alles der Versammlung vorgelesen. Erhob sich kein weiterer Einwand, galt dieser »Rezeß« als genehmigt. Ob er allerdings auch in die Tat umgesetzt wurde, hing von den einzelnen Städten ab – siehe »Widersprüche«.
Ein Seufzer der Erleichterung machte die Runde im Kreis der Ratsherren, wenn wieder so ein Hansetag halbwegs glatt über die Bühne gegangen war. Ein bißchen Zeit bis zur Abreise blieb meistens noch, die abgeschlafften Unterhändler durften sich jetzt mit Recht ein paar schöne Stunden machen,

zum Beispiel in einem der zahlreichen Badehäuser mit Damenbedienung oder in einem Freudenhaus der gehobenen Preisklasse.
Währenddessen wischten sich die städtischen Schreiber ihre feuchten Hände am Wams ab und die Tränen aus den Augen, denn die mußten bei funzeligem Licht das Protokoll auf Pergament abschreiben. Papier galt noch lange Zeit nicht würdig für öffentliche Urkunden. Pergament aber, das galt als solide, ganz so, wie auch ein Hanse-Rezeß sein sollte. Jeder Ratssendbote erhielt eine Abschrift mit einem schönen Siegel der Tagungsstadt, und seiner Heimatstadt oblag es, weitere Abschriften dieser Urkunde anzufertigen, damit diese an die Drittelstädte verteilt werden konnten.
Das Pergament aber wurde säuberlich in eine Truhe gelegt, nachdem man das, was darauf zu lesen stand, möglichst schnell zu vergessen trachtete.

16. Kapitel:
Ein gefährliches Duo

Die friedliche Großtante

Solange Margareta über Dänemark herrschte, konnte die Hanse sich verhältnismäßig sicher vor Schereien aus dem Norden wähnen. Das Verhältnis zum nördlichen Nachbarn war nicht gerade herzlich, aber doch auskömmlich. Man respektierte einander und achtete im übrigen peinlich auf die Einhaltung des Stralsunder Friedens.
1385, 15 Jahre nach Friedensschluß, wurden vereinbarungsgemäß die vier Festungen am Sund zurückgegeben. Man handelte hinüber und herüber, wie in den besten Tagen.
Zwei unvorhersehbare Ereignisse versetzten die Hanse jedoch in Alarmbereitschaft: 1380 starb Hakon VI., König von Norwegen, Margaretas Ehemann. Anstelle ihres Sohnes Olav übernahm nun sie die Regentschaft über das Land, und als Olav 1387 im zarten Alter von elf Jahren starb, war sie praktisch die Alleinregentin in Dänemark und Norwegen. Wieder ein Jahr danach warfen die Schweden ihren König Albrecht aus dem Land. Der Reichsrat wählte die Witwe zur Königin, eine Entscheidung, die nicht überall auf Gegenliebe stieß. Denn ein großer Teil der Schweden hielt auch weiterhin an Albrecht fest. So auch Stockholm mit seiner deutschen Bürgerschaft. Mecklenburg, Albrechts Heimatland, schlug sich ebenfalls auf seine Seite.
Flotten aus Wismar und Rostock versorgten die Stockholmer mit Waffen und Lebensmitteln und überfielen bei der Rückfahrt sehr gern harmlose Kauffahrteischiffe. Diese Freibeuter, zum Teil unter Führung mecklenburgischer Adliger, entwickelten sich binnen kurzem zum Schrecken der Ostsee; sie stellten die Kerntruppe der gefürchteten Vitalienbrüder. Bald schon schalteten sich die Seestädte in die skandinavischen Wirren ein, auch deshalb, um den Piraten den Garaus zu machen. Stockholm geriet schließlich unter deutsche

Oberhoheit, zwischen Margaretas und Albrechts Partei konnte ein Waffenstillstand vermittelt werden.

Die allgemeine Lage im Norden allerdings schien alles andere als rosig. Die kluge und umsichtige Königin, im Besitz der drei nordischen Kronen, vereinigte denn auch prompt die drei Reiche 1397 zur sogenannten Kalmarer Union – ein alter skandinavischer Traum war damit in Erfüllung gegangen. Dieser Machtblock hätte der Hanse übel mitspielen können. Daß es dazu nicht kam, ist vielleicht dem Tod Margaretas – sie starb 1412 in Flensburg an der Pest –, mit Sicherheit aber der Unfähigkeit ihres Nachfolgers und Großneffen Erich von Pommern zuzuschreiben. Zunächst zehrte der noch vom Ruhm seiner Großtante. Als er aber daranging, Politik zu machen, entpuppte er sich schnell als totaler Versager. Auch nicht entfernt erreichte er die staatsmännischen Qualitäten Margaretas. Erich, aufbrausend und unbesonnen, überschätzte sich und die Leistungsfähigkeit seiner drei Reiche gründlich.

Mit Erichs Regierungsantritt tauchten die dänischen Probleme wieder aus der Versenkung auf, die Ruhe war dahin. Der nächstliegende, wenn auch keineswegs wichtigste Streitpunkt betraf das Herzogtum Schleswig. Es war ein dänisches Lehen und befand sich in den Händen der Herren von Holstein. Von der dänischen Krone hatte es sich aber unabhängig machen können. Schon Margareta hatte versucht, das Herzogtum wieder in den Griff zu bekommen, was ihr aber nicht gelang. Offenbar hielt Erich das für eine Schande und die Rückgewinnung Schleswigs für eine politische Großtat. Denn hingebungsvoll widmete er sich der Lösung dieser drittrangigen Frage, unbeschwert von staatsklugen Überlegungen, jenseits des gesunden Menschenverstands.

Erich buhlte bei der Hanse um Unterstützung gegen das Herzogtum, obwohl er sich hätte sagen müssen, daß die

Hanse ohne Not kaum eine Ausdehnung der dänischen
Macht bis vor ihre Haustür dulden würde. Aber er ließ sich
nicht irre machen.
Um so größer war dann die Wut aus Enttäuschung, als Lübeck und Hamburg außer flauen Erklärungen nichts für den
dänischen König zu tun gedachten.
Da wollte er es, so schnöde im Stich gelassen, der Hanse
heimzahlen. Unversehens sahen sich die holländischen und
englischen Wettbewerber im Ostseehandel auf das herzlichste in Skandinavien empfangen, plötzlich mußten die
Hansekaufleute entgegen allen Abmachungen die übelsten
Schikanen über sich ergehen lassen und seit 1426 für die
Sundpassage wieder Zoll zahlen. Erich verbündete sich mit
Polen gegen den Deutschen Orden, dessen Macht nach der
unglücklichen Schlacht bei Tannenberg 1410 dahingeschmolzen war wie Butter an der Sonne.
An eine wirkungsvolle hansische Gegenwehr war zu der Zeit
nicht zu denken: Lübeck hatte am meisten mit sich selbst zu
tun, verstrickt in eine Verfassungskrise, die seine Außenpolitik und damit auch die Außenpolitik des Bundes lähmte.
Jordan Pleskow, der bekannte lübische Bürgermeister,
konnte zwar, solange er lebte, den Ausbruch eines hansisch-dänischen Krieges verhindern. Kurze Zeit nach seinem
Tod 1425 aber waren die wendischen Städte nicht mehr zu
bremsen. Sie erklärten den Krieg und blockierten den Sund
mit Schiffen.

Der unmögliche Großneffe

Diesmal waren es nur die wendischen Städte, die sich in den
Clinch mit Dänemark begaben, wie diese Auseinandersetzung überhaupt den Charakter einer wendisch-dänischen,
und nicht einer gesamthansisch-dänischen trug. Die sächsi-

schen Binnenstädte fühlten sich von dem Streit überhaupt nicht berührt. Pro forma schickten sie zwar einen Fehdebrief, sonst aber nichts. Nicht einmal Geld. Preußen und Livland, in Händel mit ihren Nachbarn verstrickt, bedauerten, ebenso die Städte von der Zuidersee. Widerwillig nur erklärten sich ein paar pommersche Städte zum Mitmachen bereit.

Zu allem Unglück begann der Krieg auch noch mit einer Niederlage für diese Rumpfhanse. Die Erstürmung Flensburgs erwies sich als voreilig und scheiterte. Die städtische Flotte unter dem Kommando des Lübecker Ratsherren Tidemann Steen und seines Hamburger Amtsbruders Johann Kletzeke verlor dann zu allem Überfluß auch noch das erste Scharmützel im Sund. Die hamburgischen Schiffe gerieten auf Grund, worauf Lübecks Steen, sympathischerweise keine Heldennatur, das Gefecht abbrach und sich mitsamt seiner Flotte zurückzog. Fatale Konsequenz: Ein Konvoi von Salzschiffen aus dem französischen Bourgneuf mit Bestimmungsland Preußen, der sich im Vertrauen auf die hansischen Seestreitkräfte bis in den Sund vorgewagt hatte, fiel kurz nach dem Rückzug der städtischen Flotte in die Hände der Dänen.

Das Geschrei in den Ratsstuben über diesen Vorfall war fürchterlich. Den Tidemann Steen retteten gute Freunde vor dem Zorn der Gemeinde, indem sie ihn eiligst gefangensetzten und ihm auf diese Weise das Schicksal ersparten, das Wittenborg noch vor einem Menschenalter ereilt hatte. Kletzekes Kopf jedoch rollte in den Hamburger Straßenstaub. Wie ihm erging es mehreren anderen Führern aus Rostock und Wismar, wo überdies noch die Stadträte gekippt wurden.

Gleichwohl, die Hansen rüsteten neu und besser, und über Jahr und Tag erschienen sie mit ihrer Armada vor Kopenhagen. Den Hafen setzten sie außer Betrieb, sie versenkten vor

der Einfahrt Schiffe. Anschließend segelten sie zur Insel Bornholm und raubten alles, was nicht niet- und nagelfest war.
Als beutelüsterne Hilfsgeschwader hatten sie Ost- und Nordsee-Piraten angeheuert, unter ihnen die berüchtigten Bartholomäus Voet und Magister Paul Schütte, die sich besondere Verdienste durch Plünderungen von Küstenstädten erwarben. Zum Leidwesen der Hanse war auch Bergen darunter, das Voet dreimal heimsuchte.
Die übrigen Städte waren, wie sich schon vor Beginn des Waffengangs gezeigt hatte, nicht sonderlich erfreut über die kriegerischen Verwicklungen im Norden. Zunehmend machte sich die Unlust an dem dänischen Abenteuer breit. 1430 scherten Rostock und Stralsund aus der Hansefront aus und schlossen mit Erich einen Separatfrieden. Lübeck stand jetzt allein, machte aber noch volle fünf Jahre weiter.
Es lohnte sich. Denn 1435 schloß man im dänischen Vordingborg einen Frieden, der den Hansen ihre angestammte Position in den skandinavischen Reichen zurückgab. Der Sundzoll aber blieb bestehen – zwar nicht mehr für die wendischen Städte, die für sich eine Ausnahmeregelung hatten durchsetzen können, wohl aber für die übrigen Städte der Hanse und sonstigen Staaten – und erwies sich als außerordentlich zählebig: Erst 1857, nach mehr als vierhundert Jahren also, wurde er wieder aufgehoben.
Obwohl die Hanse ihre Privilegien hatte retten können, brachte dieser Krieg auf lange Sicht mehr ihren ärgsten Rivalen Vorteile. Geschickt nutzten die Holländer den Streit, um ihren Ostseehandel weiter zu festigen. Sie versorgten Skandinavien mit Lebensmitteln, brachen fortlaufend die hansische Blockade Dänemarks und kaperten Handelsschiffe. Holland, seit 1433 Bestandteil des burgundischen Staates, trumpfte auf; mit dem mächtigen Landesherrn im Rücken

ließ sich das auch relativ gefahrlos machen. Der Konflikt mit den Niederlanden war damit vorprogrammiert.
Erich aber, der sich allmählich in seinen Reichen unmöglich gemacht hatte und drei Jahre nach dem Friedensschluß vom dänischen Reichsrat abgesetzt worden war, entwich nach Gotland. Dort startete er eine neue Karriere als Freibeuter und starb schließlich 1459 im Alter von 77 Jahren – wahrscheinlich der älteste König, den das Mittelalter gekannt hatte.
Als Thronanwärter bot sich Christoph von Bayern an, ein Sproß des Hauses Wittelsbach. Die Unterstützung der Hanse hatte er sich durch die Bestätigung ihrer Privilegien erkauft und ihnen außerdem gestattet, die Festung Hälsingborg zu besetzen, womit die Hanse die Sund-Durchfahrt unter ihre Kontrolle bringen konnte. Lübeck richtete sich dort häuslich ein und verbot als erstes den Holländern die Passage.
Aber der Friede von Vordingborg stand auf schwachen Füßen. Schon Christoph, mehr aber noch sein Nachfolger Christian I. aus dem Hause Oldenburg, nahmen die traditionelle Anti-Hanse-Haltung bald wieder auf und versuchten den hansischen Einfluß mit Hilfe der Holländer einzudämmen.
Eine wenig günstige Entwicklung bahnte sich auch in dem umstrittenen Herzogtum Schleswig an, als das Land 1460 nach dem Ableben des letzten Landesherrn für den dänischen König optierte. Zwar beteuerte der Monarch den Hansen seine Loyalität, aber – und das war letztlich für die Hanse entscheidend – Dänemark hatte sich damit auf der holsteinischen Landenge festgesetzt und Grund zu dauernder Besorgnis geschaffen.
Die Kalmarer Union, seit Erich von Pommern ohnehin nur noch ein Stück Papier, zerfiel zusehends. Schweden wählte

seinen eigenen König und widerstand allen dänischen Okkupationsgelüsten. Trotz mancherlei Spannungen blieb jedoch das Verhältnis zur Hanse friedlich.

Schwer zu leiden indessen hatten die hansischen Kaufleute in Norwegen. Ihre einst unangefochtene Vormachtstellung wurde in der Mitte des 15. Jahrhunderts durch den königlichen Vogt Olav Nielsson, einem grimmigen Hansefeind, systematisch untergraben. Christian I. zog diesen bald bestgehaßten Mann 1453 aus der Schußlinie, um die Hanse zu besänftigen, setzte ihn aber zwei Jahre später wieder in Amt und Würden.

Das war zuviel für die Deutschen. In einem Gemetzel ohnegleichen entlud sich die Wut. Nielsson rettete sich in ein Kloster, das aber dem Ansturm der Deutschen nicht standhielt. Es ging in Flammen auf. Der Bischof von Bergen, der Vogt und rund sechzig seiner Anhänger wurden erschlagen.

Kampf um durstige Kehlen

Das dänisch-holländische Duo ließ nichts Gutes für die Hanse ahnen, darin waren sich alle politischen Beobachter der nordeuropäischen Szene einig. Und in der Hanse-Gemeinschaft verbreitete sich entsprechende Unruhe. Jeder Gegner für sich war schon gefährlich genug: Dänemark in erster Linie durch seine Hegemonialpolitik; Holland, indem es sich fast schon einen Stammplatz im Ostseehandel erobert hatte. Lübeck wachte zwar mit Argusaugen darüber, daß sich die Leute aus dem Land hinter den Deichen – wie auch die Engländer – nicht zu sehr ausbreiteten, war aber machtlos gegen die dänische Schützenhilfe.

Das nördlich an Flandern anschließende Holland hatte erst verhältnismäßig spät den Handel für sich entdeckt. Den hauptsächlichen Anstoß gab das Tuchgewerbe, das seit Mitte

des 14. Jahrhunderts nach flandrischem Vorbild zur industriellen Fertigung übergegangen war und Absatzmärkte suchte. Das Braugewerbe blühte auf, was besonders die Hamburger schmerzlich berührte, weil nun plötzlich ein Kampf um die holländischen Kehlen entbrannte, deren Durst vornehmlich Hamburg zu löschen pflegte. Unversehens mußten sich auch die Lübecker Fischhändler zu Preisnachlässen bei Schonen-Hering bereit finden, denn die Holländer warfen die Fänge an ihrer Küste auf den Markt.
Verfrachtet wurden diese und andere Waren auf der landeseigenen Flotte, meist in Richtung Ostsee, wobei die Holländer gezwungenermaßen durch Skagerrak, Kattegat und Sund fahren mußten, denn als Nichthansen war ihnen der Landweg zwischen Hamburg und Lübeck versperrt.
Die Hanse nahm die Newcomer in der Ostsee anfangs nicht sonderlich ernst. Noch erreichten Qualität und Menge der Waren nicht den hansischen Standard.
Mit leiser Erbitterung vermerkte man aber in Lübeck, daß die Livländer und Preußen mit den Holländern offenbar eine innige Verbindung beim Getreidehandel eingegangen waren. Das nahm man übel, den Hansemitgliedern im Osten wie den Holländern. Besonders, wenn der Deutsche Orden sein Getreide mit holländischen Frachtern nach Flandern verschiffte, obwohl er selbst über eine vorzüglich ausgebaute Reederei verfügte. Rufe nach hansischer Solidarität wurden laut, wobei man aber zu erwähnen vergaß, daß die Holländer mit Dumping-Frachtraten aufwarteten, um ins Geschäft zu kommen.
Mit der Zeit drängten sie sich auch in den Salzhandel der Hanse. Die Nachfrage nach diesem wertvollen Naturprodukt war groß, besonders im Osten, der über keine eigenen Lagerstätten verfügte, und für die Holländer, die das Zeug von der »Baie« – der französischen Atlantikküste – holten,

fiel guter Gewinn ab. Sprengstoff hatte sich also bis in die ersten Jahrzehnte des 15. Jahrhunderts genügend angesammelt. Die Frage war nur, wann die Hanse ihn zünden würde.
Als besonders gravierend empfand man, daß sich die Holländer im Livland-Handel eingenistet hatten, und das auch noch mit unverhohlener Unterstützung der baltischen Hansestädte. Besonders das Kontor in Brügge wollte endlich Taten sehen.
In Livland lagen die Dinge ein wenig anders als in den übrigen Handelsprovinzen der Hanse. Im Unterschied zu den Getreideausfuhrhäfen in Mecklenburg, Pommern, Preußen und Hamburg, wo der holländische Kornexport geduldet wurde, weil sich die Fremden dem Gästerecht unterwarfen, nahm man es damit fern im Osten nicht so genau. Außerdem – ein zusätzlicher Anreiz für die Holländer – sammelten sich in den livländischen Häfen, so wie in Nowgorod, die russischen Exportschlager Pelz und Wachs. Daß sich die Holländer die Chancen nicht nehmen ließen, die sich ihnen dort boten, lag auf der Hand.
Dann wurde etwas getan. Man verbot den livländischen Städten, den Handel der Fremden bei sich zu fördern, ja, überhaupt zu dulden. Ihnen wurde untersagt, den Fremden die russische Sprache beizubringen und Ausländer einzubürgern. Schließlich verhängte man über holländisches Tuch den Boykott: Hansische Kaufleute durften es fortan nicht mehr in ihr Sortiment aufnehmen. Es entspreche nicht der Qualität des gutbeleumdeten flandrischen Tuches und würde nur die Abnehmer verärgern. Wenn man holländischerseits – diese Aufforderung richtete sich speziell an Leiden und Amsterdam – zum Hansehandel zugelassen werden wolle, dann, bitte schön, möge man das Tuch nach hansischen Qualitätsnormen herstellen.
Keine ganz unberechtigte Forderung, denn der billige hol-

ländische Schund hätte den Markt, auf dem die Hanse das flandrische Tuch als Markenware eingeführt hatte, schon verderben können.

Verschiedene Häfen an der Ostsee ergänzten von sich aus diese Anti-Holland-Kampagne. Sie versuchten den Handel des Hinterlandes in ihren Mauern zu konzentrieren und erklärten sich zum Zwangsstapel für dessen Erzeugnisse. Dadurch wurde den Holländern der direkte Kontakt zu den Erzeugern, besonders den Getreidebauern, sehr erschwert. Das Verbot des »Gästehandels« tat ein übriges: allen Ausländern war fortan der Handel untereinander verboten, sie mußten sich der Vermittlung deutscher Kaufleute bedienen.

Dank dieser Restriktionen gelang es der Hanse wenigstens für kurze Zeit, den Handel der Niederländer einzudämmen. Auf lange Sicht jedoch blieb ein Erfolg versagt. Dafür sorgten schon verschiedene Hansestädte, die sich mehr Nutzen vom Verkehr mit den Holländern versprachen als von bedingungsloser Treue zur Gemeinschaft. Die livländischen Städte hielten denn auch gar nichts vom Embargo und umgingen es, wann immer möglich.

Stärkung für das Kontor

Auch in Flandern gab es genügend Grund zur Besorgnis: Brügge zeigte Schwächeerscheinungen, das war nicht länger zu übersehen.

Die vielleicht augenfälligste Ursache war die allmähliche Versandung des Swin seit dem Ende des 14. Jahrhunderts. Immer häufiger klagten Kapitäne, daß das Fahrwasser immer schwieriger werde und daß man nur noch mit großer Mühe Brügges Seehäfen Sluis und Damme erreichen könne. Die Stadtväter Brügges gaben sich zwar redliche Mühe, die Fahrrinne immer wieder auszubaggern, aber es nützte auf die

Dauer doch nichts. Die Schiffahrt orientierte sich um in die Häfen Brabants.
Bedeutsamer aber war die fortschreitende Dezentralisierung des Handels im Westen. Holland, wie gesagt, war unter die Tuch-Produzenten gegangen, und seine rührigen Kaufleute trugen die Landesprodukte in alle Welt, und das hieß: in die hansische Handelswelt.
Brügge selbst erhielt ständig mehr Konkurrenz durch andere flandrische und die aufkommenden holländischen Städte, seine überragende Stellung war nicht mehr unangefochten. Der »Stapel der Christenheit« schien längst nicht mehr so unentbehrlich für einen reibungslosen Ost-West-Handel wie in den Jahrhunderten zuvor. Die Wirtschaft hätte jetzt schon auf Brügge verzichten können, ohne ernstlich Schaden zu nehmen.
Die Hanse gedachte nun Brügge zu stärken, das Kontor atmete erleichtert auf. Die Stadt, bislang gewohnheitsmäßiger Stapelplatz der Hanse, wurde zum Zwangsstapel erklärt. Alle Waren, in erster Linie die Tuche, mußten nun das Hansekontor durchlaufen, ehe sie weiter nach Osten verkauft werden durften, der Einkauf in den anderen Städten sollte damit unterbunden werden.
Die wachsende Aufsplitterung des Handels auf die flandrischen und holländischen Städte konnte aber durch derartige »Stapelordonnanzen«, wie man diese Einrichtung nannte, auch nicht mehr verhindert werden. Dies um so weniger, als sich die Holländer obendrein staatlicher Entwicklungshilfe erfreuten. Im Gegensatz zur Hanse, die ohne Rückhalt beim Kaiser oder den Fürsten operieren mußte, förderte das Haus Burgund, Herrscher über die Niederlande, den holländischen Handel nach Kräften.
Die Flamen und Holländer hätten demnach allen Grund gehabt, zufrieden zu sein. Sie waren es aber nicht. Denn Philipp

der Gute, dritter der insgesamt vier burgundischen Herzöge, versuchte den Widerstand der niederländischen Städte zu brechen, die sich gegen sein zentralistisches Regime stemmten und ihre Autonomie dahinschwinden sahen. Philipp duldete diese Staaten im Staate nicht, schon gar nicht, wenn sie, wie die flandrische Lede, nichts als Obstruktion trieben. Die Ereignisse zu Hause, die ständigen Reibereien mit Dänemark und die Kampfansage an die Holländer – zunächst noch auf die hansischen Stammlande an der Ostsee beschränkt – fanden ihr Echo in Flandern, und zwar ein bedrohliches. Die beiderseitige Gereiztheit wuchs zusehends. 1425 spielte man mit dem Gedanken, das Kontor wieder einmal zu verlegen, verwarf diese Überlegung aber mit Rücksicht auf die dänische Kontroverse. Der mittlerweile zwischen Burgund und England entbrannte Krieg ließ in Flandern den Verdacht aufkommen, die deutschen Kaufleute kollaborierten mit den Feinden aus Albion.

Hoch zu Roß zurück nach Brügge

Das Pulverfaß explodierte 1436. Aus nichtigem Anlaß wurden in Sluis 80 Deutsche von dem tobenden Pöbel erschlagen. Die Hanse reagierte sofort: Verlegung des Kontors nach Antwerpen und Handelsblockade der gesamten Niederlande. Herzog Philipp der Gute, gegen den sich soeben Brügge und Gent erhoben hatten, gewährte der Hanse Schützenhilfe.

Flandern, auf Getreideimporte aus dem Osten angewiesen, geriet allmählich in arge Bedrängnis. Blockadebrecher-Schiffe vermochten nicht, für ausreichende Versorgung der Bevölkerung zu sorgen. Nahrung wurde knapp, so knapp schließlich, daß 1438 eine schlimme Hungersnot Flandern heimsuchte.

Die Hanse triumphierte. Die Blockade hatte durchgeschlagen. Um das Schlimmste zu verhüten, mußte Flandern nun klein beigeben. Die Forderungen der Gemeinschaft nach Entschädigung und Bestätigung der Vorrechte wurden anerkannt, und noch im Herbst desselben Jahres liefen die ersten Getreideschiffe wieder in den Swin ein.
Fürs erste schien die Flandern-Angelegenheit bereinigt. Die Hanse war wieder einmal Sieger. Aber mehr denn je stand dieser Sieg auf tönernen Füßen. Die Mißhelligkeiten blieben. Dem Hansetag von 1447 – mit der Rekordbeteiligung von 39 Städten – fiel auch nichts weiter ein, als das Brügger Kontor weiter zu stärken und den Schoß auf alle Waren, auch in Brabant, Seeland und Holland, auszudehnen.
Und sehr viel phantasievoller zeigte sich die Hanse ein paar Jahre später auch nicht, als eine erneute Handelssperre gegen Burgund beschlossen wurde. Wieweit die vielbeschworene Solidarität der Hanseaten schon gelitten hatte, wurde an dem Widerstand spürbar, der sich gegen diesen Beschluß richtete. Der Deutsche Orden, schon im Niedergang begriffen, konnte ungestraft »ohne mich« sagen mit dem Hinweis, daß Deventer – dorthin nämlich sollte das Kontor verlegt werden – wohl doch zu abgelegen für seine Schiffe und die aus Livland sei. Köln hüllte sich in Schweigen, verkaufte seine Waren nach wie vor da, wo es wollte, und machte im übrigen Stimmung gegen Lübeck in den osteuropäischen Städten. Denen an der Trave blieb schließlich nichts anderes übrig, als die Blockade zu lockern und auf die flämischen Landesteile Burgunds zu beschränken. Mit dem Erfolg, daß die Holländer jetzt erst recht ins Geschäft kamen.
Nach Deventer hatten die deutschen Kaufleute umziehen sollen, nach Amsterdam, Antwerpen, Middelburg, Mecheln und Utrecht aber gingen sie. Philipp der Gute, der diese Blockade durchaus als Einmischung in seine Angelegenhei-

ten empfand, besetzte 1455 Utrecht und zwang die Hanse damit an den Verhandlungstisch. Zwar bestätigte er ihnen noch einmal ihre Privilegien, weigerte sich aber, weitergehende Zugeständnisse zu machen. Man kehrte 1457 nach Brügge zurück: 200 deutsche Kaufleute hoch zu Roß, angeführt von den Bürgermeistern Lübecks, Kölns, Hamburgs und Bremens – ein Spektakel, das im umgekehrten Verhältnis zum Ergebnis dieses Wirtschaftskriegs der Hanse gegen Flandern stand, des letzten, den die Hanse in Flandern führte.

Zurück blieb das Gefühl eines Mißerfolgs. Den Vorteil aus den Blockaden hatten die Niederländer gezogen, nicht die Hanse. Der zentralistische burgundische Staat hatte sich als eindeutig überlegen gezeigt.

Im hansischen Osten und in Dänemark war es nicht gelungen, das Vordringen der Holländer aufzuhalten.

Schweren Schaden, bedingt durch diese Mißerfolge, hatte die hansische Einigkeit genommen. Mehr denn je gingen die Städte ihre eigenen Wege und setzten unabhängig von der Gemeinschaft ihre Sonderinteressen durch – Zeichen des Zerfalls, ein drohendes Menetekel.

17. Kapitel:
Kreuzbrav und unblutig:
Revolution in Lübeck

Lübeck vor dem Bankrott

Der glanzvolle Aufstieg der Hansestädte, die fast selbstverständliche Macht ihrer politischen und wirtschaftlichen Führer täuschen allzu leicht darüber hinweg, daß sich innerhalb der Stadtmauern mehr und mehr Mißstimmung breitmachte. Das Stadtvolk begann seit Mitte des 14. Jahrhunderts zu murren.
Man war verärgert über die hohen Steuern, mit denen Kriege finanziert wurden, vermochte nicht länger einzusehen, daß man ihnen den Einblick in die kommunale Buchführung verwehrte, wenn man prüfen wollte, wo die Gelder hingeflossen sind. Und man hatte es überhaupt satt, daß der Rat – vollständig in der Hand patrizischer Familien – niemand anders als seinesgleichen in die Regierung ließ und von ihnen, den kleinen Kaufleuten und Handwerkern, nur Geld sehen wollte, nichts als Geld.
In den flandrischen Städten waren sie losgezogen und hatten den Rat vor die Tür gesetzt. Teilerfolge hatte es in Magdeburg schon 1330, in Braunschweig 1380 gegeben, wo die Handwerksämter zur Stadtverwaltung hinzugezogen worden waren. In Köln herrschte seit 1396 für ein paar Jahre das Volk, dann war es damit wieder vorüber. Lübeck hatte seine Aufstände erlebt, 1380 und 1384 – zu einer dauerhaften Neuregelung der Verhältnisse kam es aber nicht. Im Gegenteil, mancherorts ging der patrizische Rat nur noch gefestigter aus den Unruhen hervor, die dringend notwendige Verfassungs-Reform unterblieb.
Der Volkszorn richtete sich auch gegen den Klerus, den stets getreuen Bundesgenossen der Herrschenden. Besonders heftig prallten in Stralsund die Gegensätze aufeinander. Als der städtische Kirchenherr 1407 die neuen, geringerwertigen Pfennige als Opfergabe verschmähte, beleidigt aus der Stadt

zog und den Bürgern Fehde ansagte, die von den in der Stadt gebliebenen Priestern auch noch lauthals bejubelt wurde, machte sich der aufgestaute Ingrimm mit Gewalt Luft. Man griff sich 16 geistliche Herren und verbrannte drei von ihnen auf dem Neuen Markt. Über Stralsund wurde der verschärfte Kirchenbann verhängt.

Lübeck, die Königin der Hanse, war um die Jahrhundertwende bis zum Bankrott verschuldet. Die Kriege der vergangenen Jahrzehnte, meist von Lübeck zum Wohle der Hanse finanziert, der Kampf gegen die Vitalienbrüder, der Bau des Stecknitzkanals – die Ratsherren mußten wohl oder übel die Steuern erhöhen, wollten sie die Schuldentilgung auf eine einigermaßen solide Basis stellen.

Eine öffentliche Beichte schien angezeigt. Ehrlichkeit schafft Vertrauen, glaubten die Ratsherren. Es kam aber anders. Die Bürgerschaft begriff sehr schnell, daß sie den Rat jetzt unter Druck setzen konnte. Neue Steuern? Bekommt ihr nur, wenn ihr uns von dem besonderen Gehorsamseid euch gegenüber entbindet, konterten die Handwerksämter. Die kleinen Kaufleute und Krämer spendeten Beifall. Die Stadtoberen mußten einwilligen.

Zwei Jahre später braucht der Rat noch mehr Geld, die Schuldenlast ist noch drückender geworden. Vorschlag an die Stadtgemeinde, je Faß Bier einen Pfennig Umsatzsteuer zu erheben. Lauthals protestieren die Brauer: Wie sich die Herren das wohl vorstellen, aus eigener Tasche könne man diese Steuer nicht bezahlen. Wenn man sie aber auf den Bierpreis überwälze, seien Einbußen, vor allem auf den Exportmärkten, zu befürchten. Und das sei ja wohl auch nicht der Sinn der Sache. Keine Aufregung, meine Herren, erklärt der Rat großzügig, lassen Sie uns die ganze Angelegenheit mit einem Bürgerausschuß durchdiskutieren. Wir werden schon einen Weg finden.

Die Diskussion verläuft nicht im Sinne der Ratsherren. Als sie feststellen, daß die Bürgerschafts-Vertreter auf die Kontrolle der Stadtfinanzen hinarbeiten, werden sie merklich zurückhaltender.
Die Bürger lassen jedoch nicht locker: Erst ein schriftlicher Rechenschaftsbericht über Ausgaben und Einnahmen in den vergangenen zwölf Monaten und Offenlegung der zukünftigen Planungen, dann werde man wegen der neuen Biersteuer sehen.
Der Rat ist unklug und mißversteht. Der geforderte Bericht hält sich gänzlich im Ungefähren, wird auch nicht schriftlich, wie verlangt, sondern nur mündlich gegeben – der Bürgerausschuß, bisher noch gutwillig, wird böse.
Wenn der Rat sich ohnehin noch einmal an die Arbeit machen müsse, dann doch, bitte sehr, auch gleich noch Rechenschaft über die letzten zwölf Jahre ablegen zu wollen, ja? Man sagt das zu, schon etwas eingeschüchtert.
In Ordnung. Aber mehr Geld wird trotzdem nur bewilligt, wenn die hochmögenden Herren der Konstituierung eines Ausschusses von 60 Bürgern zustimmen, die aus der Mitte der Bürgerschaft zu wählen seien. Schließlich werde der Mittelstand auch am meisten durch die neue Steuer geschröpft, sein Votum in dieser Angelegenheit sei deshalb unerläßlich.
Der Boden beginnt zu schwanken, die Ratsherren sind in die Defensive gedrängt. Wohl oder übel stimmen sie auch dieser neuen Forderung zu, beginnen aber zu lamentieren: »Seht an die Würdigkeit dieser Stadt, die da ein Haupt ist der Hansestädte, wohin sie mit großen Kosten und Mühen gelangt ist, daß die nicht vernichtet werde, denn unheilbaren Schaden werden Rat und Stadt nehmen, wenn der Rat nicht, wie es doch die Räte allgemein in den anderen Städten genießen, das Vertrauen der Bürgerschaft besitzt.«
Das Vertrauen besaß der Rat schon lange nicht mehr. Der

Sechzigerausschuß höhnt öffentlich: »Der Rat habe die Schulden gemacht. Nun möge er gefälligst zusehen, wie er damit hinkomme.« Vier Wochen später, am 26. November 1405, folgt der Putsch. Die Sechziger erklären sich »als von der gesamten Gemeinde bevollmächtigte Behörde, um der Stadt Bestes zu wissen«.

»Macht doch, was ihr wollt«

Eine zweite Exekutivgewalt hatte sich neben den völlig konsternierten Rat gestellt, dem allmählich dämmerte, daß dies das Ende seiner unumschränkten Macht bedeutete. Die Sanierung der Stadtfinanzen ist zur Nebensache geworden. Die Hauptforderung des Bürgerausschusses lautet jetzt: Beteiligung der Bürger an der Ratswahl, eine Verfassungsreform zugunsten des Volkes.

Das erstaunliche an diesem Staatsstreich war, wie kreuzbrav, diszipliniert und langmütig die demokratischen Revolutionäre sich gaben. Niemandem wurde bei den Auseinandersetzungen ein Haar gekrümmt, alles spielte sich in geordneten Bahnen und in dem Tempo ab, welches das moderate lübische Temperament zuließ: Nichts überstürzen.

Man zeigt sich auch dann noch bemerkenswert geduldig, als der Rat seinen Fundus längst abgegriffener Argumente plündert, um die allfällige Reform so weit als möglich hinauszuschieben, wenn nicht gar gänzlich abzuwürgen. Der König werde die Acht über Lübeck verhängen..., gar nicht abzusehen, was an außenpolitischen Verwicklungen... und so weiter. Die Bürger beharren auf ihrer Forderung nach Beteiligung an der Ratswahl, der Rat gibt aber in diesem Punkt nicht nach.

Man tritt auf der Stelle, bis plötzlich nach drei Jahren die Dinge eskalieren. Die Sechziger haben die Straße mobilisiert.

27. Januar 1408. Der Ausschuß hat die Bürger ins Rathaus eingeladen, angeblich, um bei ihnen ungesäumt Rücksprache nehmen zu können während der neuerlichen Verhandlungen, tatsächlich jedoch, um den Rat, der sich in die Kapelle der Marienkirche geflüchtet hat, unter Druck zu setzen Gegen die Versicherung, ihnen werde an Leben und Gesundheit nichts geschehen, wagen die Herren die wenigen Schritte über den Marktplatz in ihren Amtssitz, begleitet von Schmähungen. Noch einmal präsentiert eine Abordnung die Forderung nach Beteiligung an der Ratswahl, alternativ die Erweiterung des Rats um zwölf Bürger auf insgesamt 36 Mitglieder, von denen die Bürgerschaft 24 für eine Amtszeit von zwei Jahren wählen würde.
Noch zögern sie, ihrer Entmachtung zuzustimmen, sie wollen sich der Straße nicht beugen.
Unten auf dem Platz kommt es inzwischen zu Tumulten. Wüste Verwünschungen und Flüche dringen durch die Scheiben in den Ratssaal. Bewaffnete fordern lautstark, die Verhandlungen abzubrechen, johlend von der Menge angefeuert.
Inständig beschwören die Abgesandten der Bürgerschaft die Ratsleute, »um Gottes und der Weiber und Kinder willen« endlich nachzugeben, man könne sonst für nichts mehr garantieren. Da begreifen sie: Die Abordnung beginnt die Kontrolle über die Situation zu verlieren. Bürgermeister Marquard von Damen gibt sich einen Ruck: »Macht doch, was ihr wollt und was ihr verantworten könnt.«
Die erregte Menge kann beruhigt werden, es kommt zu keinen Ausschreitungen. Man habe das Recht der Köre, das Ratswahlrecht, zugestanden erhalten, mehr habe man auch nicht gewollt. Und jetzt möge man doch bitte friedlich nach Hause gehen. Der Haufe trollte sich.
28. Januar 1408. Die Ratsherren beweisen gute Nerven. Als

eine Abordnung der Sechziger in der Kapelle der Marienkirche erscheint, wohin sie sich wieder zurückgezogen haben, und um Bestätigung des gestern mündlich Zugesagten nachsucht, taktieren sie hinhaltend, weichen aus, wollen alles noch einmal überdenken.
Der Bürgerausschuß läßt sich auf nichts mehr ein. Er übernimmt alle Amtsgeschäfte. Ende April gibt der Rat endgültig auf, er hat verloren. Von den 23 Ratsmitgliedern verlassen 15 samt Familie die Stadt und gehen in die Emigration, an der Spitze die Bürgermeister Jordan Pleskow und Heinrich Westhof. Derweil etablierten sich die Neuen, wählten nach mancherlei Komplikationen einen »Neuen Rat« und gaben sich ein Wahlrecht, das den Handwerkern, Kaufleuten und Rentnern in gleicher Weise gerecht zu werden versucht.
Die Ereignisse in Lübeck hatten ungeheures Aufsehen innerhalb der Hanse, aber auch im Ausland erregt. Die Hanse war zutiefst beunruhigt. In den wendischen Städten zumal griff größte Unsicherheit um sich: Würde Lübeck weiterhin seine führende Stellung im Bund beibehalten können? Und: Wie würde das Ausland auf die Krise reagieren?
Im Moment jedenfalls war alles ruhig. Die Kalmarer Union, die vereinigten nordischen Königreiche unter Margarete, hatte sich konsolidiert und steuerte keinen Anti-Hanse-Kurs. Von daher war also nichts zu befürchten. Aber: Wenn eine holländisch-dänische Koalition Wirklichkeit werden sollte, was sich – zwar noch undeutlich, aber immerhin sichtbar – am politischen Horizont abzuzeichnen begann, dann brauchte es alle Kräfte, um diese Gefahr für die Hanse abzuwenden. Seit sich das Haus Burgund unter Karl dem Kühnen in den Niederlanden häuslich eingerichtet hatte, drohte dem Hansehandel ernsthafte Konkurrenz durch die Holländer, die sich dann mit dänischer Rückendeckung in der Ostsee tummeln konnten. Ähnlich verhielt es sich mit

den Engländern, denen der Einbruch in hansische Handelsdomänen gelungen war, nicht zuletzt mit Hilfe Danzigs.
Der Neue Rat in Lübeck sah das alles natürlich auch, und er bemühte sich intensiv um eine innerhansische Stabilität. Dazu gehörte als wichtigste Voraussetzung seine Anerkennung durch die anderen Städte des Bundes und durch den Kaiser. Dagegen agitierte nun aber mit Fleiß, List und Tücke der alte, emigrierte Rat, in vorderster Front sein rührigstes und diplomatisch erfahrenstes Mitglied, Jordan Pleskow.

Die Hanse – ratlos in der Krise

Die Anfangserfolge der neuen Lübecker Obrigkeit waren beachtlich. Rostock und Wismar wurden durch lübische Sendboten so lange bearbeitet, bis auch sie ihre Sechziger wählten, die die Regierung unterwanderten, sie absetzten und schließlich einen bürgerlichen Rat wählten. Wismars Landesherren, die Herzöge Johann und Albrecht, wurden von den Bürgern mit Keulen und Schwertern nachdrücklich daran erinnert, daß sie als Parteigänger der Patrizier in Wismar nichts mehr zu suchen hatten. Mit knapper Not konnten sie aus ihrem Fürstenhof fliehen. Rostocks alter Rat fand sich teils im Gefängnis, teils ausgebürgert vor den Stadttoren wieder. Die drei Städte besiegelten die neue Zeit mit einem Bündnis auf fünf Jahre.
Auch in Hamburg wiesen die Zeichen auf Demokratie. Mitglieder des alten lübischen Rates, die hier lebten, wurden auf Betreiben der Bürgerschaft ausgewiesen. Auch hier hatte sich ein Sechzigerausschuß gebildet, der Einfluß auf die Ratsgeschäfte gewann.
Die sächsischen Städte dagegen bezogen entschieden gegen Lübeck Stellung. Hildesheim zum Beispiel sah schon sofort nach dem Umsturz in einem Brief an König Ruprecht »ewiges Verderben« heraufziehen.

Livland, Preußen und der Deutsche Orden taktierten zurückhaltend. Eine Verständigung mit den Neuen in Lübeck schien aber nicht außerhalb aller Möglichkeiten zu sein. Ratlosigkeit machte sich in der Hanse breit, und die Anzeichen einer ernsten Krise waren unübersehbar. Bei nicht wenigen Zeitgenossen hinterläßt sie den Eindruck, daß eine Herde ihren Hirten verloren hat. Die bange Frage, wie wird der Kaiser reagieren? wird immer lauter gestellt. Denn Lübeck ist eine Reichsstadt. Wird sich der Neue Rat durchsetzen können, oder wird die Hanse letztlich Lübeck fallenlassen, gegen alle gefühlsmäßigen Widerstände?
Besonders schmerzlich sind die Außenposten der Hanse, die Kontore, von den Vorgängen betroffen. Hier tritt die Unsicherheit am deutlichsten zutage. Zum Beispiel Brügge: »Großes Verderben infolge der Zwietracht zu Lübeck«, prophezeit der »gemeine Kaufmann«, wenn es nicht gelänge, eine Versöhnung zu vermitteln in einer Stadt, die den Kaufmann, überall wo es nottat, beschirmt habe. Notfalls möge man ihm, dem deutschen Kaufmann zu Brügge, eine andere Stadt nennen, der er seine Wünsche und Klagen – zur Zeit groß und für die Hanse bedeutend – vorbringen könne.
Angetan von Lübecks Bürger-Regierung zeigte sich zunächst König Ruprecht von der Pfalz. Der tiefe Knicks, den sie voller Demut vor seinem Thron vollführte, der Treueid, den sie ihm schwor, und – was weit wichtiger war – die rückständige jährliche Reichssteuer, die sie zu zahlen versprach, verfehlten nicht ihren Eindruck. Huldvoll lächelte der im übrigen unbedeutende Monarch und bekundete allerhöchstes Wohlwollen.
Aber er sah sich auch noch von einer anderen Seite umworben: Der abgehalfterte alte Rat wurde in Sachen Lübeck bei Seiner Majestät vorstellig. Das diplomatische Kunststück gelang: Ruprecht, wankelmütig wie er war, ließ sich von Jor-

dan Pleskow umstimmen. Der Fall Lübeck solle vor dem Reichshofgericht verhandelt werden. Pleskow frohlockte, die Belange der Konservativen waren dort sehr gut aufgehoben.
Die Neuen in Lübeck waren mit Blindheit geschlagen, die königliche Ladung zum Gerichtstermin ignorierten sie schlicht. Das Urteil konnte dementsprechend nur ausfallen: Wiedereinsetzung des alten Rats.
In Lübeck reagierte man trotzig, man beschlagnahmte das Vermögen der Emigranten und scherte sich um die auch nach der Verurteilung abgesandten Ladungen zu weiteren Terminen wenig. König Ruprecht, angestachelt von den Ausgewanderten, verhängte die Reichsacht über die Stadt, was jedoch ohne Folgen blieb, da der Herrscher kurz darauf starb. Die Hanse schlingerte bedenklich. Lübeck, in die Acht getan und bar jeglicher Integrationskraft, hatte endgültig seine Führerrolle eingebüßt. Auf einem Hansetag in Hamburg wurde daher beschlossen, Hamburg künftig als Anlaufstelle für Beschwerden und sonstige zur Entscheidung anstehenden gesamthansischen Belange zu ernennen. Es sollte stellvertretend für Lübeck die Führungsposition übernehmen. Wenig später jedoch wurde Lüneburg diese ebenso ehrenvolle wie undankbare Aufgabe zugedacht. Man versprach sich von der Salzstadt einen größeren Einfluß, weil sie – obwohl von Haus aus sächsisch – auch dem wendischen Drittel zugerechnet wurde. Nach Lüneburg hatten sich auch die Ratsmitglieder zurückgezogen, die aus Hamburg hinauskomplimentiert worden waren.

Den Kaiser bestochen

Allmählich begann auch das Ausland seinen Nutzen aus den hansischen Verhältnissen zu ziehen. Ein geächtetes Lübeck,

eine Rumpfhanse ohne eindeutige Nachfolge an der Spitze und der fortwährende Kampf des alten Rats gegen die neuen Herren in Lübeck mußten die hansischen Konkurrenten herausfordern.
Holland drohte unmißverständlich, dem alten Rat zu seinen Rechten zu verhelfen, wie das Brügger Kontor besorgt meldete. Gleiches stand von England und Frankreich und von Burgund zu befürchten. Was bisher immer hatte verhindert werden können, zeichnete sich jetzt ab: eine Allianz, die die Schwäche der Gemeinschaft auszunutzen in der Lage war. Der härteste Test stand dem »gemeinen Kaufmann« in Brügge aber noch bevor. Jordan Pleskow reiste bekanntlich durch die Lande und machte Stimmung gegen seine Nachfolger im Amte. 1411 erscheint er unvermutet in Brügge, auf ein weiteres Urteil des Reichshofgerichts pochend, daß die Konfiskation des Emigrantenvermögens in Lübeck für null und nichtig erklärt. Man wolle also, treuhänderisch zugleich auch für die anderen Vertriebenen, zum Zwecke der Entschädigung in Höhe von 4000 Mark (gleich 256000 Gulden) die entsprechende Menge lübischer Güter beschlagnahmen. Pleskow war ein höflicher Mann. Um die gleiche Freundlichkeit habe er auch schon die vier Leden von Flandern und den Herzog von Burgund gebeten, sagt er.
Nachdem sich die Kaufmannschaft vom ersten Schrecken erholt hat und nach überschlägiger Rechnung zu dem Ergebnis kommt, daß die Realisierung dieser Forderung den sicheren Ruin des Kontors bedeuten würde, schlägt sie sich – bis dahin unentschlossen – eindeutig auf die Seite des alten Rats.
Jordan Pleskow hatte sein Spiel gewonnen. Befriedigt macht er sich auf den Weg ins Ordensland Preußen, um dem Hochmeister ein Handelsverbot mit Lübeck abzuschmeicheln. Von dem horrenden Schadensersatz ist fortan keine Rede mehr. Pleskow hat nur gebluftt.

Mittlerweile waren die Auflösungstendenzen der Hanse offenkundig. Der Dreierbund Lübeck–Wismar–Rostock hatte dank eigener Unfähigkeit und den unermüdlichen Bemühungen des alten Rats jeden Einfluß auf die Gemeinschaft verloren. Sogar der diplomatische Verkehr mit ihnen wurde abgebrochen. Ein Hansetag vom April 1412 in Lüneburg, in ungewöhnlich großer Besetzung mit 24 Städten, versuchte gegenzusteuern. Aber Lüneburg fehlte die Autorität, auch für die Ausführung der Beschlüsse zu sorgen.
Hamburg und Bremen verfolgten, wie schon immer, ihre eigene Seepolitik, ohne sich groß um Nutzen oder Schaden für die Gesamthanse zu kümmern. Wie bisher hätschelten sie ihre friesischen Seeräuber, damit diese den Holländern auch möglichst großen Schaden zufügten. Auf die Drohung Graf Wilhelms von Holland mit Repressalien hatte man lediglich ein Achselzucken zur Antwort. Dies hatte zur Folge, daß holländische Gegenfreibeuter zu Höchstleistungen angespornt wurden, ebenso wie deren zivile Kollegen von der Kauffahrteiflotte. Mehr und mehr dringen sie jetzt in den urhansischen Bereich, die Ostsee, vor.
In Skandinavien hat inzwischen ein Machtwechsel stattgefunden. Neuer Inhaber der drei nordischen Kronen ist 1412, nach dem Tod seiner Großtante, Erich von Pommern geworden, der nach einiger Zeit einen scharfen Anti-Hanse-Kurs steuert und dem die Konkurrenten der Hanse, Holländer und Engländer, liebe Bundesgenossen werden. Ihnen garantiert er die freie Durchfahrt durch den Sund und fügt auf die Dauer der Hanse damit mehr Schaden zu als mit jedem Krieg. Holländer wie Engländer können jetzt auch auf fürstliche Rückendeckung in ihren Heimatländern rechnen, das Haus Burgund protegiert seine neuen niederländischen Landeskinder. Und Englands König besinnt sich darauf, auch einmal etwas für den eigenen Handelsstand zu tun und nicht immer nur den Fremden Privilegien zu gewähren.

Was aber unternahm die Hanse, um weiteren Schaden zu verhüten? Nichts. Außer Lübecks dilettantischem Versuch, den neuen Kaiser Sigismund um eine Erneuerung der Reichsstadt-Privilegien anzugehen, dabei aber über die eigene Dummheit stolpernd.

Der Kaiser war schon seit seinem Regierungsantritt 1411 von dem unermüdlichen Pleskow bearbeitet worden mit dem Ziel, die Reichsacht zu erneuern, denn der Spruch seines Vorgängers wirkte nicht auf den neuen Amtsinhaber fort. Entsprechende Ladungen zu Verhandlungen ließ Lübeck aber – wie vordem – unbeantwortet. Auch Sigismund erkannte daher den alten Rat als den rechtmäßigen an, erneuerte aber zum Verdruß Pleskows die Acht nicht. Die Gemeinschaft, drauf und dran, ihre einstige »Königin« zu verhansen, also aus der Gemeinschaft auszuschließen, schreckte unter diesen Umständen doch davor zurück.

Unverdrossen antichambrierten Lübecks Abgesandte beim Kaiser. Während des Konzils in Konstanz, das den Reformator Jan Hus auf den Scheiterhaufen schickte und ihn damit zum Märtyrer machte, gelang es ihnen 1414, zu Seiner Majestät vorzudringen. Wie es denn nun um die Privilegien einer Reichsstadt bestellt sei, fragten sie ihn, im Falle Lübeck zum Beispiel. Majestät wiegten bedenklich ihr Haupt. Man wolle die Gunst auch nicht umsonst haben, versichert die Abordnung. 6000 Gulden könne es schon kosten.

Sigismund, wie alle europäischen Potentaten stets pleite, überprüft unter diesen veränderten Umständen die Rechtslage, gibt aber zu bedenken, daß die lübischen, die hansischen Dinge doch noch verzwickter seien, als er zunächst angenommen habe. Die Lübecker schärfen seinen Durchblick mit weiteren namhaften Geldzusagen.

Bei 24000 Gulden, die erste Rate in Höhe von 16000 Gulden fällig zu Allerheiligen 1415 in Brügge oder Paris, sieht der

Herrscher erpresserisch klar. Die Abordnung atmet auf. Huldvoll läßt er die Ratmannen wissen, daß er Lübeck gnädig gesonnen sei und die ererbten Privilegien gern bestätige. Außerdem, um das Maß der Güte vollzumachen, hebe er die von seinem Vorgänger im Amte ausgesprochene Reichsacht hiermit förmlich auf. Sprach's und verschwand in seine westlichen Reichsteile.
Zurück blieben eine freudig erregte Lübecker Delegation und vier geschockte Alt-Ratsherren, unter ihnen der unvermeidliche Jordan Pleskow.

Ein gewagtes Spiel

Welcher Teufel den Neuen Rat Lübecks ritt, den vereinbarten Zahlungstermin vom 1. November verstreichen zu lassen, ohne auch nur einen Gulden, ohne das geringste Wort einer Entschuldigung, bleibt sein Geheimnis. Auf einen Schlag hatten sie sich damit aller Vorteile begeben und sich vor aller Welt dermaßen ins Unrecht gesetzt, daß sie fortan alle Glaubwürdigkeit einbüßten.
Kaiser Sigismund war um so ergrimmter, als er im Vertrauen auf den künftigen Geldsegen fleißig Zahlungsanweisungen ausgestellt hatte, die jetzt alle nacheinander platzten. Wütend widerrief der so Blamierte alles, was er den Lübeckern zugestanden hatte, und forderte die Stadt ultimativ auf, den alten Rat wieder in Amt und Würden zu setzen.
Der aber wartete gar nicht erst ab, ob Lübeck dem kaiserlichen Verdikt auch gehorchen werde. Pleskow legte seiner Vaterstadt politisch-militärische Schlingen, in denen sie sich unweigerlich verfangen mußte.
Es war ein gewagtes Spiel. Den Spruch des Herrschers noch im Ohr, worin der Neue Rat seinerzeit begünstigt worden war, reiste der Diplomat nach Dänemark zu König Erich, der

sich inzwischen zu einem Gegner der Hanse erklärt hatte. Pleskow unterstützte ihn dabei, wie es schien, und ermunterte Erich obendrein, lübische Bürger samt deren Habe auf Schonen verhaften zu lassen. Krieg drohte. Aber Lübecks Nachbarstädte griffen ein und konnten gerade noch den offenen Konflikt vermeiden. Lübecks Ansehen war mittlerweile auf den Nullpunkt gesunken, es hatte den letzten Kredit verspielt.

Wie die Erlösung von einem schweren Alpdruck mußte es unter diesen Umständen erscheinen, als das Bürgerregiment zu erkennen gab, es werde seine Ämter zur Verfügung stellen. Am 24. Mai 1416 versammelten sich die Sendboten von Hamburg, Rostock, Wismar, Stralsund, Lüneburg, Greifswald und Stettin in Lübeck, um die Übergabemodalitäten auszuhandeln. Drei Wochen später war man sich einig.

Die Wiedereinführung des alten, neuen Rats begann mit einer feierlichen Prozession durch die Straßen der Stadt, vom Burgtor hinauf zur Marienkirche. An der Spitze marschierte gemessenen Schrittes Jordan Pleskow, begleitet von Marquard von Damen. Von den 15 Ratsmitgliedern, die einst ins Exil gegangen waren, erlebten nur noch sieben diesen Triumph.

Die versöhnliche Milde und die Freundlichkeit einer Rede, die Pleskow anschließend seinen Lübeckern hielt, machte Eindruck. Wie es überhaupt erstaunlich war, welche Mäßigung sich die Parteien in dem achtjährigen Verfassungskonflikt auferlegten. Der Neue Rat hatte keine Ausschreitungen gegen seine Gegner oder deren Anhänger in der Stadt geduldet. Abgesehen von der Beschlagnahme ihres Vermögens, war den Mitgliedern der Ratsfamilien kein Haar gekrümmt worden. Daß die alten Herren unter Pleskows Führung ihr möglichstes taten, um die Rechtsbrecher in Lübeck, wie sie es empfanden, aus dem Sattel zu heben, wen wundert es.

Und daß sie sich dabei nicht der allerfeinsten Methoden bedienten, ist durchaus verständlich. Die wohl anfangs befürchtete große Abrechnung mit den Umstürzlern blieb aber aus. Man ließ es bei zwei oder drei Hinrichtungen bewenden. Die Patrizier, weiter voll im angestammten politischen Geschäft, füllten die Lücken im Rat durch Zuwahl unter Ausschluß der Öffentlichkeit, wie gehabt. Als Geste gegenüber der Bürgerschaft diente die Aufnahme von fünf Mitgliedern des Neuen Rats.

Die 96 Handwerksämter der Stadt mußten freilich antreten, wieder Gehorsam schwören und der Erhebung einer Steuer zustimmen, mit der die Schuld gegenüber Kaiser Sigismund, inzwischen heruntergehandelt auf 13000 Gulden, beglichen werden sollte.

Wismar und Rostock setzten den Restaurationsbemühungen der Mecklenburger Herzöge und des lübischen Rats keinen nennenswerten Widerstand mehr entgegen. In Hamburg gelang das vollständige Comeback der alten Gewalten wenig später, im Dezember 1417. Der Versuch, die Stadtherrschaft zu demokratisieren, war gescheitert.

Man hätte erwarten dürfen, daß die beiden Hansetage von 1417 und 1418 in Lübeck, die sich an die Wiedereinsetzung des alten Rates anschlossen, wenigstens die dringendsten außenpolitischen Fragen anpacken würden. Die Auseinandersetzung mit Dänemark stand vor der Tür, unzählige Holländer und Engländer segelten jetzt in der Ostsee, und das Brügger Kontor klagte wie vordem über fortwährende Mißachtung der Hanse-Privilegien.

Aber es geschah nichts. Die Hanse betrieb die große Nabelschau, sie konzentrierte sich vollkommen auf die Reorganisation ihrer inneren Verhältnisse.

Ganz oben auf der Liste stand die Restauration der Ratsverfassung aller Hansestädte. Entsprechend rege war denn auch die Beteiligung an beiden Zusammenkünften, 35 Städte hatten im Jahre 1418 ihre Abordnungen entsandt, auch Leute des Kaisers und anderer Fürsten erschienen. Man verabschiedete ein Statut von 32 Artikeln, deren wichtigste vier das Papier einleiteten und zeigten, worum es den hansischen Patriziern in erster Linie zu tun war: Aufrührern gegen den Stadt-Rat wird mit der Todesstrafe gedroht, Städte, die ihren Rat der Macht berauben, sind zu verhansen. Außerdem schrieb man die Vorrangstellung Lübecks innerhalb der Gemeinschaft fest. Die Stadt wurde formell ersucht, nunmehr die Leitung der hansischen Handelspolitik zu übernehmen.

Jordan Pleskow, der Präsident der Hansetage, hatte mehr gewollt als nur diesen verlegenen Blick zurück. Aber sein Vorschlag, die Hanse künftig auch auf ein politisches und militärisches Bündnis zu stützen – eine Vereinigung, die man »Tohopesate« nannte – drang nicht durch. Als schärfster Widersacher gebärdete sich der Deutsche Orden.

18. Kapitel:
Als der Lauf der Geschichte angehalten wurde

Freibeuter und Kunst-Mäzen

Während sich die Hanse reichlich abstrampelte, um in der Ostsee wenigstens den Klassenerhalt als Nordeuropas erste Handelsmacht zu behaupten, endete der Konflikt mit England, der das gesamte 15. Jahrhundert hindurch die Gemeinschaft in Trab hielt, seltsamerweise mit einem Triumph. Noch einmal trat die Hanse vor ein staunendes europäisches Publikum, den schon leicht verrutschten Glorienschein über dem Haupt wieder geradegerückt, und ließ sich bejubeln. Ein Jahr vor dem Friedensschluß zu Utrecht 1474 gelang den Hansen im Krieg mit England ein Coup besonderer Art. In Danzig vergammelte seit Jahren das damals größte Schiff aller Zeiten, die »Peter von La Rochelle«. 1462 hatte der ehemals französische Frachter am Kai festgemacht, mit einer Salzladung für Danzig an Bord. Und das Volk riß Mund und Nase auf angesichts dieses schwimmenden Ungetüms: 43 Meter lang, 12 Meter breit, 5 Meter Tiefgang, Tragfähigkeit etwa 800 Tonnen – nach heutigen Maßstäben schon ein Küstenfrachter – und 32 Meter hoch der Hauptmast, in den eines wenig schönen Tages der Blitz fuhr und ihn der Länge nach spaltete. Die Reparatur wurde teuer, die Werftliegezeit lang, weil man einen so stattlichen Mast nicht am Lager hatte, sondern ihn erst auftreiben mußte, kurz, dem französischen Eigner ging das Geld aus, er konnte die Rechnung nicht bezahlen. Woraufhin die Werft das Schiff an die Kette legte. Elf Jahre dümpelte das Monstrum vor sich hin, als man sich – der Kaperkrieg mit England stand in schönster Blüte – des »Groten Kraweel«, wie man den Riesen nannte, entsann. Das Schiff wurde reaktiviert, diesmal für den Kriegsdienst, in »Peter von Danzig« umgetauft, mit 18 Kanonen bestückt sowie mit 50 Seeleuten und 300 Seesoldaten bemannt. Und ab ging es Richtung Straße von Dover unter dem Kommando des Danziger Ratsherrn Bernd Pawest.

Aber alle, die mit ihm auf Kaperfahrt waren, begannen über kurz oder lang zu murren. So sehr man sich auch bemühte, kein lohnendes Beuteschiff kreuzte den Kurs. Arbeitslos und übellaunig segelte man zwischen den Downs, Ushant und Calais hin und her. Der große Fischzug endete in einer großen Pleite. Zu allem Übel holte man sich auch noch nasse Füße, weil der »Peter« nicht ganz dicht war. Wasser drang ins Schiff, obwohl man es bei der Werftüberholung kalfatert hatte.
Auch Kapitän Pawest war seinen wenig ertragreichen Job bald leid und quittierte den Dienst. Zu seinem Nachfolger schlug er den schon damals berühmten Paul Beneke vor, ein Danziger wie er, dazu ein erfahrener Seemann und Pirat. Der Stadtrat akzeptierte.
Beneke fuhr zunächst Geleitschutz für hansische Kauffahrteischiffe, was aber auf die Dauer eine höchst unbefriedigende Beschäftigung für einen Freibeuter war. Bald schon folgten Taten, deren ruhmreichste Beneke im April 1473 gelang. Leichtsinnigerweise hatte Thomas Portinari, der Vertreter der Medici in Brügge, die florentinische Galeone »St. Thomas« nach England beordert, an Bord eine Ladung im Wert von umgerechnet vier Millionen Mark. Inmitten von Pelzen, Seide, Goldbrokat »Das jüngste Gericht«, ein Gemälde vom Brügger Meister Hans Memling. Die Galeone wurde Benekes Beute. Das Memling-Gemälde vermachte er, ganz der große Mäzen, der Marienkirche seiner Vaterstadt. Und in Danzig befindet es sich noch heute, jetzt aber in einem Museum.
Seine Raubzüge, besonders aber der letzte, hatten beträchtlichen Staub aufgewirbelt. Beneke, der mit dem letzten Beutezug seine Altersversorgung gesichert wußte, nahm Abschied von der See und lebte bis ans Ende seiner Tage als geachteter Bürger Danzigs in seinem Haus in der Heiligen-Geist-Gasse.

Diplomatische Verwicklungen, wenn nicht mehr, waren mit dem Herzog von Burgund, jetzt Karl der Kühne, zu befürchten, denn die »St. Thomas« fuhr unter seiner Flagge. Aber es geschah nichts. Karl der Kühne ließ es mit geharnischten Protesten an den Danziger Rat bewenden. Nur in Brügge erhob sich großes Gezeter. Portinari bestand auf Schadensersatz, worauf man ihm mitteilte, er möge gefälligst das Maul halten und sich an die Gerichte wenden. Das tat er dann auch. Bis freilich ein Urteil gesprochen wurde, vergingen vierzig Jahre.

»Danzigs Hunde werden englisches Blut lecken«

Paul Benekes Dienst für Danzig und die Hanse ist Schluß- und Höhepunkt jahrzehntelanger deutsch-englischer Auseinandersetzungen: Wenn du meinen Hansekaufmann prügelst, schlage ich deinen merchant adventurer, kaperst du mein Hanseschiff, bringe ich deinen Frachter auf – nach diesem schlichten, aber wirkungsvollen Verfahren wickelten sich die Streitigkeiten ab. Ein Landkrieg der beiden Mächte kam aus naheliegenden Gründen nicht in Frage. Ein Territorium, auf dem man sich die Schädel hätte spalten können – sieht man von der absurden Idee einer hansischen Landung auf der Insel ab –, war nicht vorhanden. So blieb gar keine andere Wahl, als sich im Seekrieg zu üben, und im Grunde war es auch das beste, denn auf diese Weise richtete man den geringsten Schaden an. Und Seekrieg hieß Kaperkrieg, hüben wie drüben.

Die beiderseitigen Handelsinteressen hatten lange den Ausbruch offener Feindseligkeiten verhindern können, obwohl die Hanse gegenüber den Engländern mindestens einen ebenso scharfen Restriktionskurs steuerte wie gegenüber den Holländern. Verkehrs- und Handelsverbote waren an der

Tagesordnung. Man beschlagnahmte wie üblich die Waren und warf die Engländer ins Gefängnis.
Den Deutschen erging es in England nicht viel anders. Auch sie fanden sich unversehens im Kerker wieder, sei es aus Rache wegen der in den Hansestädten einsitzenden adventurers, sei es, weil sie sich aus sonst unerfindlichen Gründen den Zorn der Obrigkeit zugezogen hatten.
Die schlimmsten Scharfmacher gegen die Hansekaufleute kamen, das konnte gar nicht anders sein, aus den Reihen der merchant adventurers – eine echte »pressure group«, die das Parlament unter Druck setzte. Ihre Argumente überzeugten.
Warum, so fragten sie sich und die Abgeordneten, warum erfreuen sich die Hansen noch immer in England des ungeschmälerten Genusses der Privilegien, während wir, die Kaufleute seiner Majestät, gleicher Rechte in Deutschland, im Ostseehandel zumal, entraten müssen. Wobei sie natürlich ein bißchen mogelten, denn in Preußen zum Beispiel waren sie eigentlich immer wohlgelittene Gäste – sofern sie sich nicht zu breit machten. Schließlich unterhielten sie in Danzig eine eigene Niederlassung unter Leitung eines Governors, die auch dann noch weiterarbeiten konnte, als 1398 der Ordens-Hochmeister den zehn Jahre zuvor geschlossenen Vertrag aufkündigte.
Dennoch, im Prinzip hatten sie mit ihren Forderungen nach Gleichbehandlung schon recht, vor Übergriffen der Hanse waren sie so wenig sicher wie die Stalhof-Mannschaft in London vor englischen Zudringlichkeiten.
Als sich nach Ansicht der Hanse der englische Handel um 1420 zu sehr ausgeweitet hatte, wurde das Danziger Kontor zwangsweise geschlossen und der Governor ins Gefängnis geworfen. Wenn sich die englische Kaufmannsgenossenschaft nicht sofort auflöse, würden »Danzigs Hunde das englische Blut von den Straßen auflecken«.

In England konnte die geistliche und weltliche Aristokratie, traditionelle Sympathisanten der Deutschen, gerade noch die schlimmsten Vergeltungsaktionen wegen der Danziger Vorfälle an den Hansekaufleuten verhindern.
1423 aber wurden die Deutschen verhaftet, weil sie sich geweigert hatten, die vom Parlament beschlossenen Sonderabgaben zu zahlen. 1431 flüchtete die Stalhof-Besatzung nach Brügge; sie glaubte, der unvermeidliche Krieg breche jeden Augenblick los. London hatte weitere Steuern verlangt, das hatte Lübeck kategorisch abgelehnt. Auch diesmal konnten die Streithähne noch unblutig getrennt werden, vornehmlich deshalb, weil Heinrich Beaufort, Bischof von Winchester und Kanzler von England, sich vermittelnd einschaltete und dabei tollkühn die Forderung seiner handeltreibenden Landsleute nach Abschaffung aller hansischen Privilegien als widerrechtlich bezeichnete und die Unentbehrlichkeit des deutschen Handels in den glühendsten Farben schilderte – auch er sichtlich ein starker Sympathisant der Hanse, die ihm zum Dank ein Haus in der Nähe des Stalhofs schenkte.
Gewaltiges Rachegeschrei erhob sich wenig später, als England eine riesige Flotte von rund hundert Schiffen, darunter zur Hälfte hansische, gekapert hatte. Wieder aber konnte ein Waffengang verhindert werden. Der englische Adel verwandte sich bei König Heinrich VI. für die Deutschen, die als Antwort auf den Streich sämtliche englischen Waren in ihren Städten konfisziert hatten.
Mehr noch als der Ärger mit den Holländern förderten die ständigen Reibereien mit England Zwistigkeiten innerhalb der Hanse, die sich darüber in zwei Lager spaltete: die wendische Städtegruppe unter Lübeck als Verfechter eines harten, zum Krieg entschlossenen Kurses und die zögernden, auf Ausgleich bedachten preußischen und livländischen Städte sowie der Deutsche Orden, der ebenfalls zur Mäßigung riet.

Während die Hanse durch diese Reibereien geschwächt und am gemeinsamen Handeln entscheidend gehindert wurde, verstärkte sich wesentlich ihre Position in England im Zuge der Auseinandersetzungen um die Krone. Das Land erlebte in der Mitte des 15. Jahrhunderts die blutigsten Kämpfe seiner Geschichte: die sogenannten Rosenkriege der Häuser Lancaster (im Wappen die rote Rose) und York (weiße Rose im Wappen). Dreißig Jahre lang, von 1455 bis 1485, bekriegten die Familien einander bis aufs Messer, dann war niemand mehr vorhanden, der den Thron hätte besteigen können. Lachender Dritter am Ende dieses gnadenlosen Kampfes war ein Mann aus dem Hause Tudor, der als Heinrich VII. (1485-1509) das Land wieder einte.

Kontor-Besetzer vom Rhein

So schleppten sich die Hanse und England von Krise zu Krise, bis diese schließlich 1470 offen ausbrach. Unmittelbarer Auslöser waren die üblichen gegenseitigen Beschuldigungen, die versteckten und offenen Fouls, Drohungen und Tätlichkeiten, aber, und das war neu, diesmal unter dänischer Beteiligung, wenn auch unfreiwilliger.
Die Dänen regten sich über die Engländer auf, die sich in den Island-Handel eingemischt hatten – eine Verletzung ihres Monopols, wie man in Kopenhagen meinte –, und griffen sich bei günstiger Gelegenheit sieben englische Frachter im Sund. Die Briten waren empört. Daß sie dahinter hansische Machenschaften witterten, war verständlich, aber falsch. Man ließ den Londoner Mob auf den Stalhof los.
Das veranlaßte Köln, sich von der hansischen Sache loszusagen. Die Rheinländer verdroß es ohnehin schon lange, daß ihre traditionell guten Beziehungen zur Insel, aber auch zu Flandern, fortwährend unter den hansisch-englischen Querelen litten.

Unzufrieden war man auch über die neuen Abgaben für das Kontor in Brügge, den sogenannten Schoß, der auf alle in Flandern, später auch in Brabant und den Niederlanden gehandelten Waren erhoben wurde und zur Stärkung der Niederlassung beitragen sollte. Da Kölns Handel mehr als der anderer Städte mit den Niederlanden verflochten war und die Stadt seit alters her keinen sonderlich großen Einfluß im Brügger Kontor hatte, verweigerte es die Zahlung, die seiner Meinung nach nur zu einer Stärkung Lübecks führen mußte. In diesem Zusammenhang kam es sogar auf Veranlassung des Kontors zu einer Verhaftung Kölner Kaufleute, die derartige Kontributions-Zahlungen in Antwerpen und Bergen-op-Zoom verweigert hatten.

In London besetzten die Kölner Kaufleute das Kontor. De facto hatten sie die Hanse damit enteignet: die Guildhalle gehöre ihnen, erklärten sie und bemächtigten sich dann des Archivs, der Kontor-Gelder und des Siegels. Obendrein wurden sie dafür noch von ihrem Gönner Eduard IV. (Haus York, Weiße Rose) mit der Anerkennung von Sonderprivilegien belohnt. Die Sezession war gelungen, Köln bildete eine eigene Kaufmannsgenossenschaft und durfte frei handeln, sofern ein Zertifikat ihren Waren kölnischen Ursprung bescheinigte.

Das war glatter Verrat, das war eine Art Staatsstreich. Köln wurde mit Verhansung, dem Ausschluß aus der Gemeinschaft, gedroht, sofern es sich nicht unterordne. Es dachte gar nicht daran, sondern ging zur Gegenoffensive über. Herzog Karl dem Kühnen schmeichelten die Patrizier einen besonderen Geleitbrief ab, der ihnen freien Transit englischer Tuche durch Flandern erlaubte. Das Kontor in Brügge zerrten sie vor den herzoglichen Gerichtshof und bewirkten seine Verurteilung wegen der Schoßerhebung.

Damit aber war die Toleranzgrenze überschritten. Am 1.

April 1471 wurde Köln feierlich und förmlich aus der Hanse ausgeschlossen.

Die Hanse setzt auf Sieg

Inzwischen hatte sich das hansisch-englische Verhältnis zugespitzt. Das Brügger Kontor mochte den englischen Angriff auf den Stalhof nicht länger hinnehmen und eröffnete offiziell die Feindseligkeiten, indem es zwei Kriegsschiffe ausrüstete und auf Feindfahrt schickte. Danzig, gestärktes Selbstbewußtsein zur Schau tragend – wie übrigens auch die anderen preußischen Städte, nachdem unter ihrer maßgeblichen Beteiligung der ungeliebte Deutsche Orden besiegt worden war –, Danzig also schwenkte voll auf Kriegskurs ein, machte gleichfalls mobil für den Kaperkrieg und setzte ihm mit der »Peter von Danzig« unter Paul Beneke, nach eigenem Verständnis wenigstens, ein Glanzlicht auf. Die Hanse selbst, noch schwer geschockt durch den Kölner Abfall, reagierte zunächst hinhaltend. Man verlangte fürs erste die Freilassung der beim Sturm auf den Stalhof gefangengenommenen Kaufleute und Schadensersatz. Die Forderungen wurden schon bald erfüllt, nachdem einmal mehr die englische Aristokratie im hansischen Sinn vermittelt hatte. Wieweit zu dieser Entscheidung des Königs auch die Fürsprache der englischen Tuchmacher beigetragen hat, ist leider nicht ersichtlich. Die Tucher von Gloucestershire jedenfalls sandten ihrem Monarchen eine Bittschrift, worin sie den großen Schaden hervorheben, der ihnen durch die Festnahme der Hansekaufleute entstanden sei und noch weiter entstehe. Wörtlich: »Wenn dies lange andauert, hat das die Folge, daß die gesamte Herstellung auf ein Minimum herabgesetzt wird und dadurch viele Eurer Untertanen in großen Müßiggang verfallen, was Gott verhüten möge...« Man sieht: noch ist die Hanse nicht entbehrlich, noch können die merchant adventurers allein nicht den Absatz der Produkte besorgen, und die Kölner Kapazitäten reichten dazu bei weitem nicht aus.

Die Hanse setzte auf Sieg. Darauf konnte sie um so eher spekulieren, als sich die internationale Lage günstig für sie entwickelt hatte, was nicht eben häufig vorkam. Der Herzog von Burgund, Karl der Kühne, sagte wohlwollende Neutralität zu. Dänemark, sauer auf die englischen Kaufleute, versprach eine Einfuhrsperre für englisches Tuch. Die Rosenkriege taten ein übriges: Nach dem Lancaster Heinrich VI. hatte 1461 Eduard IV. von den rivalisierenden Yorks den Thron besetzt, mit der Folge, daß die Hanse von der Lancaster-Clique mit Handelsvorteilen umworben wurde. Als die schließlich an die Macht kam, konnte sie sich freilich nur noch schwach an die Zusagen erinnern.

Alsbald begannen erste Sondierungen über einen möglichen Friedensschluß. Der Kaperkrieg und die Wirtschaftsblockade Englands, zwar ständig durchbrochen und keineswegs einheitlich befolgt, begannen Wirkung zu zeigen. Ganze Flotten hatte man sich mittlerweile gegenseitig geraubt, bis sich schließlich die Erkenntnis Bahn brach, damit endlich Schluß zu machen. Man setzte sich in Utrecht zusammen und handelte trotz Kölner Quertreibereien 1474 einen Frieden aus.

Wirtschaftspolitisch kam dieser Vertrag einer Kapitulation Englands gleich. Die merchant adventurers sahen sich bei ihren Versuchen, in Deutschland, Skandinavien und den baltischen Ländern dauerhaft Fuß zu fassen, vollständig abgeblockt. Englands Forderung, seinen Kaufleuten in Preußen wenigstens die Rechte wieder einzuräumen, die sie vor dem Krieg besessen hatten, wurde von Danzig rundweg abgelehnt. Erst zwei Jahre danach fand sich die Stadt bereit, den britischen Kaufleuten gewisse Befugnisse zuzugestehen. In gleicher Weise zurückhaltend gaben sich auch die livländischen Städte.

Ein Jahrhundert verging, bis sich die englischen Kaufleute in diesen Gebieten wieder etablieren konnten. Sie nutzten die Zeit aber, erweiterten ihren Aktionsradius in Richtung Mittel-, Süd- und Osteuropa und konzentrierten ihre Bemühungen im Norden auf die Niederlande.

König und Parlament mußten die hansischen Privilegien, wie immer in solchen Fällen, bestätigen und sich zu einer Entschädigung von 25 000 Pfund bereit finden, die von der Hanse jedoch auf 10 000 Pfund ermäßigt wurde, als man ihr die Gebäude der Niederlassungen in London, Boston und King's Lynn übereignete.

Während vom Stalhof in London kein Stein mehr existiert, wurde der Hof in King's Lynn Ende der sechziger Jahre dieses Jahrhunderts restauriert. Freilich hatten die Altvorderen die Anlage im Laufe der Zeit so stark verändert, daß der ursprüngliche Bau des 15. Jahrhunderts nur annähernd rekonstruiert werden konnte. Die Wiederherstellung des früheren Speisesaales der Hansekaufleute im Obergeschoß des westlichen Querflügels dürfte, Fachleuten zufolge, noch am ehesten dem Original entsprechen. Mit einer, allerdings entscheidenden Ausnahme. Wo früher ehrbare Handelsleute ihre Suppe auslöffelten, brocken sich Zeitgenossen welche ein: der Saal wird für Trauungen benutzt.

Köln kriecht zu Kreuze

Ein kräftiges, ein selbstbewußtes England hätte diesen Frieden kaum geschlossen. Die Rosenkriege aber hatten das Land an den Rand des Ruins gebracht, wirtschaftlich und politisch. Der Wohlstand, die gewerbliche Tätigkeit und die

Schiffahrt waren deutlich geschrumpft, der Handelsverkehr England–Niederlande gelangte fast völlig in die Hände der Hanse.
Wie sehr man unter dem Übergewicht der Hanse litt, belegt die gängige Meinung: lieber wolle man eine Besserung der schlimmen Lage durch offenen Krieg und Streit mit der Hanse versuchen, gleichviel was es koste, als auf diese Weise zaudernd und zagend verderben.
Der Utrechter Friede hatte auch eine bedeutsame innerhansische Folge: Köln mußte zu Kreuze kriechen. Von allen Freunden verlassen, stand es plötzlich da. Sein wichtigster Partner, Englands Eduard IV., hatte ein doppeltes Spiel getrieben und der Hanse Versprechungen gemacht. Karl der Kühne war sauer auf die Stadt, weil sie bei der Belagerung von Neuss seinen Feinden geholfen hatte.
Der Gang nach Bremen zum Hansetag von 1476 geriet nur deswegen nicht zur restlosen Unterwerfung, weil die Hanse inzwischen milde gestimmt war. Wäre es nach dem Brügger, vor allem aber nach dem Londoner Kontor gegangen, hätte man Köln fertiggemacht. Zu groß war noch der Zorn über den Verrat. Als Vergeltung mußten es die Kölner Kaufleute hinnehmen, daß man sie jetzt aus dem Stalhof aussperrte. Erst 1478 öffneten sich wieder die Tore für sie, nachdem sich Köln zu einer Sonderbuße von 150 Pfund bereit erklärt hatte.
Ohnehin mußte Köln ziemlich tief in die Geldschatulle greifen, um die hansischen Forderungen zu erfüllen. Zunächst wurde eine Schoß-Nachzahlung für das Kontor in Brügge in Höhe von 600 Gulden, zahlbar in Jahresraten von 100 Gulden, fällig. Außerdem 2500 Gulden für beide Kontore als Ausgleich für Schäden. Dem Stalhof wurden noch einmal 350 Pfund zugesprochen, und Köln mußte alle Wertgegenstände, das Archiv und die Siegel herausgeben, die es sich widerrechtlich angeeignet hatte.

Gemessen an der Finanzkraft der Rheinmetropole indessen, waren das geringe Beträge. So unmäßig sich die Hanse als Sieger gegenüber England aufgeführt hatte, so sehr zügelte sie sich im Hinblick auf Köln.

Der eigentliche Gewinn war, daß sich die Hanse mit der Rückkehr der Domstadt nach außen wieder fest als geschlossene Gemeinschaft präsentierte, die sich außenpolitischen Gegnern mit Aussicht auf Erfolg entgegenstellen konnte. Die zentrifugalen Kräfte waren gebannt, für den Augenblick jedenfalls, wenn auch die Städte sich im Anschluß an den Bremer Hansetag nicht dazu durchringen konnten, einen gegenseitigen Beistandspakt zu schließen, wie es Lübeck gewünscht hatte.

Der Frieden von Utrecht ist einer der Höhepunkte der Gemeinschaft. Hundert Jahre nach Stralsund, mitten in einem gefährlichen Abstiegsstrudel, noch einmal der alte Glanz: die Hanse als Machtfaktor, den zu unterschätzen sich niemand ungestraft erlauben durfte. Es schien, als habe man den Lauf der Geschichte anhalten können.

Den klugen Ratsherren freilich hätte es allmählich dämmern müssen, wohin die Reise ging. Auf lange Sicht jedenfalls ließen sich die Wettbewerber um den europäischen Markt nicht kurzhalten, weder Engländer, Holländer noch sonst wer. Dies um so weniger mit einem veralteten wirtschaftspolitischen Instrumentarium, wie Handelssperren, Verweigerung von Privilegien für Ausländer, Protektionismus, Diskriminierung. Dringend notwendig war eine Reform an Haupt und Gliedern, die veränderte Welt verlangte danach. Aber sie unterblieb. Der Erfolg von Utrecht verstellte den Blick nach vorn.

19. Kapitel:
Götterdämmerung im Osten

Beliebt wie ein Diktator: Der Deutsche Orden

Während die Hanse im westlichen Nordeuropa wie ein angeschlagener Riese taumelte, ging sie in der Osthälfte zu Boden. Im 15. Jahrhundert wurde der Ordensstaat Preußen zwischen seinen Nachbarn Polen und Litauen zerrieben. Nowgorod wurde zur Beute der Moskauer Fürsten. Die baltischen Länder hatten sich mühsam halten können, aber ihr Ende dämmerte unaufhaltsam herauf, daran konnte es keinen begründeten Zweifel mehr geben, besonders nicht, nachdem die Russen expansiv geworden waren. Die Fugger, jenes legendäre Augsburger Kaufmannsgeschlecht, stifteten auch ein paar Nägel zum Sarg der Hanse, als sie sich in den Ostprovinzen einzunisten begannen. Im Osten war die Götterdämmerung der Gemeinschaft angebrochen. Wenn die Geschichte so etwas wie Fairneß kennen würde, hätte sie den Deutschen Orden in Preußen und Livland schon im 14. Jahrhundert aus dem Verkehr ziehen müssen. Seine Mission war erfüllt, in Preußen und Livland ließ sich kein Heide mehr blicken. Entweder die Leute waren bekehrt oder erschlagen worden: Der Orden hatte sein Ziel erreicht, womit seine Existenzberechtigung fortfiel.
Böse Zungen behaupteten unwidersprochen, daß sich die Ritter mit Litauen ein heidnisches Reservat erhalten würden, um ihre Existenzberechtigung auch jetzt noch darzutun und deswegen auch jene berüchtigten »Litauerreisen« zu veranstalten, an denen teilzunehmen es sich der europäische Adel als hohe Ehre anrechnete.
Es galt eben immer noch als erstrebenswert, den Ritterschlag im Kampf gegen die Heiden zu erhalten. Wo sonst gab es noch ritterliches Leben und Treiben, wenn nicht in Preußen, und wohin sonst konnte eine Familie von Stand unverbesserliche Taugenichtse schicken, die sie sich auf elegante Weise vom Halse schaffen wollte?

Die zweite Hälfte des 14. Jahrhunderts: Das war die große Zeit, die Blüte des Ordensstaates. 1398 erreichte er mit der Eroberung Gotlands im Zuge des Kampfes gegen die Seeräuber, mit der Besetzung Westlitauens und Schamaitens, einer Landbrücke hinüber nach Livland, seine größte Ausdehnung.

Wirtschaftlich lief der Staat auf vollen Touren. Der Handel stützte sich in erster Linie auf den Export von Getreide, Holz und Bernstein. Der Orden selbst trieb Handel, zum ständigen Ärger der preußischen Städte, die nur zu oft das Nachsehen hatten, wenn die Ordenskaufleute für sich Vorteile erringen konnten, die den städtischen Händlern versagt blieben.

So getrübt sich das Verhältnis zu den Städten im eigenen Land gestaltete, so wenig herzlich war es zu denen der Hanse überhaupt. Lübeck blieb ständig mißtrauisch gegenüber dem Orden, der seine Politik prinzipiell nie an hansischen Belangen ausrichtete, sondern stets Sonderinteressen verfocht. Der Hochmeister war beliebt wie ein Diktator: Man wünschte ihn zum Teufel, und mit ihm seine Ritterschaft. Als 1397 preußische Adlige die Untergrundorganisation »Eidechsenbund« ins Leben riefen, konnten sie der Unterstützung des gesamten Landes sicher sein, besonders auch der großen Städte Danzig, Elbing, Kulm, Thorn und Königsberg. Der Bund wurde zur Keimzelle des Widerstands und befürwortete einen Anschluß Preußens an Polen. Polen, der erklärte Feind Preußens, behinderte den Ordenshandel, wo immer es möglich war: Anerkennung des Krakauer Stapelrechts, zum Schaden von Thorn, Kulm und Danzig, deren Kaufleute nun von den ungarischen Kupferminen abgeschnitten waren; es ermunterte seine Kaufleute, auf Stettin als Hafen auszuweichen und statt der Weichsel die Oder als Verkehrsweg zu benutzen.

Dem Bestand des Staates Preußen drohte schon 1386 Gefahr, als sich die Erzfeinde Polen und Litauen zusammengetan hatten. Der litauische Fürst Jagiello ließ sich taufen und heiratete die polnische Thronerbin Hedwig, nachdem diese ihrem Verlobten, einem Habsburger, den Laufpaß gegeben hatte. Jagiello wurde unter dem Namen Wladislaw II. polnischer König. Witold, sein Cousin, herrschte über Litauen.

Von den Vettern in die Zange genommen, trat der Hochmeister Ulrich von Jungingen die Flucht nach vorn an: Er erklärte ihnen 1410 den Krieg. Dessen Ausgang ist bekannt: Bei Tannenberg wurde das Ordensheer vernichtend geschlagen. Tausende von Rittern fielen, darunter auch der Hochmeister. Der Ordensstaat schlitterte hart am Rande seines Untergangs entlang.

Sofort brach ein Aufstand gegen das verhaßte Regime in Preußen los. Adel und Klerus, aber auch die Städte unterstellten sich dem polnischen König und gelobten ihm Treue. Die Ordensritter wurden aus den Städten verjagt.

Der Frieden, den die Kriegführenden 1411 in Thorn schlossen, fiel für den Orden dann doch noch einigermaßen glimpflich aus. Preußen mußte Schamaiten, die Landbrücke nach Livland, für eine befristete Zeit an Polen abtreten und kleinere Landstriche abtreten. Die abtrünnigen Städte aber zwang der Orden wieder unter seine Botmäßigkeit und nahm Rache. Danzigs und Thorns Bürgermeister endeten durch das Richtschwert.

Von einer Restaurierung der alten Macht und Herrlichkeit konnte jedoch keine Rede mehr sein. Die kommenden fünfzig Jahre brachten Kriege, nichts als Auseinandersetzungen mit Polen und Litauen sowie mit dem preußischen Adel und den Städten.

Der preußische Staat schmolz zusammen, die Marienburg, Regierungssitz des Landes, ging verloren, und man zog um nach Königsberg. Aber alle Bemühungen der Hochmeister, sich mit Hilfe von Kaiser und Reich aus der tödlichen Umklammerung zu lösen, schlugen fehl. Der letzte Hochmeister, Albrecht von Brandenburg, wandelte den Ordensstaat in ein weltliches Herzogtum unter polnischer Lehnshoheit um, wenige Jahre später folgte der livländische Teil des Ordens diesem Beispiel. – 300 Jahre Ordensstaat gehörten damit der Vergangenheit an, waren endgültig Geschichte geworden.

Die Hanse jedoch hatte nicht allzu viele Nachteile davon. Möglich, daß die Vorteile sogar überwogen, denn man war auf diese Weise eines der eigenwilligsten Mitglieder losgeworden. Die Sonderrechte, die der Hochmeister stets beansprucht hatte, die zum Teil nur geringe Kooperationsbereitschaft, die Brüskierungen hinterließen oft genug Bitterkeit und Enttäuschung bei der Hanse. Damit war es nun vorbei. Besonders aber atmeten die preußischen Städte auf; sie fühlten sich befreit von dem Joch.

An einem Tag wie jeder andere: Nowgorods Ende

Rasch, aber nicht überraschend, kam das Ende Nowgorods. Für den dramatischen Schlußakkord sorgte der Moskauer Großfürst, der freilich in einem Augenblick zuschlug, als niemand damit rechnete. Nichts deutete am 5. November 1494 darauf hin, daß dies der letzte Tag der Hanse in Nowgorod sein würde.

Es war ein Tag wie jeder andere. Nach einer sternklaren Frostnacht hatte sich der Himmel gegen Morgen bezogen. Mühsam kämpfte sich das Tageslicht durch die Wolken. Schnee lag in der Luft. Wie gewöhnlich hatte der Hofwächter die Hunde wieder eingesperrt und ihnen rohes Fleisch zum Fressen hingeworfen, und wie gewöhnlich kam langsam Le-

ben in den verschlafenen Hof. Die Kaufleute schälten sich aus ihren Decken und Fellen, benetzten vorsichtig Gesicht und Hände mit Wasser und setzten sich zum Frühstück nieder.
Das Tor wurde geöffnet, die russischen Händler erschienen, und der Alltag begann. Argwöhnisch wie immer prüften die Russen das Tuch zwischen Daumen und Zeigefinger auf Qualität, ständig auf der Hut, von den Deutschen betrogen zu werden, sie äugten in Heringstonnen, ließen das Lüneburger Salz durch die Finger rinnen, ob es auch nicht zu feucht sei, und lobten ihre eigenen mitgebrachten Waren über den grünen Klee, an denen die Deutschen stets etwas auszusetzen fanden. Wie üblich, wurde man sich auch heute handelseinig und freute sich auf russisch oder deutsch, daß man den Partner hereingelegt hatte, oder fluchte auf russisch oder deutsch, sobald man feststellte, daß man selbst der Angeschmierte war.
Insofern war die Welt für die 49 Hansekaufleute – mehr hielten sich zu dieser Zeit in Nowgorod nicht auf – in Ordnung. Auch als vom Markt her großes Geschrei über den Palisadenzaun drang, beunruhigte man sich nicht weiter. Als aber der Lärm bedrohlich näher rückte, begriff man: Er galt dem Kontor. Ehe man noch das Tor verrammeln konnte, war ein bewaffneter Haufe in den Hof gedrungen, hatte die überraschten 49 Kaufleute zusammengetrieben und sie unter dem Gejohle des Volkes abgeführt. Das Kontor wurde zur Plünderung freigegeben. Im Kerker Nowgorods fragten sich die 49 dann vergeblich, warum es sie wieder einmal erwischt hatte.
Ihre Zuversicht, bald wieder freizukommen – die Hanse mußte ja intervenieren –, wich tiefer Niedergeschlagenheit, als eine hansische Gesandtschaft wieder abreiste, ohne etwas auszurichten.

Ein Sammler russischer Erde: Iwan der Große

Mit der gewaltsamen Schließung des Peterhofs hatten sich düstere Ahnungen erfüllt. Moskaus Großfürst Iwan III. der Große streifte die letzten Reste der Herrschaft der »Goldenen Horde« über Rußland ab, die Batu Khan, ein Enkel Dschingis Khans, in der Mitte des 13. Jahrhunderts errichtet hatte. Nur Nowgorod blieb seinerzeit verschont, mußte aber die mongolische Oberhoheit anerkennen. Rußlands westliche Landesteile hielten Polen und Litauen besetzt.

Die russischen Fürstentümer versanken in Anarchie. Sie bekriegten einander und denunzierten sich gegenseitig beim Khan, der in seiner Hauptstadt Sarai an der unteren Wolga residierte. Der Khan lockerte das anfangs harte Regime – die russischen Fürsten hielten sich gegenseitig in Schach –, er konnte sich auf die Entgegennahme der Tributzahlungen beschränken. Als besonders eifriger Tributeintreiber fiel ihm der Fürst von Moskau, Iwan I., auf, und gnädig half er ihm im Kampf mit dem Nachbarfürsten von Twer um die Vorherrschaft in Nordost-Rußland.

Daß Iwan I. mit außerordentlichem Geschick reichlich Gelder in die eigene Tasche abzweigte – weshalb ihm die Moskowiter den Spitznamen »Kalita«, Geldbeutel, anhängten – und damit ganze Fürstentümer aufkaufte, entging dem Khan im fernen Sarai. Iwan I. legte so den Grundstock für den Aufstieg des Moskauer Reichs.

»Geldbeutels« Nachfahr Iwan III., der den Titel »Zar« einführte, machte Geschichte als Sammler russischer Erde. Auch er kaufte und kaufte, eroberte hier und da etwas, bis er plötzlich vor den Toren Nowgorods stand.

Zar Iwan III., sich der Bedeutung des Handels für den Staat und die eigene Schatulle durchaus bewußt, war entschlossen, Moskau zu fördern. Nowgorod, dessen wirtschaftliche Be-

deutung ohnehin im Schwinden begriffen war, hatte seinen Reiz eingebüßt.
Lübecks Einfluß auf die Leitung des Peterhofs war seit 1422 gleich Null. Dorpat hatte sie an sich gerissen, lag aber deswegen in ständigem Streit mit den livländischen Städten. Lübeck, gelähmt durch seinen Verfassungskonflikt, konnte nicht eingreifen, wenn sich die Städte gegenseitig den Vorsitz über das Kontor abzujagen versuchten.
Unverhohlen waren die livländischen Städte auf den eigenen Vorteil aus. Schon 1416 gaben sie eine Probe ihres New Deal: Den Russen wurde der Handelsverkehr mit Nowgorod verboten, weil wieder einmal Privilegien verletzt worden waren. Unter der Hand ermunterten die Livländer aber ihre Partner, doch nun die livländischen Städte aufzusuchen. Jegliche Warnungen des Hansetages an die Livländer verhallten.

Nach der Gefangenschaft Tod in der See:
die letzten Kaufleute

Die Klagen des Peterhofs über russische Übergriffe rissen das gesamte 15. Jahrhundert über nicht ab. Unterbrechungen des Handels, manchmal über Jahre, waren die Folge. Russische wie deutsche Kaufleute fanden in mancherlei Kleinkriegen den Tod oder starben in Gefangenschaft. Die Krise war zum Normalzustand geworden.
Das war die Lage, als Iwan III. 1471 zum erstenmal militärisch gegen Nowgorod vorging. Die schwache Stadtrepublik unterlag und verlor ihre Freiheit 1478 dann endgültig. In den kommenden Jahren verbündete sich Iwan III. mit Dänemark, um der Hanse auf russischem Boden den Garaus zu machen.
Als 1494 russische Kaufleute in Livland ermordet wurden – ein willkommener Anlaß für den Zaren, endlich die Hanse zu vernichten –, schlug das letzte Stündlein des Peterhofs.

Auf die Schreckensnachricht vom russischen Überfall verhängte die Hanse sofort eine Handelssperre über Rußland. Selbst der Deutsche Orden in Livland machte mobil. Aber er konnte die russische Expansion, deren erstes Opfer Nowgorod geworden war, lediglich verzögern, nicht brechen. Nowgorod hatte aufgehört, als Handelsplatz zu bestehen. Berichtet der Bürgermeister von Riga, Franz Nyenstädt, der in seiner Jugend die Stadt besucht hatte: »Nachgehend ist Nowgarden zu keiner Hantierunge mehr gebraucht, obwohl bisweilen noch Kaufleute dahin gezogen, wie ich denn auch selbst anno 1570 da gewesen und auff dem alten verfallenen Comtoir-Hoffe Hantierunge gehabt, wo selbst damals noch ein Stück von St. Peters Kirchen stand ...«
Deutsche Reisende des 17. Jahrhunderts, zum Beispiel Baron Augustin von Meyerberg und Hans Moritz Ayrmann, erwähnen bei ihrer Schilderung von »Naugarden« das Hansekontor gar nicht mehr. Es war in Vergessenheit geraten. Iwan III. hatte der Stadt den Gnadenstoß versetzt, wirtschaftlich war sie ohnedies am Ende. Kaum verhohlene Freude über den Untergang des Kontors äußerten Riga, Reval und Dorpat, die sich weiteren Zugewinn versprachen und ihrerseits den Rußlandhandel monopolisierten. Der Wohlstand wuchs, bis Rußland ihn im 16. Jahrhundert auf Null zurückschraubte, als es Livland eroberte.
Die meisten der 49 Hansekaufleute aber, die 1494 in Nowgorod in Gefangenschaft geraten waren, konnten in zähen, drei Jahre dauernden Verhandlungen wieder befreit werden. Unter herzlicher Anteilnahme und begleitet von den besten Wünschen traten sie am 29. August 1497 in Reval ihre Heimreise an. Ein lübisches Schiff hatte sie an Bord genommen. Es kam nie in Lübeck an. Am 14. September geriet es in einen schweren Sturm, schlug leck und versank in der aufgewühlten See, mit allen Fahrgästen und der gesamten Mannschaft.

Ein Tycoon mit perfekter Tarnung: Jakob Fugger...

Genaugenommen hatten es die Kaufleute aus den süddeutschen Städten überhaupt nicht auf die Hanse abgesehen, man tat sich eigentlich nichts, jedenfalls nicht auf den ausländischen Märkten. Daß sich die Süddeutschen dennoch in den norddeutschen Handel einschalteten, dafür sorgte die Hanse. Unfreiwillig.

Die Handelssperren hatten im 15. Jahrhundert inflationäre Ausmaße angenommen, was Wunder, daß der internationale Handel nach Mitteln und Wegen suchte, diese zu unterlaufen, und man war um so erfolgreicher, je öfter die Hanse den Handel blockierte – ein Teufelskreis, in den sich die Gemeinschaft hoffnungslos verstrickt hatte. Während so im Norden Engländer und Holländer vor allem in der Ostsee Fuß faßten, suchte der Handel im Süden südlich der hansischen Einflußsphäre Ost-West-Verbindungen. Die neuen Wege führten südlich der Mittelgebirge am »Territorium der Hanse« vorbei.

Schon 1311 war Nürnberger Kaufleuten Zollfreiheit in Brabant zugesprochen worden. König Kasimir von Polen gewährte ihnen Handelsfreiheit in seinem Land.

Unauffällig schlichen sie sich ein, aber noch konnte es sich die Hanse leisten, die Süddeutschen einfach nicht zur Kenntnis zu nehmen. Gegen Ende des 14. Jahrhunderts saßen sie fest im Sattel: im Osten in Prag, in Lemberg, Krakau und Breslau, aber auch schon in Lübeck.

Die Nürnberger schalteten sich in den Kupfer- und Silberhandel ein, was auf den entschiedenen Widerstand besonders der preußischen Städte stieß. Einen nicht geringen Teil des Erzes aus den Karpaten und der Pelze aus Rußland zogen sie von den hansischen Verkehrswegen ab und sandten diese Waren in die Niederlande und nach Venedig.

Einen neuen starken Schub im Ost-West-Handel der Süddeutschen verursachten die Auseinandersetzungen der Hanse mit Dänemark und Holland. Jetzt begannen sie unter Umgehung der großen Städte direkt beim Erzeuger einzukaufen: Wachs und Felle in Rußland, Litauen und Polen. Nach Lage der Dinge konnte die Hanse den süddeutschen Handel jetzt nicht mehr länger ignorieren. Erstmals bezog 1447 ein Hansetag Stellung: Auf jeden Fall sollen die Nürnberger von den Privilegien in England ferngehalten werden. Am Ende des 15. Jahrhunderts bekamen es die Hansen mit ihrem bis dahin mächtigsten Gegner zu tun: den Fuggern aus Augsburg. Regierte die anderen Wettbewerber bei ihren vielfältigen Aktivitäten eher der Zufall, die aus dem Augenblick heraus getroffene Entscheidung, so überließen die Fugger nichts dem Zufall. Ihr klarer analytischer Verstand befähigte sie zu strategischem Denken, planvollem Handeln, wie es in diesem Maß bis dahin gänzlich unbekannt war. Es waren, fast schon im modernen Sinn, echte Multis, Großunternehmer und Konzernherren, deren globale Strategie die Märkte der mittelalterlichen königlichen Kaufleute von Osten und Westen her aufrollten.
Stichtag der Offensive: 18. August 1494, dem Jahr, in dem die Nowgoroder Hanse-Niederlassung unterging. An jenem 18. August nämlich gründeten die Brüder Ulrich, Georg und Jakob Fugger ihr Imperium. Noch im selben Jahr stießen sie bis nach Lübeck vor und errichteten dort eine Bank, die zunächst aber nur Finanzgeschäfte für den Papst abwickelte.
Die Tarnung war perfekt. Geräuschlos etablierten sie sich in Lübeck wie anderswo. Nie traten die Handelsherren selbst in Erscheinung, stets besorgte ein Strohmann ihre Geschäfte. Schien es taktisch sinnvoll, auch einmal auf einen lukrativen Abschluß zu verzichten, etwa um keinen Verdacht aufkom-

men zu lassen – die Fugger taten es. Lübecks schlitzohrige Kaufmannschaft, sonst immer mit empfindlichen Sensoren für heraufziehende Gefahren ausgestattet, nahm das Trojanische Pferd in seinen Mauern nicht wahr. Man hielt die Fugger in erster Linie für Banker des Papstes, sonst aber für verhältnismäßig harmlos. Ein verhängnisvoller Irrtum.
Inzwischen bauten die Augsburger in aller Stille ein System von Niederlassungen an den wichtigen Handelsplätzen auf. Und als sie dann richtig in den Hansehandel einstiegen, konnten sie mit einem voll ausgebauten Netz von Stützpunkten aufwarten.
Sie starteten mit dem Kupfergroßhandel, den die Hanse fest im Griff zu haben glaubte. Seit 1494 hatten die Fugger mit einem der erfahrensten Bergingenieure und Montanunternehmer Europas, Johann Thurzo, eine Bergwerksgesellschaft zur Gewinnung von Kupfer in Osteuropa gegründet. Thurzo brachte technisches Know-how und seine sehr guten Beziehungen zum polnischen und ungarischen Hof ein, die Fugger Geld und die Vertriebsorganisation. Kometenhaft stieg die »Ungarische Handelsgesellschaft« zum marktbeherrschenden Unternehmen im Kupferhandel auf.
Als es die Hanse schließlich merkte, war es zu spät. Der Augsburger Tycoon hatte in Lübeck Wurzeln geschlagen; Godert Wigerinck, sein Vertreter an der Trave, hatte inzwischen den Kupferhandel für das Ostseegebiet organisiert. Danzig wurde zum Hauptausfuhrhafen, die Firmenvertretung hatte ein Jakob Vetter übernommen, Danziger Bürger, der die Fuggerschen Interessen mit Tatkraft und Umsicht auch vor dem Danziger Rat zu vertreten wußte.

... und sein Sprachrohr: Kaiser Maximilian

Die Hanse reagierte, wie vorauszusehen war: Transitverbot für alle nichthansischen Waren über Hansestädte. Zugleich beschwerte man sich bei Kaiser Maximilian, Fugger strebe ein – verbotenes – Monopol an.
Um dem Transitverbot den nötigen Nachdruck zu verleihen, kaperte man 1511 eine Flotte vor der Halbinsel Hela, Holländer allerdings, aber man wußte, daß sie auch Fuggersches Kupfer transportierten. Eine Ladung von über 200 Tonnen im Wert von 9000 Mark wurde aufgebracht.
Der erboste Jakob Fugger sah die Dinge grundsätzlich: Sein Unternehmen war in Wettbewerb zur Hanse getreten. Gekämpft wurde zwar mit harten Bandagen, aber fair. So wenigstens hatte er es sich gedacht. Was die Hanse sich hier geleistet hatte, war aber ein Akt nackter Piraterie, durch nichts gerechtfertigt, unfair.
Jakob Fugger intervenierte bei Kaiser Maximilian, einem seiner Kostgänger, und der hohe Herr empörte sich wunsch- und pflichtgemäß über die ruchlose Tat. Lübeck solle die Kupferladung herausgeben, sonst werde er alle hansischen Waren im Reich beschlagnahmen lassen – eine leere Drohung, wie er selbst am besten wissen mußte, denn entbehrlich war der Hansehandel noch keineswegs. Und was den Monopolismus angehe, so der Kaiser, dieser Vorwurf könne nun wirklich nicht erhoben werden, denn der ungarische Handel bestehe schon zu lange, als daß man dem Fugger da schlechte Absichten unterstellen dürfe. Wegen unzureichender Absatzmöglichkeiten im Osten müsse er das Kupfer halt über See in andere Länder verschiffen, das sei doch wohl einzusehen, und die Hanse mache es mit ihren Waren ja genauso. Dem Fugger aber die Waren zu rauben, obwohl er ganz legal seinen Geschäften nachgehe, das verstoße entschieden gegen Recht und Ordnung.

Lübeck verstand es wohl – Fuggers Sprachrohr hatte getönt – und schaltete um. Da Monopole per Reichsgesetz verboten seien, gehöre die Angelegenheit Fugger eigentlich vor das Reichskammergericht, argumentierte man, hob damit den Streit auf eine andere Ebene und lenkte gleichzeitig vom Vorwurf der Piraterie ab.

In den süddeutschen Städten, besonders in Nürnberg, fanden sich schnell Bundesgenossen, die seit langem schon argwöhnisch auf die Fugger und Welser schauten. Man streute Gerüchte aus: Fugger versuche, den gesamten schwedischen Kupferhandel in seine Hand zu bekommen. Stimmung machte man auch in Danzig gegen den Augsburger und schöpfte überhaupt alle Möglichkeiten aus, ihm am Zeug zu flicken.

Es blieb auch einiges hängen. Jakob Fugger sah sich in die Defensive gedrängt. Auf eine Auseinandersetzung mit dem Reichstag wollte er es denn doch nicht ankommen lassen. Lübeck hatte dort als Reichsstadt Sitz, Stimme und Anhang. Er selbst war auf Kulissenschieberei seiner Freunde am kaiserlichen Hof angewiesen, aber auf die wollte und konnte er sich nicht unbedingt verlassen. Fugger kaufte die Kupferladung für 8000 Mark zurück.

Dies blieb der einzige Erfolg der Hanse. Jakob Fugger baute jetzt mit noch größerer Energie seinen Osthandel aus. Livland wurde vermehrt mit Silber aus Tirol und Ungarn beliefert, Wachs dafür in Zahlung genommen. Überall erwiesen Europas Potentaten dem mächtigen Mann aus Augsburg ihre Reverenz, der ein dichtes Gespinst von Bank- und Warengeschäften von Rom bis Kopenhagen, von London, Lissabon bis hin nach Rußland gewoben hatte.

Die Hanse stand diesem Phänomen einigermaßen hilflos gegenüber. Denn anders ist es nicht zu erklären, daß sie noch nicht einmal die wenigen Möglichkeiten nutzte, dem gerissenen Schwaben Einhalt zu gebieten. Fugger hatte die Hanse überrannt.

Daß es nicht schlimmer kam, dafür sorgten dann die Fugger selbst. Anton, Neffe und Nachfolger in der Firma, verlegte den Schwerpunkt der Unternehmungen auf den Handel mit dem neuentdeckten Amerika, die Niederlande und Spanien. Aus Nordeuropa zog er sich zurück. Man atmete auf. Eine eindeutige, für jedermann sichtbar geschwächte Hanse: Das ist die Lage am Ende des 15. Jahrhunderts, darüber konnte auch der Erfolg in England nicht hinwegtäuschen. Die Holländer hatten sich in der Ostsee festgesetzt, Dänemark blieb nach wie vor der politische Gegner Nummer eins. Nowgorod war verlorengegangen. Livland stand vor dem Fall.

Intern hatten die zentrifugalen Kräfte zugenommen. Mehr denn je versuchten die Städte, ihre eigenen Interessen auf Kosten der Gemeinschaft durchzusetzen, ausgenommen die wendischen. Fugger, obwohl letztlich nur eine Episode, hatte den nordeuropäischen Hansehandel aus den Fugen gebracht. Ein einziger tatkräftiger Unternehmer hatte bloßgelegt, wie antiquiert das Handelssystem der Hanse inzwischen geworden war. Neue Handelswege waren erschlossen worden. Die Hanse als Mittler zwischen Ost und West war nicht mehr unentbehrlich, ihre historische Mission durfte als beendet gelten. Der Kampf gegen das unvermeidliche Ende begann.

20. Kapitel:
Ein Zeitalter geht in Pension

Rentner machen Politik

Im Jahre 1492 entdeckte Kolumbus auf einer Fahrt, die ihn nach Ostasien führen sollte, Amerika, ohne daß er es wußte. Vasco da Gama fand 1498 den Seeweg nach Indien um das Kap der Guten Hoffnung. Um 1500 fand Cabral Brasilien, und zwanzig Jahre später segelte Ferdinand Magellan zum erstenmal rund um den Globus. In den gleichen Jahren eroberten Cortez Mexiko und Pizarro Peru.
Begleitet wurde diese grandiose Erweiterung des äußeren Weltbildes von gewaltigen geistigen Veränderungen. Auf dem Kaiserthron hatte Karl V. Platz genommen, aus Gent gebürtig, dem das Geld der Fugger und Welser den Weg geebnet hatte. Eine anachronistische Figur, die die Tradition beschwört: Mittelalterliches Universalreich, der Kaiser als höchster weltlicher, der Papst als höchster geistlicher Fürst. Aber in Europa ist kein Platz mehr für Universalismus. Papst- und Kaisertum sehen sich in Frage gestellt, die Staaten machen sich selbständig. Neue bestürzende Ansichten formuliert der Humanismus, eine geistreiche Veranstaltung, eine intellektuelle Spielerei der üblichen Unverbindlichkeiten. Der Bürger, der Bauer sagt: Was soll's. Dagegen Luthers Reformation: Das ging alle an, das begriff jeder Fürst und Untertan.
Das Volk verstand die »Freiheit eines Christenmenschen« auch und vor allem als eine soziale. Die Bauern, die 1525 halb Deutschland in Brand setzten, und die Städter, stets demokratieverdächtig, fanden darin ihre Rechtfertigung.
In den norddeutschen Städten breitete sich die neue Lehre um 1522 fast gleichzeitig aus. Sehr schnell geschah es, obwohl sich die großen Familien, der Rat und die Geistlichkeit, die alten Gewalten, mancherorts zum erbitterten Widerstand verbündeten. Begeistert begrüßten dagegen die Unterprivi-

legierten, die kleinen Kaufleute, die Krämer und Handwerker, Luthers Lehren. Die Reformation indessen versetzte der Hanse nur einen weiteren Stoß auf ihrer Talfahrt, sie schürte die Uneinigkeit der Städte, sie säte Zwietracht unter den Bürgern. Ein Hansetag 1525 wandte sich gegen jene »martianische Sekte« und legte sein Mißfallen in einem Rezeß fest. Aber nur Hamburg, Lüneburg und Rostock ratifizierten den Beschluß, wonach Druck und Vertrieb der lutherischen Schriften bei Gefängnisstrafe verboten wurden.
Aber das allgemeine Unbehagen, das die Hanse beschlichen hatte, blieb. Deutlich spürte man, daß die neue Lehre mit administrativen Maßnahmen jedenfalls nicht aufzuhalten war. Ein neuer Hansetag, noch im selben Jahr, warf das Ruder herum. Jeder Stadt wurde jetzt zugebilligt, in religiösen Dingen nach eigenem Gutdünken zu entscheiden. Sollte es dabei zu Unruhen kommen, so seien diese niederzuschlagen, heißt es bündig. Die Stadtregimenter begannen zu ahnen, welche Sprengkraft der Zeitzünder-Bombe innewohnte, die Luther geworfen hatte.
Statt sich mit dem Neuen auseinanderzusetzen, beging man den Fehler aller autoritären Regime: Man verbot das Denken per Verwaltungsdekret. In Lübeck herrschten schon die Reaktionäre, die ihre Ansichten direkt aus dem Museum holten. In den anderen Städten sah es nicht viel anders aus. Das Herkömmliche, das Bewährte, sonst geschmeidig den veränderten Erfordernissen in Handel und Politik angepaßt – eine im guten Sinne konservative Politik also –, erstarrt in den Städten zur gußeisernen Form.
Den Geist hansischer Politik bestimmten Rentner, Ratsherren, die von den Erträgen ihres Kapitals lebten. Der wagemutige Kaufmann, der Ruhm und Ansehen der Hanse begründet und tradiert hatte, war selten geworden in ihren Reihen.

Jetzt wärmte man sich lieber an der Sonne des gut angelegten Kapitals, das sich durch Zeitablauf vermehrte, und zählte an langen Winterabenden die Kontoauszüge, anstatt über neue Absatzmärkte nachzusinnen. Das Weltbild des Rates war eng geworden, viel Platz für Neues war da nicht.
In dieser Situation mußte Luthers Evangelium auf äußerstes Mißtrauen, ja auf vollständige Ablehnung stoßen, zumal es sich allein schon dadurch verdächtig gemacht hatte, daß das Volk es begeistert begrüßte.
Seit 1523 hing die Gemeinde Lübecks an den Lippen von zwei Predigern, die das umstürzlerisch Neue verkündeten. Rat und Domkapitel, restlos verunsichert, reagierten wie sonst auch verunsicherte Obrigkeiten: Sie verjagten die beiden geistlichen Herren und verboten Luthers Schriften. Die Lunte glomm, der erste Zusammenstoß war unvermeidlich geworden.
Er kam fünf Jahre später. Der Rat versuchte eine Steuererhöhung durchzusetzen, die im Verlauf der skandinavischen Wirren notwendig wurde. Die Bürgerschaft lehnte aber ab. Nur wenn der Rat die Lehre Luthers zulassen und in die Bildung eines Bürgerausschusses einwillige, werde man mit sich reden lassen. Die Parallelen zu den Ereignissen in Lübeck vor mehr als hundert Jahren sind unverkennbar.
Der Rat ging auf die Bedingungen ein. Schon bald kontrollierte der Bürgerausschuß, dessen Mitgliederzahl schnell von 48 auf 64 gestiegen war, die Stadtfinanzen. Die beiden ausgewiesenen Priester wurden zurückgerufen und die Verkündigung des Evangeliums in allen Kirchen der Stadt erlaubt. Die Bürger räumten auf, so, wie es nach ihrem Verständnis richtig und geboten war: Aus den Kirchen wurde der gesamte Gold- und Silberschmuck entfernt und eingeschmolzen.
Bugenhagen, ein Freund und Schüler Luthers, schuf eine neue, eine evangelische Kirchenverfassung. Lübeck trat dann

dem Schmalkaldischen Bund bei, der zum Schutz der Protestanten gegründet worden war. Mittlerweile befanden sich alle Hansestädte wieder im selben Lager, sie waren protestantisch geworden.

Wullenwever, oder wie man schlaue Pläne schmiedet

Im Bürgerausschuß profilierte sich bald ein gewisser Jürgen Wullenwever, ein glänzender Rhetoriker, ein Feuerkopf und Luther-Anhänger, der binnen kurzem zum Zentrum der demokratischen Opposition werden sollte. Wullenwever stammte aus Hamburg, wo sein Vater – Mitglied der Flandernfahrer-Kompanie – und sein Bruder Joachim, hamburgischer Ratsherr und ebenfalls Luther-Verehrer, lebten. Der um 1488 geborene Jürgen ging aus unbekannten Gründen 1526 nach Lübeck und zog dort einen Handel auf.
Rasch machte er politische Karriere, begleitet von dem Beifall der Bürger, die begeistert zu ihm aufblickten – einem Volkstribun, der es den verknöcherten Ratsherren so richtig eintränkte. Zwei dieser eingesessenen Stadtoberhäupter, die beiden ältesten der vier Bürgermeister, Nikolaus Brömse und Hermann Plönnies, gingen daraufhin demonstrativ ins Exil und reichten bei Kaiser Karl V. Beschwerde wegen der demokratischen und religiösen Umtriebe in ihrer Stadt ein. Diese einmalige Gelegenheit, das demokratische Regime auf eine breitere Basis zu stellen, ließ sich Wullenwever nicht entgehen. Schnell entschlossen ließ er weitere Anhänger in den 64er-Ausschuß wählen und zwang den Rat, den Bürgern das Stadtsiegel auszuhändigen.
Das war ein kalter Staatsstreich. Lübeck hatte wieder eine demokratische Regierung, deren Haupt, Jürgen Wullenwever, 1533 zum Bürgermeister gewählt wurde.

Mit einer ungeheuren Energie packte er die Aufgaben an, vor die sich die Stadt gestellt sah. Die Hanse war in die wirtschaftliche und politische Klemme zwischen Dänemark und den Niederlanden geraten. Wullenwever hatte nichts Geringeres vor, als hier ein für allemal zu einer dauerhaften Regelung im Sinne der Gemeinschaft zu kommen, und zwar gewaltsam. Das lief auf einen Zweifronten-Krieg hinaus, der aber unmöglich zu gleicher Zeit geführt werden konnte. Dazu war die Hanse zu schwach, dessen war sich Wullenwever wohl bewußt.

Sein Plan war schlau: Zunächst ein Bündnis mit dem Feind, gegen den sich im Augenblick am wenigsten ausrichten ließ – die Holländer. Dann würde man den Rücken frei haben für einen Schlag gegen Dänemark – politisch durch Beeinflussung der anstehenden Königswahl und durch einen Krieg. War Dänemark bezwungen, konnte man das Bündnis mit den Holländern aufkündigen und sie niederwerfen.

Wullenwever griff damit reichlich hoch, seine Strategie zielte auf nicht weniger als die Sprengung der dänisch-holländischen Allianz ab, ein Unterfangen, das sich zwar am Schreibtisch recht gut ausnahm, die politischen Realitäten aber grob unterschätzte.

Die Niederländer waren Parteigänger des inhaftierten Dänenkönigs Christian II. Folgerichtig optierte auch Lübeck für ihn, um ihn als Druckmittel gegen den amtierenden Monarchen, Friedrich I., zu benutzen.

Den übrigen Hansestädten, ausgenommen Wismar und Rostock, die wie Lübeck von einem demokratischen Rat regiert wurden, erschien aber das Spiel mit der dänischen Krone zu waghalsig, sie verweigerten die Zustimmung – ein schwerwiegender Fehler in Wullenwevers Plan, der diese Möglichkeit hätte berücksichtigen müssen. Vor allem auch hätte er einkalkulieren müssen, daß die preußischen Städte, die seit langem schon zum Nachteil der Hanse ihre Sonderbeziehungen zu den Holländern wie auch den Engländern pflegten, dieser lübischen Politik auf keinen Fall folgen würden.

Ritter Meyer auf Kaperfahrt

Plötzlich aber starb Friedrich I., womit sich die Lage nur noch schwieriger gestaltete. Lübeck und die dänischen Städte boten Friedrichs Sohn Christian, Herzog von Schleswig und Holstein, die Krone an. Aber er verzichtete, um nicht zum Spielball lübischer Politik zu werden. Christian, der zum Protestantismus übergetreten und Mitglied des Schmalkaldischen Bundes geworden war, verhandelte lieber mit dem katholischen Kaiser Karl V. über seine Thronbesteigung.

Der dänische Reichsrat, der natürlich längst gemerkt hatte, wohin die Reise unter Wullenwever ging, hatte sich 1533 durch einen Bündnisvertrag mit den Holländern, die das Spiel ebenfalls durchschauten, gegen unliebsame Überraschungen abgesichert.

Nun konnte sich auch Jürgen Wullenwever nicht länger der Einsicht verschließen, daß sein grandioser Plan in sich zusammengefallen war. Das wendische Trio, Lübeck, Rostock und Wismar, hatte sich ins Abseits manövriert, innerhalb der Hanse und ebenso außenpolitisch. Lübeck war isoliert.

In seiner Wut und Enttäuschung griff der impulsive Bürgermeister zu kriegerischen Mitteln. Unter dem Kommando eines Marx Meyer, einem Hamburger Schmied, der es zum Befehlshaber der stadteigenen Lübecker Truppen und zum Vertrauten Wullenwevers gebracht hatte, schickte er Kaperschiffe gegen Dänemark in See.

Jener Meyer hat weniger durch seine Kaperfahrten Hansegeschichte gemacht – die waren nämlich nicht sonderlich erfolgreich –, sondern wegen eines diplomatischen Husaren-

streichs: Er knüpfte Beziehungen zu Englands Heinrich VIII.
Das kam so: Meyer stromerte mit seinem Schiff auch vor der englischen Küste herum. Als er eines Tages an Land ging, wurde er zunächst wohlwollend empfangen, kurz darauf aber als Pirat gefangengesetzt. Lübeck und der Stalhof zu London, aufgeschreckt durch diese unrühmliche Wendung der Dinge, konnten und wollten ihren Landsmann nicht hängen lassen, und so legten sie sich gemeinsam für seine Freilassung ins Zeug.
Das gelang. Anschließend brachte der bizarre sailor das Kunststück fertig, bei Heinrich VIII. vorgelassen zu werden. Man plauderte – wie konnte es anders sein – angeregt über die Politik im allgemeinen, im besonderen aber über die Anstrengungen der Hanse, sich der Dänen zu erwehren, was das englische Potenzwunder beifällig aufnahm, denn es versprach, Lübeck bei seinen Bemühungen zu unterstützen.
Anscheinend hat sich der selbsternannte lübische Diplomat dafür so artig bedankt, daß Heinrich seine Hilfsversprechen gleich bei Meyer einzulösen begann: Er schlug ihn zum Ritter und setzte ihm ein jährliches Salär von 350 Kronen aus. Danach verließ der frisch Geadelte die gastliche Insel, im Gepäck die frohe Botschaft für Wullenwever: Das Wohlwollen des englischen Königs sei Lübeck sicher.
Möglicherweise im Vertrauen auf diesen vermeintlichen Rückhalt ließ Wullenwever die Verhandlungen platzen, die inzwischen im März 1534 in Hamburg mit den Holländern begonnen hatten. Wie wenig Ansehen die einst so mächtige Hanse jetzt in den Augen des Auslands noch hatte, wie stark sich die holländischen Konkurrenten schon fühlten, zeigte mit aller Deutlichkeit der Gang dieser Konferenz. Die burgundisch-holländischen Unterhändler ließen keine Gelegenheit vorübergehen, Wullenwever, den Regierungs-

chef der hansischen Hauptstadt Lübeck, zu demütigen, eine noch vor 50 Jahren undenkbare Frechheit. Kaltschnäuzig verfochten sie die für die Hanse befremdliche These von der Freiheit der Meere, mit welcher der niederländische Jurist Hugo Grotius später Völkerrechts-Geschichte machen sollte. »Geschehe den Lübeckern dadurch Abbruch, so sollten sie sich mit der göttlichen Zulassung und der Hinfälligkeit aller irdischen Dinge zufrieden geben.« Schließlich sei es ja nichts Neues, höhnten sie, wenn eine Stadt sinke, die einst groß und mächtig gewesen sei. Man möge sich doch nur an Visby erinnern. Eine glatte Unverschämtheit war das.

Wullenwever, ebenso aufbrausend wie verletzlich, ritt tief gekränkt nach Lübeck zurück, wo sich die Dinge zu seinen Ungunsten zu entwickeln drohten, denn das Patriziat hatte seinen Einfluß wieder vergrößern können. Die gute Sache der Reformation verlor durch Ausschreitungen zunehmend an Boden. Aber der Bürgermeister setzte all seine Beredsamkeit ein, und er schaffte es, die Bürgerschaft wieder voll auf seine Seite zu ziehen. Für die Verhandlungen in Hamburg ließ er sich eine Blanko-Vollmacht ausstellen.

Den Hamburger Kongreß mit den Niederländern brachte er rasch zum Abschluß. Austausch der Gefangenen, Austausch der bisher erbeuteten Schiffe, Ruhe für vier Jahre an allen Fronten. Wullenwever hoffte, nach Ablauf dieser Frist werde er die dänische Frage geregelt haben.

Schacher mit den Kronen

Seine dänische Politik änderte er radikal, man vernahm es mit Staunen. Nicht mehr Christian, der Herzog von Schleswig und Holstein, der Sohn Friedrichs I., war länger sein Favorit für den dänischen Thron, sondern nun wieder der unglückliche Christian II., der noch immer im Gefängnis saß. Wullenwever wollte ihn gewaltsam befreien und suchte nach Verbündeten für einen Krieg gegen Dänemark. Die Hanse und mit ihr die ganze protestantische Welt staunte nicht schlecht, als Wullenwever wie aus heiterem Himmel dem zum Katholizismus zurückgekehrten Christian II., einem Schwager des Kaisers Karl V., den Vorzug vor dem protestantischen Herzog Christian gab. Zum Gegenkönig für den Schweden Gustav Wasa, der weiterhin der Hanse feindlich gesonnen blieb, baute er den Grafen von Hoya auf, nachdem sich in Schweden selbst kein Gegenkandidat finden ließ.

Endgültig war jetzt offenkundig geworden: Wullenwever war nichts weiter als ein Hasardeur – der Hanse stockte der Atem –, eine erschreckende Erkenntnis. Selbst Rostock und Wismar, die treuesten Vasallen Lübecks, mochten da nicht mehr mittun, dieses Abenteuer schien ihnen zu riskant. Wullenwever, der dringend die Hilfe wenigstens dieser Nachbarstädte benötigte, mobilisierte die dortige Opposition. Tatsächlich gelang es dieser Mafia, Rostock und Wismar auf Lübecker Kurs auszurichten. In Hamburg und Lüneburg blitzte Wullenwever ab.

Als größten Erfolg konnte er den Beitritt des Grafen Christoph von Oldenburg verbuchen, einen entfernten Verwandten des dänischen Königshauses und erprobten Feldherrn, der die nötigen Truppen zur Eroberung Dänemarks bereitstellte.

Die – wenn auch vage – Hoffnung auf Englands Heinrich VIII. zerschlug sich alsbald, der König beließ es bei guten Worten und geringen Geldspenden. Auch der dänische Adel, sonst ein zuverlässiger Bündnispartner, wenn zum Krieg gegen das Königshaus gerüstet wurde, verzichtete diesmal. Hingegen gelang es Wullenwever, die Bürgermeister von Kopenhagen und Malmö zu gewinnen, man kannte sich von früher.

Die Befreiungsaktion konnte beginnen. Vereinbarungsgemäß rückte Christoph von Oldenburg im Mai 1534 mit 3000 Söldnern an und begehrte von Lübeck – so hatte man es abgesprochen – Hilfe zur Befreiung von Christian II., die dann großzügig zugesagt wurde.
Der unverwüstliche Ritter Meyer, Befehlshaber der lübischen Streitmacht, fiel in Holstein ein, konnte aber weder Christian II. befreien noch sonst nennenswerte Erfolge erringen. Anders der Oldenburger. Er brachte rasch die dänischen Inseln unter seine Kontrolle. Kopenhagen fiel, das aufständische Malmö erkannte sogleich Christian II. als seinen Landesvater an. Danach eroberte er zügig Insel um Insel. Dänemark befand sich in deutscher Hand. Und für jedermann sichtbar ließ Lübeck ein Admiralitätsschiff im Sund auffahren, das fortan den Zoll für deutsche Rechnung kassierte.
Aber schon im Juli desselben Jahres verließ die Verbündeten das Kriegsglück. Der dänische Adel in Jütland und Fünen rief Herzog Christian zum dänischen König aus, der als Christian III. den Thron bestieg. Dank der Unterstützung des dänischen Adels, verschiedener protestantischer Fürsten, wie dem Kurfürsten von Brandenburg, den Herzögen von Pommern und Braunschweig und sogar durch Preußen, konnte er eine überlegene Streitmacht aufstellen, die das oldenburgische und lübische Heer vor sich her aus dem Land trieb.
Im September 1534 stand Christian III. an der Trave und sperrte den Lebensnerv Lübecks ab. 7000 Mann ließ er zur Belagerung zurück.
Wullenwever war gescheitert, er war am Ende. Verzweifelt suchte er in dieser Lage nach neuen Bundesgenossen und weigerte sich einzugestehen, daß er verspielt habe. Im Gegenteil, er inszenierte noch ein absurdes Schauspiel: Die dä-

nische und norwegische Krone, die längst nicht mehr zur Disposition der Hanse standen, bot er feil. Kurfürst Johann Friedrich von Sachsen, Oberhaupt des Schmalkaldischen Bundes, sollte die dänische erhalten, Herzog Albrecht von Mecklenburg, Katholik, die schwedische. Johann Friedrich lehnte ab und überließ es Albrecht, an diesem unwürdigen Spiel teilzunehmen. Die schwedische Krone will der allerdings auch nicht. Gegen Gustav Wasa antreten? Nein. Aber der dänische Thron, das wäre schon etwas, ließ er ausrichten, und Wullenwever ging darauf ein. Tatsächlich schickte der Mecklenburger Truppen in den Kampf, angeführt von dem Grafen von Hoya, der sich nun wieder – völlig unsinnige – Hoffnungen auf Schweden machte.
Der Feldzug endete mit einem totalen Fiasko Lübecks und seiner Bundesgenossen. Eine Pointe: Auf dänischer Seite hatten preußische Schiffe mitgekämpft.

Wullenwever, oder wie man trotzdem weitermacht

Noch ehe der Krieg beendet werden konnte, wurde in Lübeck immer heftigere Kritik an Bürgermeister Wullenwever laut. Der Kaiser hatte inzwischen mit der Reichsacht gedroht, falls dem alten patrizischen Rat nicht die gewohnten Rechte wieder eingeräumt würden. 1535 beschloß ein Hansetag, daß der vor vier Jahren aus dem Amt gejagte Nikolaus Brömse wieder in die Stadt zu holen sei.
Gegen die Zusicherung Brömses, er werde die lutherische Kirchenverfassung nicht antasten, stimmte die Bürgerschaft seiner Amtseinsetzung zu und erklärte das Wullenwversche Stadtregiment für beendet. Der Volkstribun und seine Parteigänger im Rat legten daraufhin ihre Ämter nieder.
Jürgen Wullenwever blieb bis heute die mit Abstand populärste Figur der Hansegeschichte, obwohl ihm längst nicht

mehr das Lied vom edlen, aber zum Scheitern verurteilten Demokraten gesungen wird, das man noch im 19. Jahrhundert anstimmte.
Er besaß gewiß nicht geringe Gaben, aber zum wirklichen Staatsmann, wie Lübeck sie stets hervorgebracht hatte, fehlte ihm fast alles. An kühnen Plänen hat es ihm nie gemangelt, wohl aber an der Fähigkeit, sie in die Tat umzusetzen, sie überhaupt auf ihre Realisierbarkeit hin zu prüfen. Weder besaß er das Urteil, seine Kräfte und die des Gegners richtig einzuschätzen, noch die Ruhe, den geeigneten Augenblick zum Handeln abzuwarten.
Sinnlos, wenn auch gut gemeint, war es, wenn Wullenwever große Politik gegen die Patrizier nur gestützt auf die schwankende Meinung des Volkes machen wollte. Das »Hosianna« der begeisterten Bürger, das ihn emporgetragen hatte, konnte jeden Augenblick in ein wütendes »Kreuziget ihn« umschlagen, was auch der Fall war, als die Niederlage im dänischen Krieg unvermeidlich geworden war. Die breite demokratische Basis, der sichere und vor allem dauerhafte Rückhalt, die eine solche Politik auch in schwierigen Zeiten hätte tragen können, fehlte gänzlich.
Vom Glanz eines politischen Märtyrers, der um seiner Ideale willen auch den Tod auf sich nahm, ist nicht viel geblieben. Geblieben ist das Mitgefühl für einen Mann, der ein solch tragisches und grausames Ende, das ihm bevorstehen sollte, mit Sicherheit nicht verdient hatte.
Jürgen Wullenwever – keineswegs der Meinung, mit seinem Sturz auch die politische Laufbahn beendet zu haben, und offenbar auch außerstande, sich persönlich von dem politischen Geschäft loszusagen – setzte seine dänische Politik jetzt auf eigene Faust fort. Hilfe erwartete er von England, von seinem Gönner Heinrich VIII., und er verabredete sich mit dessen Gesandten in Hamburg. Das Unternehmen

schien so aberwitzig nicht, denn die Engländer machten ihm Hoffnungen auf finanzielle Zuwendungen, mit denen er hätte Truppen besolden können.

Als er aber im Herbst 1535 durch das Gebiet des Erzbischofs von Bremen reiste, wurde er gefangengenommen und nach Rotenburg verschleppt, mit der Begründung, wie der Erzbischof an Joachim, den besorgten Bruder Wullenwevers, schreibt, daß er »offenkundig wie vorsätzlich und mutwillig wider Gott, den Kaiser und seine geistliche Obrigkeit zu Lübeck gehandelt, und ohne sein (des Erzbischofs) Geleit, Wissen und Willen in seinem Stift genächtigt und durchgezogen sei«.

Über Wullenwever hatte sich das Netz zusammengezogen, das seine Feinde ihm geknüpft hatten. Der Ex-Bürgermeister und sein Anhang sollten vernichtet werden, anders ist der Haß und die Verbissenheit seiner Verfolger nicht zu erklären.

Bald schon kursierten Gerüchte, Jürgen Wullenwever habe unter der Folter alle Schandtaten gestanden, wobei sich seine wenigen Freunde fragen mochten, was denn das für Schandtaten gewesen seien. Schrieb tückisch der Bischof von Ermland an den Herzog Albrecht von Preußen, Wullenwever habe den Engländer vier wendische Städte ausliefern und mit den 30 000 Gulden, die man ihm bei seiner Gefangennahme abgenommen habe, Söldner anwerben wollen, um Lübeck zu überfallen und den Rat umbringen zu lassen. Außerdem, so fügte er hinzu, sei Wullenwever mit dem »König zu Münster« und allen Wiedertäufern der Niederlande verbündet gewesen.

Einladung zur Folter-Show

Die Anschuldigungen waren ungeheuerlich, abstrus und völlig aus der Luft gegriffen. Nichts von alledem entsprach der Wahrheit. Aber man brauchte ein Geständnis, um ihn verurteilen zu können. Die wohl fürchterlichste Tortur mußte er am Neujahrstag 1536 über sich ergehen lassen, zu welchem Schauspiel der Erzbischof von Bremen seinen Bruder, den Herzog Heinrich von Braunschweig und Lüneburg, Nikolaus Brömse respektive einen Vertreter und den Vertrauten des dänischen Königs Christian III. herzlichst hatte bitten lassen. Bremens beflissener Rat hatte seinen Büttel, den Meister Kord, zur Verfügung gestellt.

Als Wullenwever die Stunden unmenschlicher Quälereien in den Verliesen des Rotenburger Schlosses ausgestanden hatte, schwenkten die Peiniger triumphierend ein Blatt in der Hand mit dem vollständigen Geständnis des Unglücklichen. Man war's zufrieden. Alles, was aus Wullenwever in den vergangenen zwei Monaten nicht hatte herausgepreßt werden können, war jetzt in dem Protokoll der »peinlichen Befragung« zu lesen: Wer seine Helfer bei der Absetzung des alten Rats gewesen waren – eine Information, auf die Brömse aus naheliegenden Gründen besonders erpicht war –, wer den Raub der Kirchengüter beschlossen hatte, wie er Lübeck hatte erobern und den Rat umbringen wollen, und so weiter und so weiter, schließlich, daß er Verbindungen zu den Wiedertäufern gehabt habe – die Liste enthält 34 Artikel teils erzwungener, teils freiwilliger Geständnisse voller Ungereimtheiten.

In Lübeck wurden Wullenwevers alte Freunde verhaftet. Weil aber zu befürchten stand, daß dieser Willkürakt die schärfste Mißbilligung durch das lübische Schöffengericht erfahren werde, welche Blamage sich Brömse ersparen woll-

te, mußte Jürgen Wullenwever am 17. März 1536 bei persönlicher Anwesenheit des Bremer Erzbischofs, seines herzoglichen Bruders und einiger Zeugen nochmals »ohne alle Marter und Pein« aussagen, daß seine Freunde – von denen einer hatte fliehen können – um die Besetzung Lübecks und die Wiedertäuferei gewußt hatten.
Darauf begab sich Brömse zehn Tage später an der Spitze einer lübischen Abordnung von Bürgern aus den Zünften und Kaufleuten nach Rotenburg, um die Aussage noch einmal aus Wullenwevers Mund zu hören. Damit nun der Gefangene kein Wort widerrufe, wurde er zuvor noch einmal gefoltert und ihm für den Fall einer abweichenden Aussage mit dem Tod unter der Folter gedroht.
Am 27. März versammelte sich die blutrünstige Gesellschaft im Kerker und baute sich vor dem gebrochenen Wullenwever auf. Als man die fraglichen Punkte verlesen hatte, herrschte ihn der Braunschweiger an: »Jörg, was sagst du hierzu?« Und keiner der Lübecker Ehrenmänner wagte auch nur eine ergänzende Frage zu stellen.
Zwei Briefe, die das Opfer damals seinem Bruder Joachim zuzustellen wußte, offenbaren die unendlichen Gewissensqualen, die er wegen der Anschuldigungen seiner Freunde durchlitt. Bei Gott, er wisse nichts von Wiedertaufe oder einem Anschlag auf Lübeck. Daß er seine Freunde bezichtige, sei falsch und nur durch die Tortur zustande gekommen. Er forderte seinen Bruder auf, nur ja nichts zu verraten, den Lübeckern aber unter Wahrung des Geheimnisses die Wahrheit mitzuteilen. In seinem zweiten Brief dringt er noch flehentlicher auf Geheimhaltung des Mitgeteilten aus Furcht vor dem Herzog, den er nicht erzürnen will. Und weiter: »Bin ich ein Dieb, du wolltest mir helfen an den Galgen, bin ich ein Verräter, auf das Rad, bin ich ein Wiedertäufer, ins Feuer.« Brömse und seine Freunde wüßten es wohl anders, aber de-

nen sei es nur darum zu tun, »daß man die Freunde zu Lübeck um den Hals bringen will«.

Augenscheinlich nahm Wullenwever an, daß jene Männer, die er unter der Folter bezichtigt hatte, gerettet würden, wenn die Angelegenheit in Lübeck ruchbar geworden war, und daß auch er gerechtfertigt sein würde, wenn nur das lübische Gericht die Sache an sich gezogen hätte. Aber es kam anders.

Wie lange Jürgen Wullenwever in Rotenburg gefangengehalten wurde, ist nicht bekannt. Im Jahr 1537 jedenfalls überstellte ihn der Erzbischof von Bremen seinem Bruder Heinrich, der, wahrscheinlich im Einvernehmen mit Brömse, die leidige Angelegenheit zu Ende bringen sollte. Auf Schloß Steinbrück, zwischen Braunschweig und Hildesheim, kerkerte er ihn ein.

Die zwölf Geschworenen vom Land

Die todeswürdigen Anklagepunkte hatte man beisammen, fehlte nur noch das Gericht, welches Wullenwever – damit seine Vernichtung wenigstens den Anschein von Legalität erhielt – zum Tode verurteilen würde. Hier nun begannen die Verlegenheiten des Herzogs.

Nach altem sächsischen Recht bestand im Braunschweigischen, wenn auch nur der äußeren Form nach, noch das »Land-Ding der zwölf Geschworenen« fort, ein blind vom fürstlichen Gerichtsherrn abhängiges Bauerngericht, das sich gemeinhin mit der bodenständigen Kriminalität wie Straßenraub, Pferdediebstahl, Kindermord, Brandstiftung und Grenzverrückung zu beschäftigen hatte, jedoch für einen so gearteten Prozeß, wie er Wullenwever gemacht werden sollte, nicht die geringste Qualifikation mitbrachte. Normalerweise wäre das Lübecker Tribunal zuständig gewesen, soweit privatrechtliche Belange zur Verhandlung anstanden. Aber der Rat mußte befürchten, daß eine Untersuchung die Ränkespiele ans Licht bringen würde. Über die politischen Vergehen des ehemaligen Bürgermeisters hätte der Gesamthanse die Urteilsfindung zugestanden. Wullenwever dort anzuklagen, verbot sich aus den gleichen Gründen. Blieb noch das herzogliche Hofgericht in Wolfenbüttel. Das aber besaß beim besten Willen nicht den Schimmer einer Kompetenz in Sachen Wullenwever. Also einigte man sich darauf, »das ehrliche Land« richten zu lassen.

Zwölf kleine Bauern aus der Umgebung von Wolfenbüttel und Hildesheim sollten also darüber befinden, ob und wieweit der Bürgermeister Lübecks, der Hauptstadt der Hanse, seine Befugnisse überschritten habe, sich des Verrats, Mordkomplotts und der Wiedertäuferei schuldig gemacht habe – ein Hohn auf die Rechtspflege, aber die stand ja auch nicht zur Debatte.

Der Gerichtstag war auf Montag, den 24. September 1537 festgesetzt worden. Am Tollenstein, der alten Gerichtsstätte Wolfenbüttels, wimmelte es von Menschen, und etwas betreten, ihrer gerechten Sache doch nicht ganz sicher, blickten die zwölf Geschworenen in die Runde.

Auftritt der Ankläger: Verlesung der Anklageschrift, Geständnis – das Verfahren lief reibungslos, ganz wie geplant. Urteil der Geschworenen: Schuldig. Vollstreckung des Urteils: Sofort.

Dann sank er auf die Knie

Als nun der Delinquent unter dem Gejohle der sensationslüsternen Wolfenbütteler zum Richtplatz geführt wurde und es ans Vierteilen gehen sollte – der üblichen Strafe für Verräter, vollzogen mit der Axt oder mit Hilfe angespannter Pferde, die den Körper auseinanderrissen – entsann sich der Verurteilte eines Versprechens, das ihm der Herzog gegeben hatte: Man werde ihm einen schmachvollen Tod ersparen und ihn in Ehren hinrichten. Was hieß: Vollstreckung mit dem Schwert. Und Wullenwever bat den herzoglichen Vogt, der hoch zu Roß an der Richtstätte wartete, um diese Gnade. Vogt und Scharfrichter wechselten kurze Blicke, der Vogt nickte und erlaubte ihm sogar, wenige Worte an die Lübekker Abgesandten zu richten.

Einen Augenblick lang sammelte sich Wullenwever, bevor er seinen Landsleuten mit allem Ingrimm, dessen er angesichts des Todes fähig war, entgegenschleuderte: »Ich sage öffentlich vor der ganzen Welt, daß ich diejenigen, welche ich in meinem Gefängnis habe beschuldigen müssen, aus Marter und zur Rettung meines Lebens beschuldigt habe. Ich bin kein Dieb. Ich bin kein Wiedertäufer. Ich bin kein Verräter.«
Dann sank er, mit seinem Gewissen und der Welt fertig, auf die Knie nieder und empfing den tödlichen Schwertstreich. Sein Leichnam wurde geviertelt und auf vier Räder gesteckt. Nikolaus Brömse, von dem eine Hamburger Chronik sagt, er habe Wullenwever so gehaßt, daß er ihn am liebsten mit den Zähnen zerrissen hätte, hatte sein Opfer; die Rechtsgeschichte war um einen Justizmord reicher. In den allgemeinen Haßgesang, den man nun gegen Wullenwever anstimmte, mischte sich eine leise Stimme nur, die Mitleid zeigte: »Das hat er nicht verdient«, schrieb ein unbedeutender Zeitgenosse an den Rand einer Chronik.

Nach dem Sturz Wullenwevers schloß der lübische Rat rasch mit Dänemark Frieden, zumal ein Hansetag auf schnelle Erledigung drängte. Christian III. erkannte die hansischen Privilegien für Dänemark an, die Hanse akzeptierte ihn als König, womit man in Lübeck noch einigermaßen glimpflich aus dem Abenteuer ausgestiegen war.

Mit Schweden wurde ein Waffenstillstand unterzeichnet, für die Hanse war ohnehin nichts mehr drin, da Gustav Wasa alle von Wullenwever initiierten Aufstände niedergeschlagen hatte. Kaiser Karl V. allerdings machte Schwierigkeiten in punkto Dänemark. Leider war die Hanse zu schwach, um entsprechende Vorteile für sich herausholen zu können. Christian III. geriet als Protestant und Mitglied des Schmalkaldischen Bundes in Gegensatz zum restaurativen katholischen Karl, der ihm mit Pfalzgraf Friedrich einen Konkurrenten um die dänische Krone präsentierte, ihn später aber wieder fallenließ, als er von Christian III. für seine holländischen Untertanen die freie Durchfahrt durch den Sund erwirken konnte. Womit sich die Holländer endgültig in der Ostsee festgesetzt hatten.

Das Wullenwever-Intermezzo hatte den hansischen Bund gründlich geschwächt, die Uneinigkeit der Mitglieder bis hin zur offenen Feindschaft Danzigs war aller Welt offenkundig geworden. Mißachtung war allenthalben spürbar. Lübeck hatte jedes Ansehen verloren. Die Nutznießer dieser Entwicklung waren Holland und England, aber auch die skandinavischen Staaten.

21. Kapitel: Das letzte Gefecht

Das große Aufräumen

Lübeck hatte nach dem Sturz Wullenwevers die nicht eben dankbare Aufgabe, die Trümmer einer fehlgeschlagenen Politik wegzuräumen. Keine ganz leichte Arbeit angesichts eines verlorenen Krieges. Wie nicht anders zu erwarten, blieb Schweden weiter feindlich. Zwar wurde der Handelsverkehr wieder freigegeben, die gefangenen deutschen Kaufleute aus der Haft entlassen und ihr Gut freigegeben, die Schulden jedoch, deren Anmahnung Gustav Wasa vorgeblich sehr verärgert hatte und worauf er nun herumritt, nicht zurückgezahlt. Nach mehreren vergeblichen Anläufen setzte man sich endlich im Juni 1537 in Kopenhagen an den Verhandlungstisch, wo die schwedischen Gesandten die Rückzahlung rundweg ablehnten und überdies alle Privilegien für hinfällig erklärten, weil sich die Beliehenen diese Wohltat durch ihre erwiesene Feindschaft endgültig verscherzt hätten. Auch ein Vermittlungsversuch Christians III. führte zu nichts. Gnädig erlaubte Schweden lediglich, daß Lübeck seine Waren sechs Wochen feilbieten durfte und vom Strandrecht ausgenommen wurde, das war alles.
Die lübischen Unterhändler versuchten zwar noch, alle Schuld Wullenwever zuzuschieben, aber es nützte nichts. Gustav Wasa ergriff rigoros die Chance, den Hansen ein Verbleiben in seinem Land gründlich zu vergällen. Ungerührt verglich der König seine Vorfahren mit Milchkühen, die den deutschen Metzgern in die Hände gefallen seien, und erklärte rundheraus, daß er es nicht verantworten könne, das Wohl seines Reiches ohne Not wiederum dem Eigennutz der Lübecker aufzuopfern und diesen Frevlern aufs neue Privilegien einzuräumen. Gnädig wolle er aber Zollfreiheit für die vier schwedischen Häfen Stockholm, Söderköping, Kalmar und Åbo gewähren. Mehr nicht.

Lübeck fühlte sich gedemütigt, es mochte diese mühsam ausgehandelten Freiheiten nicht als Gnadengeschenk betrachten und gebärdete sich wenige Jahre später gar nicht kaufmannslike: trotzig mahnte es die alten Privilegien und Schulden an – willkommene Gelegenheit für Gustav Wasa, nun endgültig mit den Hansen in seinem Land aufzuräumen. Alle lübischen Schiffe und alle Waren, deren er habhaft werden konnte, ließ er beschlagnahmen und verbot seinen Untertanen jeden weiteren Handel mit Lübeck. Der Bruch mit Schweden war vollzogen.
Wenig erfreulich gestaltete sich auch die Beziehung zu Dänemark. Zwar hatte Christian III. als Gegenleistung dafür, daß ihn Lübeck als König anerkannte, wieder Privilegien eingeräumt, auf eine förmliche Bestätigung wollte er sich aber nicht einlassen. Auch hier erscheinen die Handelsfreiheiten nur mehr als Gnade, die jederzeit entzogen werden konnte.
Alle Welt glaubte die dynastischen Wirren in Dänemark endlich geklärt, als Kaiser Karl V. sie wieder durcheinander brachte. Er gedachte Pfalzgraf Friedrich, dem Ehemann seiner Nichte und Tochter des noch immer inhaftierten Christian II., die schwedische Krone zuzuschanzen. Das rief Christian III. auf den Plan, der sich mit Frankreich verbündete und dessen Angriffe auf die kaiserlichen Niederlande unterstützte. Woraufhin er wiederum die Holländer gegen sich aufbrachte. Bald aber ließ Kaiser Karl seinen Thronanwärter fallen und erhielt dafür für seine holländischen Untertanen freie Durchfahrt durch den Sund zugesprochen.

Nostalgie, Nostalgie

Die Hanse hatte nach dem unrühmlichen Abenteuer des dänischen Kriegs sich noch kaum erholt, als auch schon die nächste Prüfung über sie hereinbrach, die sie nur mit einer weiteren Schwächung überstehen sollte. Fast alle großen Hansestädte waren dem Schmalkaldischen Bund beigetreten, einem Schutz- und Trutzbündnis zur Verteidigung des evangelischen Glaubens, als dessen Haupt Kurfürst Johann Friedrich von Sachsen galt und dem nach Beendigung der dänischen Thronwirren sich auch Christian III. beigesellt hatte. Kaiser Karl V., finster entschlossen, die religiöse Einheit Deutschlands wiederherzustellen, ging 1546 zum Angriff auf die Protestanten über, nachdem die letzten Versuche zu einer friedlichen Einigung auf dem Regensburger Reichstag 1541 mißlungen waren. Das Heer der Schmalkaldischen wurde bei Mühlberg geschlagen, der Kurfürst von Sachsen gefangengenommen. Von einer gesamthansischen Politik dem Kaiser gegenüber war weit und breit nichts zu sehen. Die Städte verhielten sich so, wie es ihnen ratsam schien. Lübeck, noch immer an den Nachwirkungen der dänischen Angelegenheit laborierend, hielt sich ohnehin abseits, andere Städte, wie Magdeburg, Bremen und Hamburg, hatten Truppen gegen die Kaiserlichen ins Feld geschickt, wieder andere flüchteten sich in Neutralität oder unterwarfen sich vorsichtshalber. Bremen wurde im Verlaufe dieses Krieges zweimal belagert, entrann aber der drohenden Besetzung, nachdem protestantische Fürsten die Stadt an der Weser aus der Umklammerung befreit hatten. Kurz darauf wurde die kaiserliche Streitmacht bei Drakenburg in die Flucht geschlagen. Dem protestantischen Magdeburg standen jedoch schwarze Tage bevor, nachdem es der Kaiser in Acht und Aberacht getan hatte, weil es die Anerkennung der Reichstagsbeschlüsse von Augsburg, das »Augsburger Interim«, verwarf und gegen Karl V. opponierte. Moritz von Sachsen, zum Vollstrecker der Reichsacht bestimmt, konnte Magdeburg auch bezwingen, entwickelte sich später aber zum fähigsten Führer der Protestanten und brachte dem Kaiser schließlich die entscheidende militärische Niederlage bei.

Die Uneinigkeit der Städte, wie ein Schlaglicht den hansischen Zerfall erhellend, war in der Mitte des 16. Jahrhunderts zum Normalzustand geworden. Lübeck, wiewohl noch immer formell die erste Stadt der Gemeinschaft, konnte eigentlich seit der leidigen Dänemark-Affäre verbindlich nur noch für sich selbst sprechen, für die Gemeinschaft aber nicht mehr. Danzig war abtrünnig geworden, es hatte sich seinerzeit eindeutig auf die Seite der Gegner geschlagen. Auch der Schmalkaldische Bund wirkte nicht eben integrierend.

Trotzdem war das Gefühl der Zusammengehörigkeit nicht gänzlich geschwunden, und es bleibt eine der erstaunlichsten Tatsachen der Hansegeschichte, daß jetzt ernsthafte Bemühungen einsetzten, die Hanse zu reorganisieren. Man besann sich auf die glorreiche 300jährige Vergangenheit – die Welle der Nostalgie rollte.

Im Widerstreit lagen zwei Meinungen: Reorganisation der Gemeinschaft mit Hilfe von außen oder durch eine innere Umgestaltung?

Überlegung Nummer eins, unter den Schutzschirm eines mächtigen Fürsten zu flüchten, auf diese Weise also dem Trend der Zeit Rechnung zu tragen und mit einem der lange und heftig bekämpften Landesherren ein Bündnis einzugehen, wurde nach kurzer Diskussion als unrealistisch verworfen.

Denn welchem Fürsten hätte man diese Ehre erweisen sollen?

Dem Kaiser vielleicht, dem obersten von allen? Gewiß eine höchst angenehme Vorstellung, sich in der Obhut des Reichsoberhauptes zu wissen. Aber: Norddeutschland war ein mehr oder weniger weißer Fleck auf der kaiserlichen

Landkarte, sein Interesse konzentrierte sich auf den südlichen Teil des Reiches. Weit mehr noch disqualifizierte ihn sein militanter Katholizismus, die Führungsrolle in der Hanse zu übernehmen.
Der König von Dänemark? Schied als traditioneller Gegner der Hanse von vornherein aus. Danzig stellte mehrfach den polnischen Monarchen zur Debatte. Die innerhansischen Erörterungen darüber verliefen aber im Sand. Andere Vorschläge zielten darauf ab, ein Bündnis mit allen Reichsstädten Deutschlands zu schließen. Das war ein alter Traum der Städte, die sich landesherrscherlichem Einfluß zu entziehen gedachten, aber eben nur ein Traum, ohne die geringste Aussicht auf Realisierung.
Eine Reorganisation der Hanse konnte, wenn überhaupt, nur von der Gemeinschaft selbst ausgehen. Wobei man sich keineswegs darüber einig war, worin denn nun diese Um- und Neugestaltung bestehen sollte. Die einen hielten dafür, die Hanse in ihrem alten Bestand wieder aufzurichten, alle säumigen Städte zur Erfüllung der Pflichten anzuhalten, vor allem die vernachlässigten Hansetage wieder zu beschicken; die andern, mit Bremen als Wortführer, taten das als nutzlosen Tribut an die Historie ab und plädierten für den Zusammenschluß einiger treuer Hansestädte zu einem engen Bund. Genau 190 Jahre nach der einst so schlagkräftigen Kölner Konföderation schloß man einen neuen Pakt, zunächst auf zehn Jahre begrenzt. Der Hansetag von 1557 verabschiedete dann ein Statut mit zehn Artikeln, das die Verpflichtungen der Hanse-Mitglieder festschrieb: Es waren leider keine in die Zukunft weisenden Bestimmungen, die man da zu Papier gebracht hatte, sondern man hatte lediglich die alten Regeln fortgeschrieben – nichts also, was wirklich die Kraft zur Erneuerung in sich barg. Erneuert wurde auf diese Weise die Pflicht, auf Hansetagen vertreten zu sein und dessen Ent-

scheidungen zu beachten; in Streitfällen sollten die Nachbarstädte um Vermittlung gebeten und keinesfalls hansefremde Gerichte angerufen werden; finanzielle Regelungen für den Schutz der Land- und Wasserwege wurden getroffen – ein Katalog der Nachlässigkeiten und Versäumnisse in der Vergangenheit, eine Bestandsaufnahme dessen, was gewesen war, nur eben keine Richtlinien für die Zukunft, keine so bitter notwendige Strukturreform.

Ein Geschäftsführer, der sich abrackert

Zwei Neuerungen allerdings wurden eingeführt, beziehungsweise nachträglich sanktioniert: die Bundeskasse und der Verwaltungsdirektor.
Die gemeinsame Kasse sollte der chronischen Geldknappheit abhelfen. Die Städte hatten eigentlich immer auf einem angenehm weichen Finanzpolster geruht, nur wenn es darum ging, auch den Bund auszustaffieren, versagte die oft beschworene Solidarität. Selbst Kriegsumlagen brachten nicht immer genügend klingende Münze. Im Grunde litten alle gemeinsamen Aktionen – bis auf den Feldzug gegen Waldemar Atterdag – unter pekuniären Mangelerscheinungen. Abhilfe sollte nun die Bundeskasse bringen.
Die jährlich zu leistenden Beiträge waren nach der Finanzkraft der Mitgliedsstädte gestaffelt. So hatten zum Beispiel Lübeck und Köln als die reichsten Kommunen je 100 Taler, Hamburg und Danzig je 80, Bremen, Lüneburg und Königsberg je 60 Taler zu zahlen.
Die Absicht war löblich, ihre Verwirklichung ein Trauerspiel, denn lediglich Lübeck und Hamburg bewiesen Zahlungsmoral, der Rest drückte sich, wo er nur konnte. Peinlich berührt stellte man im Jahre 1601 fest, daß Köln mit 8000 und Königsberg mit 3600 Talern in der Kreide standen. Elf

Jahre später ergab die Kassenrevision einen kläglichen Bestand von 850 Talern, drei Jahre danach knapp die doppelte Summe. Von einer gemeinsamen Finanzpolitik konnte unter diesen Umständen keine Rede sein. Die Bundeskasse entpuppte sich als Reinfall.

Vielversprechender entwickelte sich dagegen das 1556 aus der Taufe gehobene Amt eines »Syndikus der Hanse«. Erster Amtsinhaber war Heinrich Sudermann, Sproß einer bedeutenden Kölner Patrizierfamilie, bezeichnenderweise kein Kaufmann mehr, sondern ein Doktor der Rechte. Mit Sudermann hatte man einen Glücksgriff getan: Der Mann nahm seinen Job, eine Mischung aus Verwaltungsdirektor, Geschäftsführer, Außenminister und Sonderbotschafter, sehr ernst. Schon bald hatte er sich unentbehrlich gemacht. Sein juristischer Sachverstand und diplomatisches Geschick schienen der Hanse schließlich unentbehrlich, sie bestätigte ihn auf Lebenszeit in seinem Amt.

35 Jahre lang rackerte er sich im Dienste der Konföderation ab, reiste dabei an die fünfzigmal in diplomatischen Missionen quer durch Europa, von den Niederlanden bis nach Polen, von England nach Böhmen, was ihm die Kritik einiger kleinkarierter Stadträte eintrug, die wegen der Spesenabrechnungen moserten. Sogar Teile seines Gehalts wurden einbehalten.

Aber Sudermann ließ sich nicht beirren. Unverdrossen machte er weiter, erledigte die Routinearbeiten, entwarf für das von Brügge nach Antwerpen umgezogene Hansekontor neue Statuten – leider, ohne auf die veränderte Zeit Rücksicht zu nehmen – und entwickelte überhaupt einen Tatendrang, als befände sich die Hanse im schönsten Aufschwung. Der rastlose Kölner organisierte Hansetage, mehr, als je zuvor zusammengetreten waren, legte auf Wunsch der Gemeinschaft ein Urkundenverzeichnis an, begann ein

Lehrbuch über das wichtige Seerecht zu verfassen und die Geschichte der Hanse zu schreiben. Aber der alte Schlendrian ging weiter, daran konnte auch Sudermann nichts ändern. Geld für die Bundeskasse floß, wenn überhaupt, nur spärlich. Der Zusammenhalt lockerte sich weiter, die gemeinsame hansische Basis, der Auslandshandel unter dem Schutz der Privilegien, schwankte mehr denn je. Opfer für die gemeinsame Sache blieben ein frommer Wunsch weniger aufrechter Hanseaten. Köln zum Beispiel sandte zu den Hansetagen zwischen 1606 und 1628 überhaupt keinen Vertreter mehr. Trotzdem: Als Heinrich Sudermann 1591 starb, riß er eine schmerzliche Lücke. Von allen Städten wurde das so empfunden, nur bis das Amt neu besetzt wurde, vergingen 14 Jahre. Dann erst hatten sich die kleinlichen Krämerseelen zu einer weiteren Finanzierung des Amtes durchgerungen. Sudermanns Nachfolger wurde der Stralsunder Johann Doman, auch ein sehr aktiver Mann, aber weniger erfolgreich als Sudermann. Auch er bekleidete den Posten bis zu seinem Tod. Danach wurden nur noch Lübecker Juristen berufen. Bis zu dem Zeitpunkt, als sich die Hanse auflöste.

Weinende Ältermänner im neuen Haus

Den wohl sinnfälligsten Ausdruck fanden die hansischen Bemühungen in dem Neubau eines Hansehauses in Antwerpen, ein stattlicher Renaissancebau, errichtet in nur vier Jahren (1564 bis 1568), der einen Florentiner zu dem bewundernden Ausruf: »ein königliches, stolzes Bauwerk, ein prächtiger Palast« hinriß. Das sollte es auch sein: imponierend und respektheischend.
Die Bedeutung des Hauses glich aber eher der einer geschmackvollen Gedenkstätte als eines kraftvollen Kontors.

Dabei war, daran gab es keinen Zweifel, ein hansischer Kristallisationspunkt in Flandern notwendiger denn je geworden, seit die deutschen Kaufleute Brügge verlassen hatten. Mit Brügge ging es seit Mitte des 15. Jahrhunderts rapide abwärts, teils, weil die Stadt unter den Aktivitäten anderer flandrischer Städte – besonders Bergen-op-Zoom und Antwerpen – zu leiden hatte, teils, weil der Swin allmählich so versandet war, daß die Kapitäne ständig in der Angst schwebten, mit ihren Schiffen vor Sluis oder Damme auf Grund zu laufen, und daher das tiefere Schelde-Fahrwasser nach Antwerpen, dem Haupthafens Brabants, benutzten. Antwerpen hatte den Handel mit englischem Tuch an sich ziehen können. Wer damit handelte – und nicht nur der –, mußte an die Schelde. Und wer einmal dort war, kam in den Genuß der sehr viel umfangreicheren Privilegien, als sie Brügge gewährte. Im Laufe der Zeit hatte sich eine ansehnliche Kolonie Kölner Kaufleute in Antwerpen niedergelassen, Kollegen aus dem Rheinland und Süddeutschland waren ihnen gefolgt.

Brügges Untergang war besiegelt, als flandrische Städte, wie vor hundert Jahren, den Aufstand probten: Die Ausländer verließen die Stadt, Portugiesen, Italiener, Franzosen und Engländer wanderten ab nach Antwerpen.

Nur die Hanse hielt eisern an ihrer, wie sie glaubte, Quelle des Wohlstands fest. Zwar war der Kaufmannsrat des Kontors inzwischen von 24 auf 18 Mitglieder geschrumpft – 1486 waren von den sechs Ältermännern nur noch drei übriggeblieben –, zwar kehrten immer mehr deutsche Kaufleute von ihren Einkaufsfahrten nicht mehr nach Brabant zurück, die Hanse weigerte sich jedoch, dies zur Kenntnis zu nehmen und richtete das Brügger Kontor 1493 offiziell wieder ein. Die Situation war grotesk. Da saßen in Brügge drei Ältermänner herum, ohne Einfluß, ohne Autorität, ohne Geld und weinten jedem Kaufmann hinterher, der sein Bündel schnürte und nach Antwerpen umzog, während sie hier das Hanse-Fähnlein hochhalten mußten, obwohl die dazugehörige Truppe sich längst abgesetzt hatte und es sich anderswo wohlergehen ließ.

In Antwerpen, unbeobachtet von den wachsamen Augen der Oberen, beteiligten sich die Deutschen so am Handel, wie es die Zeit erforderte: Sie schlossen mit einheimischen Kaufleuten oder Ausländern Handelsgesellschaften, ließen ihnen die hansischen Privilegien zukommen, erleichterten ihnen den Handel in Norddeutschland und erschlossen sich neue Märkte.

Die Gründe dieses Erfolgs, die Anpassung an eine veränderte Welt des Handels, blieb den Rentner-Räten in Lübeck und anderswo verborgen oder sie wollten sie nicht zur Kenntnis nehmen.

Als man sich nach 1520 endlich dazu verstand, das Kontor nach Antwerpen zu verlagern – unter Beibehaltung des alten Siegels und der Bezeichnung »Kontor von Brügge« –, fiel der Hanse, in diesem Fall dem Syndikus Sudermann, nichts Besseres ein, als an den alten überholten Formen festzuhalten, mehr noch, die deutschen Kaufleute in dem neuen Antwerpen-Haus zu kasernieren. Was es in Flandern nie gegeben hatte.

Der Mißerfolg war damit vorprogrammiert. Die deutschen Kaufleute dachten gar nicht daran, sich wieder irgendwelchen Ältermännern zu unterstellen, und Sudermann hätte sich eigentlich keiner Täuschung über die Stimmung der Deutschen hingeben dürfen. Ein Proteststurm erhob sich, als alle deutschen Kaufleute, die sich für immer in Antwerpen niedergelassen und dort ihre Familie gegründet hatten, aufgefordert wurden, ihren Wohnsitz mit Frau und Kindern in einer Hansestadt zu nehmen und ihre Geschäfte einem unverheirateten Faktor in Antwerpen anzuvertrauen. Dreizehn weigerten sich und nahmen den Ausschluß von den hansischen Privilegien in Kauf.

Das Antwerpener Hansehaus, mit »ebensovielen Fenstern, wie das Jahr Tage« hatte, 133 Schlafräumen, 27 Kellern, 23 Lagern, Speise- und Schlafsälen und Küchen, hatte also, als 1568 der letzte Dachziegel eingefügt worden war, eine große Zukunft bereits hinter sich, auch was die widrigen äußeren Umstände anbetraf.

Denn die Konjunktur Antwerpens flaute erheblich ab, worunter naturgemäß das Kontor zu leiden hatte. Ganz schlimm wurde es aber, als die Stadt im Zuge der spanisch-niederländischen Auseinandersetzungen 1576 von den Spaniern geplündert und acht Jahre später von dem spanischen Statthalter Philipps II., Alexander Farnese, belagert und eingenommen wurde. Das schlug auch den letzten Kaufmann in die Flucht.

Geld für den Unterhalt des Kontors war nicht mehr vorhanden. Die Hanse wußte sich nicht anders zu helfen, als die Mitgliedsstädte zur Zahlung einer »Kontribution« zu bewegen, die schließlich das Vierzigfache der normalen üblichen Jahresabgabe erreichte. Auch ein letzter verzweifelter Schritt, der Verkauf des wertvollen kontoreigenen Tafelgeschirrs, brachte keine Besserung der finanziellen Lage. Das Kontor war am Ende, der Versuch, noch einmal in den Niederlanden Fuß zu fassen, gescheitert. Die hansischen Reorganisationsbemühungen hatten einen schweren, nicht wiedergutzumachenden Rückschlag erlitten.

Mit Arsen zu Tode gepflegt

Noch während sich erste Ansätze zur Festigung des hansischen Bundes bemerkbar machten, begann die Talfahrt des bislang sichersten Stützpunktes: des Stalhofs in London. Solange Heinrich VIII. regierte, war die Lage stabil. Zwar waren die Deutschen vor den Launen des alt gewordenen Monarchen nicht sicher, so daß sie 1540 in böser Vorahnung sogar das Kontorsilber außer Landes geschafft hatten, ihrem Handel tat das aber keinen Abbruch. Das änderte sich, als nach Heinrichs Tod 1547 sein zehnjähriger Sohn Eduard VI. ihm auf den Thron folgte. Die »merchant adventurers« klopften ihn, vielmehr seine Thronräte, weich: Er entzog den Hansen die Privilegien für England. Die Hanse, so wurde dekretiert, sei keine gesetzliche Körperschaft, Anzahl, Name und Herkunft ihrer Mitglieder seien unbekannt, jeder könne schließlich unter der Berufung auf eine obskure Mitgliedschaft seine Vorteile daraus ziehen. Eine hansische Delegation konnte das zwar wieder in Ordnung bringen, leider jedoch erkrankte der inzwischen 16jährige König und wurde mit Arsen zu Tode gepflegt, welches angeblich gegen Tuberkulose gut sein sollte. Wider Erwarten zeigte sich seine Stiefschwester Maria, »die Katholische«, den Fremden gnädig, zumal diese keck ihre Ausrufung zur Königin durch Weinspenden an das Volk vor den Toren ihrer Londoner Residenz begrüßt und ihren feierlichen Einzug in London durch großes Gepränge geehrt hatten. Gleichwohl blieben Streitigkeiten nicht aus. Neue Restriktionen machten neue Verhandlungen notwendig, besonders, da Maria sich dezidiert dafür aussprach, ihren Untertanen die gleichen Freiheiten in den Hansestädten zuzubilligen wie den Deutschen in England. Als sie 1558 starb und mit Elisabeth I. ein weiterer Sproß Heinrichs VIII. an die Regierung kam, führte das nur zu einer vorübergehenden Entspannung. Mehr denn je drängten

die »merchant adventurers« ihre Regentin, etwas für sie in Deutschland zu tun.
Die Gelegenheit war günstig, denn Hamburg begann, sich trotz aller Gemeinsamkeitsparolen sichtbar von der Hanse abzusetzen. Es öffnete den Engländern die Tore, nachdem sie zuvor in der nichthansischen Stadt Emden einen Stapel für Tuch errichtet hatten. Obwohl sich Sudermann mit aller Gewalt dagegen stemmte, schloß die Elbestadt 1567 ein Abkommen mit englischen Kaufleuten, wonach sie in Hamburg Zollfreiheiten und zwei Häuser erhalten sollten. Lediglich der Kleinhandel und das Färben ihrer Tuche und deren Weiterverarbeitung waren ihnen untersagt.
Für Sudermann, überhaupt für alle, die an eine ernsthafte Wiedergeburt der Hanse glaubten, war Hamburgs Alleingang ein Schlag ins Gesicht. Dagegen anzugehen, war nicht möglich. Hamburg war zu mächtig geworden, und der Handel mit den Engländern brachte der Stadt nur Vorteile.
Man bearbeitete den Rat aber so lange, bis Hamburg schließlich den Vertrag doch aufhob, worauf die Schikanen in England, die nie ganz aufgehört hatten, wieder verstärkt einsetzten. Die Engländer bauten daraufhin Emden noch einmal und Stade zu ihren Stützpunkten aus.
Die Engländer waren, wie ihre niederländischen Freunde, auch in der Ostsee nicht mehr zu bremsen. Weil Danzig sich zierte, wandten sie sich an Elbing mit der Bitte um eine privilegierte Niederlassung. Die wurde ihnen 1579 erfüllt. Alles Lamentieren der Danziger gegen die »Eastland Company« half nichts, der Handelsvertrag blieb gültig bis 1628, und Elbing hatte, wie auch Hamburg, nur Vorteile davon: 1586 und 1587 liefen rund 100 britische Schiffe Elbing an, bis 1612 waren es dann durchschnittlich 50. Der Handel florierte, die hansische Solidarität blieb auf der Strecke.
Nur Lübeck versuchte krampfhaft den Engländern das Was-

ser abzugraben. Unter der ziemlich fadenscheinigen, seit Fuggers Zeit bekannten Anschuldigung, sie würden den Handel im Reiche monopolisieren und damit gegen geltendes Reichsrecht verstoßen, zeigte sich Kaiser Rudolf II. 1582 geneigt, die Briten auszuweisen. Ein entsprechender Beschluß wurde jedoch nie ausgeführt.
Inzwischen hatte Elisabeth I. Englands Flotte zur Seemacht Nummer eins aufgebaut, die einen ihrer ruhmreichen Höhepunkte mit einem glänzenden Sieg über die spanische Armada feiern konnte. 1589 brachte Francis Drake, Seeräuber und Weltumsegler im Dienst der Königin und schon zu Lebzeiten eine Legende, 60 hansische Schiffe in der Tajomündung vor Lissabon unter dem Vorwand auf, die Hanse habe Spanien unterstützt. Die Empörung in Deutschland war zwar groß, aber fruchtlos. Die Hanse war unfähig zu reagieren.
Erst nach langwierigen Verhandlungen und auf Drängen Spaniens entschloß sich der Kaiser, die 15 Jahre alte Ausweisungsverfügung für die Engländer in Kraft zu setzen. Sie wurden vom Handelsverkehr in Deutschland ausgeschlossen und mußten das Land verlassen.
Elisabeth I. reagierte prompt. Am 13. Januar 1598 erhielten die Stalhof-Kaufleute den Befehl, binnen 14 Tagen aus England zu verschwinden, ausgenommen die Kaufleute aus Danzig und Elbing, weil sie polnische Untertanen seien. Kurz darauf wurde der Stalhof beschlagnahmt und zum Marinearsenal umfunktioniert. Ein Schock für die Städte-Gemeinschaft, aber kein Schritt Englands, der sie sonderlich überraschen durfte.
1606 erhielt die Hanse den Hof zurück, mit der alten Privilegien-Herrlichkeit aber war es zu Ende. Endgültig. Beschied Elisabeth I. die Unterhändler vom Kontinent: Den Hansen mehr Freiheiten als den eigenen Untertanen zu verleihen, sei

gegen das Amt eines Königs, da er dann einem anderen Königreiche besser vorstehen wolle als seinem eigenen... den Hansen werde es unbenommen bleiben, wie auch Franzosen, Schotten, Holländer und andere Völker frei in England zu handeln. Dem hatte die Hanse nichts mehr entgegenzusetzen.

Iwans gescheiterter Blitzkrieg

Die zweite Hälfte des 16. Jahrhunderts brachte auch den Untergang der baltischen Handelsprovinzen. Im gleichen Jahr 1547, als Heinrich VIII. von England starb, wurde in Moskau der 17jährige Iwan IV. gekrönt, der sofort daranging, sich den klangvollen Beinamen »der Schreckliche« zu verdienen.

Da er nichts Geringeres vorhatte, als Rußland zu imperialer Größe zu führen, wurde erst einmal aufgerüstet und ein stehendes Heer aufgestellt. Den berittenen Adligen wurden mit Flinten ausgerüstete Schützenverbände zur Seite gestellt, die nachmals so berüchtigten Strelitzen, und auch Kosaken als reguläre Reitertruppe in die Dienste des Zaren genommen. Besessen von der Idee, Moskau sei das Dritte Rom und er, der Zar, gottgewollter Nachfolger des byzantinischen Kaisers, kämpfte Iwan IV. sich zunächst den Rücken frei: Er eroberte die Tataren-Khanate von Kasan und Astrachan.

In Livland wußte man, was das bedeutete. Innenpolitisch hatte der Herrscher inzwischen ein nahezu perfektes Zwangsregime aufgebaut, gestützt vor allem auf die ihm verpflichtete Leibwache, die gefürchtete Opritschnina. Als Vorwand für den Angriff auf Livland 1558 diente ihm die Ablehnung neu erhobener Tributforderungen. Livland, in sich zerstritten, schien leichte Beute zu werden, und mit seiner Eroberung versprach ein alter russischer Wunsch in

Erfüllung zu gehen: einen leistungsfähigen Hafen an der Ostsee zu besitzen.

Aber aus dem erhofften Blitzkrieg, wie gegen die Tataren, wurde nichts. Estland unterstellte sich schwedischer, Livland litauisch-polnischer Oberhoheit – womit zwei neue Gegner gegen Iwan aufmarschierten. Der Zar konnte Narwa erobern und Dorpat, das er dem Erdboden gleichmachte; als aber 1579 der neue polnische König Stephan Bathory zur Gegenoffensive überging, vermochten die in langen Kämpfen zermürbten Moskauer Truppen keinen ausreichenden Widerstand mehr zu leisten. Waffenstillstände mit Polen, Litauen und Schweden folgten alsbald. Riga und Reval hatten Iwan trotzen können, der Rest-Ordensstaat im Baltikum war jedoch zerschlagen worden.

Iwan IV. baute Narwa zum Ostseehafen Rußlands aus. Plötzlich trafen sich alle Kaufleute dort wieder, selbst lübische, die nun endlich wieder auf bessere Zeiten hofften. Beunruhigt war man in Lübeck allerdings von der Nachricht, daß schon 1553 der Engländer Richard Chancellor auf der Suche nach der nördlichen Durchfahrt nach China ins Weiße Meer vorgedrungen war und wenig später in Moskau mit dem Zaren einen Handelsvertrag namens der »Moscovy Company« geschlossen hatte. Das stimmte die Lübecker Herren denn doch sehr bedenklich, und schleunigst schickten sie Schiffe nach Narwa aus, um die eigenen Beziehungen aufzubessern.

Der lahme »Adler«

Noch bevor sich zwischen Lübeck und Rußland ersprießliche Handelsbeziehungen entwickeln konnten, wurden sie schon wieder zerstört. Schweden, der Schutzherr Revals, sah seine Interessen im Finnischen Meerbusen bedroht.

Gustav Wasas Nachfolger, König Erich XIV., hatte anfangs Miene gemacht, den Städten die Privilegien wieder einzuräumen, verlangte dafür aber nicht nur volle Gegenseitigkeit, sondern mehr, als die Hanse je in Schweden besessen hatte: eine Niederlassung in jeder Hansestadt. Das war die Reaktion auf seine dauernden Aufforderungen an Lübeck, die Narwafahrt einzustellen, weil dadurch nur der russische Feind gestärkt werde, und zur Abschreckung beschlagnahmte er 32 lübische Schiffe, die sich auf der Rückfahrt von Narwa befanden.

Als kurz darauf der dänisch-schwedische Krieg ausbrach, der sogenannte Nordische Siebenjährige oder Drei-Kronen-Krieg, angeblich, weil der dänische König Friedrich II. darauf bestanden hat, drei skandinavische Kronen in seinem Wappen zu führen, stellte sich Lübeck auf die Seite Dänemarks und redete viel von der Freiheit der Meere. Den anderen Städten der Hanse war das vollkommen gleichgültig, sie verhielten sich neutral.

Lübeck schickte sein stärkstes Schiff in den Kampf, den »Adler«, eines der größten Kriegsschiffe seiner Zeit überhaupt, ausgerüstet mit 68 Geschützen auf drei Decks, 400 Mann Besatzung und etwa 500 Kriegsknechten. So imposant es auch dahersegelte, einen entscheidenden Erfolg über die Schweden konnte es nicht erringen, der »Adler« war lahm. Dem mißliebigen Reval aber hatte man es heimgezahlt, als man nämlich ein lübisches Geschwader in die Dünamündung schickte und die Stadt unter Feuer nehmen ließ. Etwa 100 Schiffe wurden erbeutet oder in den Grund gebohrt. Der Stettiner Frieden von 1570 war so ungünstig nicht. Lübeck konnte die freie Schiffahrt nach Narwa durchsetzen, jedenfalls so lange, bis Schweden die Stadt eroberte. Das geschah schon 1581. Lübecks Handel war wieder vom schwedischen Wohlwollen abhängig.

Dieser letzte Seekrieg einer Hansestadt – ein hansischer Krieg war es nicht mehr – brachte letztlich keinen Gewinn für Lübeck, verschaffte aber der holländischen und englischen Konkurrenz manchen Vorteil, die, und unter Rückendeckung ihrer Könige, die Hanse aus dem Rennen werfen konnte. Die livländischen Städte schieden aus dem Bund aus, nicht offiziell freilich, aber doch de facto: Die schwer drückende schwedische und polnische Abhängigkeit ließ keine andere Wahl.

Lübeck hatte im Verein mit dem Erbfeind Dänemark noch einmal versucht, seine Handelsinteressen mit Waffengewalt durchzusetzen. Es war gescheitert. Damit war das Ende der hansischen Seemacht in der Ostsee gekommen.

22. Kapitel:
In Schönheit gestorben

Hamburg schnitt die Zöpfe ab

Die Lage war paradox: Die Hanse stand unschlüssig vor den Trümmern ihrer Macht, unfähig, die Teile wieder zusammenzubringen. Den Städten aber, besonders den Seestädten, ging es besser als je zuvor: Die Wirtschaft erlebte in der zweiten Hälfte des 16. Jahrhunderts einen Frühling sondergleichen. Die Entdeckung Amerikas, die Erschließung des Seewegs nach Ostindien, noch heute häufig als Nägel für den Sarg der Hanse denunziert, war ein im Gegenteil großes Stimulans für die hansische Schiffahrt, keineswegs aber deren Ruin. Die Ostseefahrt erreichte seit 1550 überhaupt erst ihren Höhepunkt, und mindestens bis zum Ausbruch des Dreißigjährigen Krieges war die Ostsee alles andere als ein wirtschaftliches Randmeer. Obwohl die Holländer allmählich die Hansestädte in Handel und Schiffahrt überflügelt hatten, erreichte die hansische Schiffahrt, nach wie vor Quelle der Wirtschaftsblüte, ihren Gipfel erst um 1600.
Nach zuverlässigen Schätzungen kreuzten an die 1000 Hanseschiffe mit einer Tragfähigkeit von rund 90 000 Tonnen – die heute ein einziger Tanker wegschleppt – auf den Meeren herum, zu einem Drittel in Lübeck, zu einem weiteren Drittel in Hamburg beheimatet. Das waren stattliche 50 Prozent mehr als hundert Jahre davor.
Parallel dazu mehrte sich der Wohlstand in den wichtigsten Städten erheblich. Hamburg zum Beispiel hatte bekanntlich seit längerer Zeit auf enge Kooperation mit den Engländern gesetzt. Es zahlte sich für beide Seiten reichlich aus. Danzig, vor allem aber Elbing dachten und handelten ebenso, mit gutem Erfolg. Nur Lübeck stand mehr oder weniger beleidigt in der Ecke und jammerte besseren Tagen hinterher, unfähig, sich zu häuten, außerstande, das Neue für sich zu nutzen.

Die Hanse war nicht mehr zu retten, das dämmerte allmählich jeder Stadt, und daran konnten die ehrenwerten Versuche von Sudermann und Doman auch nichts ändern. Die Städte hatten sich auseinandergelebt, jeder versuchte, sich so gut es ging durchzuschlagen und das Beste aus der Situation zu machen.

Zum Beispiel Hamburg. Hier hatte man seinen privaten Frieden mit den Engländern geschlossen und damit den Grundstein für den Aufstieg der Stadt gelegt. Hamburg war in den ersten Jahrzehnten des 17. Jahrhunderts mit etwa 50000 Einwohnern zur größten deutschen Stadt aufgestiegen, noch um die Jahrhundertwende waren es 35000 gewesen.

Die Elbmetropole besaß auch am Ende des 16. Jahrhunderts nach Lübeck die größte Flotte mit einer Kapazität von rund 14000 Tonnen Tragfähigkeit, eine Tonnage, die sich durch den Zuzug holländischer Reeder in den nächsten fünfzig Jahren noch verdoppelte.

Der Aufschwung kam schon 1558 sehr eindrucksvoll durch die Gründung einer Börse zum Ausdruck, die zunächst nichts weiter als ein freier Platz war, auf dem sich die Kaufleute zu bestimmten Tageszeiten trafen. 1619 wurde eine Bank nach Amsterdamer Vorbild gegründet, auch und vor allem ein Spiegelbild des Spanien-Handels, auf den sich Hamburg dank der zugewanderten Holländer warf – ein Handel, der eigentlich nichts mehr mit der Hanse zu tun hatte, außer daß er von Hamburg und auch anderen Hansestädten betrieben wurde.

Unter den 42 Konteninhabern im Gründungsjahr der Bank, deren Umsätze mehr als 100000 lübische Mark betrugen, finden sich nicht weniger als 29 Spanien-Kaufleute, zumeist Emigranten aus Brabant, Brüssel und Antwerpen, die an der Elbe Zuflucht vor den jahrzehntelangen Unruhen in ihren

Heimatländern gesucht hatten und nun von hier aus ihre iberischen Fäden spannen. Sehr bald schon gingen sie voll im Hamburger Bürgertum auf. Familien wie die Amsinck, die aus Zwolle in Holland eingewandert waren, oder die aus der Kölner Gegend zugezogenen Berenberg haben noch heute einen guten Klang. Die englisch-spanischen Auseinandersetzungen hatten den Warenaustausch zwischen den iberischen Häfen und den Hansestädten außerordentlich gefördert. Alle Seehäfen profitierten davon, nicht nur Hamburg. Denn Philipp II. von Spanien mußte den fehlenden Nachschub aus den Feindländern, den Niederlanden und Frankreich, anderweitig ersetzen und zeigte den Hansestädten daher größtes Entgegenkommen.

Hamburg lebte recht üppig in seiner Rolle als Kriegslieferant: Metalle, Waffen, Textilien wurden verschifft, aber auch Material für den Schiffbau, wie Tauwerk, Pech und Teer. Als Rückfracht lud man wertvolle spanische Kolonial-Erzeugnisse: Zucker, Gewürze und Farbhölzer. Der eigene Handel mit den Kolonien war ihnen zwar untersagt, dennoch unternahmen einige waghalsige Hamburger Schiffer Fahrten nach Madeira zu den Kanarischen Inseln und selbst bis nach Brasilien.

Das städtische Gewerbe hatte seinen Nutzen davon, eine gutgehende Exportindustrie konnte sich entfalten. Reepschläger und Seildreher, Tuchfärber, Wollweber und Bleicher schwammen ganz oben auf der Konjunktur-Woge. Sogar ein neues Gewerbe, die Zuckerbäckerei, die aus dem eingeführten Zuckerrohr reinen Zucker herstellte, ließ sich in Hamburg nieder. In oder bei Hamburg entstanden auch Salzraffinerien zur Verfeinerung des Baiensalzes, das von der französischen Atlantikküste herbeigeschafft wurde. Haupthafen Portugals war Lissabon, der meistbesuchte spanische Hafen St. Lucar an der Mündung des Guadalquivir. Um diese Häfen trotz englischer Kaperer, trotz eines Francis Drake zu erreichen, nahmen Hamburger Schiffer und Kaufleute selbst eine Fahrt um Schottland herum in Kauf. Seit dieser Zeit durchfuhren sie auch regelmäßig die Straße von Gibraltar, um spanische und italienische Mittelmeerhäfen anzulaufen.

Nach dem Friedensschluß zwischen England und Spanien 1604 öffnete Hamburg wieder seine Tore für die Kaufleute von den Britischen Inseln. Wenn man die Engländer nicht davon abhalten könne, sich in Stade häuslich einzurichten – wohin sie nach dem Rausschmiß aus Hamburg abgewandert waren –, sei es nur logisch, sie auch wieder nach Hamburg zurückzuholen, dann habe man wenigstens selbst den Vorteil, begründete man diese Entscheidung.

Das alles lief zwar der herkömmlichen hansischen Politik vollkommen zuwider, und bei den Gralshütern hansischer Traditionen in Lübeck erhob sich auch ein lautes Wehklagen über Hamburgs Verrat, aber die aufstrebende dynamische Elbmetropole ließ sich in ihrer realistischen Einschätzung dessen, was wirtschaftlich notwendig war, nicht beirren. Hamburg schnitt die alten Zöpfe ab, die Lübeck noch immer neu zu flechten versuchte. Ein kleines, aber bezeichnendes Indiz: Während das alte korporative System, der Zusammenschluß der Kaufleute nach Fahrtgebieten, sich allmählich dem Ende zuneigte, wurde an der Trave noch eine Spanienfahrer-Kompanie gegründet. In Hamburg aber, wo besonders intensive Beziehungen zur iberischen Halbinsel gepflegt wurden, war keine Rede davon.

Daß Hamburgs Wirtschaft wesentlich von den Ausländern bestimmt wurde, war eine allgemein bekannte Tatsache. Aber nur Lübeck mißbilligte das in einer Protestnote 1609 und schwärzte seinen ehemaligen Nordseehafen mit der Behauptung an, sein Handel liege kaum zum hundertsten Teil in den Händen seiner eigenen Bürger. Das war natürlich maßlos übertrieben, und es regte sich auch niemand darüber auf, aber es zeigt deutlich Lübecks Haltung: Um Gottes willen, keine Ausländer im eigenen Handel. Hamburgs Umorientierung ging sogar soweit, den traditionellen Osthandel zu vernachlässigen – ein einzigartiger Fall bei den norddeutschen Städten. Die Zahl der jährlichen Sundpassagen nahm von 150 in der Zeit von 1565 bis 1569 auf 100 um die Jahrhundertwende ab.

Lübeck zehrte von der Substanz

Ähnlich lagen die Dinge in der 30000-Einwohner-Stadt Danzig, das einen ebenso rasanten Aufschwung wie Hamburg nahm. Polnisches, pommersches und preußisches Getreide war der erstrangige Exportartikel, zumeist von den rührigen Holländern verfrachtet. Ausländische Kaufleute, stets willkommen, durften aber, anders als in Hamburg, untereinander keinen Handel treiben. Danzig hielt daran fest, daß seine Kaufmannschaft die Zwischenhändlerrolle zu behaupten habe und hatte sogar Erfolg damit, denn Danzig war als Getreidemarkt für den Westen nicht zu ersetzen. Plötzlich blickte man auch in völlig fremde Gesichter: Franzosen hatten sich in der Stadt niedergelassen, immerhin eine so große Kolonie, daß 1610 ein Konsul ernannt wurde, der 16 Jahre lang seines Amtes waltete. Die Engländer hielten sich überwiegend in Elbing auf; bis 1628 gelang es der Stadt nicht, sie wieder zurückzuholen. Danzig hatte sich unstreitig einen der ersten Plätze auf der Liste der Hansestädte erobert. Lübeck dagegen, die einst so mächtige Königin der Hanse, welkte dahin. Der politische und der wirtschaftliche Verfall waren offenkundig geworden. Die Affäre Wullenwever und

der unselige Drei-Kronen-Krieg hatten das Ansehen der
Stadt nachhaltig lädiert. Die Einwohnerzahl stagnierte. Seit
Ende des 15. Jahrhunderts hatte sie sich bei rund 25000 ein-
gependelt, und dabei blieb es auch – womit Lübeck auf den
vierten Rang der Hansestädte zurückgefallen war.
Wirtschaftlich zehrte Lübeck von der Substanz, obwohl
auch hier der Handel unübersehbar zugenommen hatte. In
guten Jahren machten an die 2000 Schiffe im Lübecker Hafen
fest, dreimal soviel wie am Ende des 15. Jahrhunderts, und
aller Sundfahrt zum Trotz behielt auch die alte Landstraße
Lübeck–Hamburg für den Warentransport eine gewisse Bedeutung bei, nicht zuletzt wegen des unversöhnlichen Han-
sefeindes Christian IV.
Aber: Die Travestadt blieb wirtschaftlich auf Skandinavien
und den Osten ausgerichtet, die neuen Märkte in Südeuropa
wurden nur am Rande bedient. Wesentlich neue Absatzgebiete erschloß Lübeck nicht mehr. Das, was vorhanden war,
wurde gepflegt, kaum, daß man sich in Spanien oder Portugal
umsah. Dazu kam der gravierende Rückgang des Schonen-
Geschäftes. Der Hering war anderswo hingewandert. In
Bergen, seit alters her in lübischer Erbpacht, hatten längst die
Rostocker und Bremer das Sagen.
Lübeck zeigte zunehmendes Unvermögen, sich den veränderten Zeitläufen anzupassen. Ein radikales Reformpro-
gramm zur Anpassung hätte not getan, aber es geschah
nichts. Statt dessen gefiel man sich in larmoyanten Anklagen
und bemitleidete sich selbst. Hamburg zumal mußte sich in
jenem Schreiben von 1609 sagen lassen, daß es mit den Ausländern unter einer Decke stecke und den schmutzigen Versuch unternehme, Lübeck aus den jahrhundertealten Geschäftsbeziehungen zu Skandinavien, Livland und Polen zu
verdrängen. Die Lübecker, so hieß es, wollten Kaufleute
bleiben und nicht nur Schiffer, Faktoren und Gastgeber sein,

und der Hafen solle nicht nur dem Transit dienen. So ehrenwert sich das alles auch ausnahm, in Hamburg ging man achselzuckend zur Tagesordnung über.
Nur zu deutlich empfand Lübeck den eigenen Abstieg und mußte hilflos zusehen, wie andere Städte an ihm vorbeizogen; gelähmt von der Erinnerung an vergangene, bessere Zeiten, unfähig, sich der neuen zu öffnen. Dem Einfluß der ausländischen Kaufleute wollte es Einhalt gebieten und brach dabei jenen lächerlichen »Durchfuhrstreit« vom Zaun, der es nur noch mehr isolierte.
Unter Berufung auf sein Stapelrecht beschlagnahmte die Stadt 1606 je eine Ladung Lachs und Kupfer, die Hamburger Kaufleuten gehörten. Ein Transitverbot für alle außerhalb der Stadt bei Fremden erworbenen Waren folgte, insbesondere durften alle Nahrungsmittel aus Skandinavien, schwedisches Kupfer und Eisen nur an Lübecker verkauft werden. Wer gegen diese Regelung verstieß, wurde mit Beschlagnahme seiner Waren bestraft.
Dem lübischen Kaufmann sollte damit seine einst überragende Stellung wiedergewonnen werden, aber es war ein Bärendienst, den man den Kaufleuten erwies. Hamburg schlug Krach, aber an der Trave hielt man eisern an der Regelung fest, in der sicheren Überzeugung, sie werde den Untergang aufhalten.

»Schmierige Heringshändler und Bärenhäuter«

Der Dreißigjährige Krieg brach aus, als 1618 in Prag zwei königliche Statthalter aus dem Schloßfenster gestürzt wurden. Unter den Trümmern, die diese europäische Auseinandersetzung hinterlassen sollte, lag auch die Hanse begraben. Neutral bleiben hatte sie wollen, dabei aber übersehen, daß ihr die dazu nötige Macht fehlte. So mußte jede Stadt zusehen, wie sie das eigene Interesse am besten verteidigte gegen die kriegführenden Mächte oder mit ihnen. Von Gemeinsamkeit war keine Spur mehr. Die Hanse nahm Abschied von der politischen Bühne und verschwand in den Kulissen der Geschichte.

Wer am unaufhaltsamen Ende auch der Wirtschaftsmacht »Hanse« vielleicht noch zweifeln mochte, den belehrte der dänische Monarch Christian IV. schon recht bald eines Besseren. Als die Hanse um die Bestätigung ihrer Privilegien bat, bekam sie zur Antwort: Die Zeiten hätten sich geändert. Man bedürfe der Hanse nicht mehr.

Mit Christian IV. war 1596 ein König an die Macht gekommen, der noch einmal für kräftigen Wirbel in der Hanse sorgte. Eingeführt hatte sich der mit Abstand größte aller Hanseaten-Hasser damit, daß er sämtlichen deutschen Kaufleuten alle Handelsvorrechte entzog und sich weigerte, diesen »hochmütigen Krämern und Pfeffersäcken, schmierigen Heringshändlern und Bärenhäutern« auch nur ein einziges Zugeständnis zu machen. Die solcherart Titulierten sannen noch darüber nach, was nun zu tun sei, als der Herrscher auch schon in ähnlicher Weise gegen die Holländer vorging. Man habe jetzt eigene Kaufleute genug, die das Reich versorgen könnten, beschied er voreilige Anfragen. Ein Bündnis Hanse–Holland war die Folge, aber es blieb ohne Wirkung. Weil Christian IV. es auch als Anmaßung empfand, wenn »Krämer und Krauthöker Kriege führen und Staaten regieren wollten«, knüpfte er an die norddeutsche Politik seiner Vorgänger an und half dem Herzog von Braunschweig bei dem Versuch, die Stadt Braunschweig zu unterwerfen. Bemerkenswert ist diese Episode deswegen, weil die Hanse zur Rettung Braunschweigs ihre letzte militärische Aktion startete. Die Stadt konnte sich behaupten.

Den Hamburger Pfeffersäcken, die sich ja einen beachtlichen

vorderen Platz in den internationalen Wirtschaftsbeziehungen hatten sichern können, wollte er 1617 durch die Gründung Glückstadts, einige Kilometer elbabwärts, das Wasser abgraben. Er stattete die junge Stadt überreich mit Privilegien aus und erhob von den nach Hamburg fahrenden Schiffen Zoll. Obwohl er kurz darauf auch noch Stade besetzte, konnte er jedoch den Elbhandel Hamburgs nicht mattsetzen. Hamburg erreichte 1618 die Anerkennung als reichsunmittelbare Stadt und entging auf diese Weise den Nachstellungen Christians IV.

Gustav Adolf hatte noch nicht mit der Eroberung Deutschlands begonnen, als sich der Hanse eine allerletzte Chance zu bieten schien, auf die politische Bühne zurückzukehren. Philipp IV. von Spanien und Kaiser Ferdinand II. machten gemeinsame Sache gegen den protestantischen Norden. Philipp wollte nach Ablauf des spanisch-holländischen Waffenstillstands die Niederlande endgültig bezwingen, Ferdinand gedachte nach seinem Sieg in Böhmen gegen die norddeutschen protestantischen Fürsten vorzugehen, zu denen auch Christian IV. von Dänemark rechnete.

Wallenstein, kaiserlicher Feldherr, mit dem seltsamen Titel eines »Generals der ozeanischen und baltischen Meere« versehen und mit dem Herzogtum Mecklenburg belehnt, dessen Fürstenhaus wegen Unterstützung des dänischen Königs der Acht verfallen war, hatte inzwischen das gesamte Elbegebiet bis hinauf nach Jütland erobert, Wismar besetzt und Rostock eingenommen, sein Feldherr-Kollege Tilly, Befehlshaber der Liga-Truppen, also im gleichen politischen und militärischen Lager, König Christian IV. geschlagen.

Um den Kampf gegen Dänemark und Holland erfolgreich fortführen zu können, brauchte die katholische Seite aber Schiffe. Ferdinand II. versuchte nun die See-Städte, die allein über eine Flotte verfügten, mit dem Angebot einer deutsch-

spanischen Handelsgesellschaft unter seinem Patronat aus der neutralen Ecke zu locken und stellte die endgültige Beseitigung der dänischen Gefahr in Aussicht. Die so Angesprochenen aber, 1628 in Lübeck zu einem Hansetag zusammengekommen, ließen sich von ihrer prinzipiellen Neutralität nicht abbringen. Zu deutlich stand der militärische Charakter einer derartigen Hilfe im Vordergrund und man fürchtete, in einen Krieg mit den protestantischen Ländern Dänemark, den Generalstaaten der Niederlande, England und Schweden hineingezogen zu werden.
Die raschen Erfolge der Schweden unter Gustav Adolf gaben der Hanse recht. Wismar geriet unter die Hoheit der Schweden, ebenso Stralsund. Lübeck behauptete dem König gegenüber wohlwollende Neutralität, bot ihm aber 26000 Taler, um sich von einer Besetzung freizukaufen. Hamburg und Bremen begrüßten ihn als einen Beschützer vor dänischen Ansprüchen.

Die Nachlaßverwalter

Man mogelte sich durch die Wirren, so gut es eben ging. Der Westfälische Friede von 1648 besiegelte dann die Auflösung des Reiches. Die kaiserlichen Rechte wie Gesetzgebung und völkerrechtliche Verträge wurden an die Zustimmung des Reichstages gebunden, die Reichsstände erhielten volle Souveränität. Die Schweiz und die Niederlande schieden aus dem Reichsverband aus.
Der große Sieger Schweden, neben Frankreich »Garantiemacht« des Friedens, stieg zur beherrschenden Ostseemacht empor: Sein Einfluß erstreckte sich von Finnland über Estland, von Livland bis nach Pommern und Mecklenburg. Darüber hinaus setzte es sich an Weser und Elbe fest – womit es den gesamten Handel der Hanse kontrollierte.

Der Krieg hatte schwere Verwüstungen hinterlassen, nicht zuletzt durch das von Wallenstein perfektionierte System der Plünderungen. »Der Krieg ernährt den Krieg« – getreu dieser Maxime fraßen sich seine Soldaten wie Wandertermiten durch die Lande, eine Schleppe des Schreckens hinter sich herziehend.

Dennoch hatte der Handel weniger unter dem Krieg gelitten, als es zunächst den Anschein hatte. Der Handel über See lief nahezu unvermindert weiter, konnte sich in Einzelfällen sogar noch steigern. So passierten von 1627 bis 1647 ausweislich der Sund-Zollisten jährlich 150 lübische Schiffe die dänischen Meerengen, mehr als zur Jahrhundertwende und fast soviel wie in den besten Jahren am Ende des 16. Jahrhunderts. Der Hamburger Iberien-Handel gedieh nach wie vor prächtig, und die Beziehungen zu Frankreichs Ludwig XIV. ließen sich vielversprechend an. Auch die preußischen Städte hatten sich wieder erholt: 1649 wurden 200000 Tonnen Getreide aus Danzig und Königsberg verschifft.

Die Hanse aber, ohnmächtig den Kriegsereignissen ausgeliefert, hatte schon während einer Tagung 1629 in Lübeck beschlossen, die Belange des Bundes auf die drei Städte Lübeck, Hamburg und Bremen zu übertragen, die stellvertretend für die Hanse handeln sollten: Das war die Entscheidung über die Liquidierung der ehrwürdigen, fast 500 Jahre alten Gemeinschaft von Kaufleuten und Städten, gänzlich unsentimental und sachlich gefällt.

Die drei Städte vereinbarten ein Jahr darauf ein besonderes Defensivbündnis für zehn Jahre, das den wechselseitigen Beistand im Falle eines Angriffs auf eine Stadt vorsah, und vereinbarte ständige Konsultationen über eine gemeinsame Politik.

Nach dem Krieg jedoch regte sich, merkwürdig genug, wieder das Gefühl, etwas für die gemeinsame Sache tun zu müssen, die eigentlich allseits als erledigt angesehen wurde. Angeregt wurde, die zerrütteten Kontorsfinanzen von Antwerpen und London zu sanieren, überhaupt wieder Mitgliedsbeiträge zu erheben und nach Mitteln und Wegen zu suchen, die Privilegien neu zu beleben.

Lübeck berief deshalb 1651 einen Hansetag ein, aber das Ergebnis war enttäuschend. Die Absagen häuften sich, so daß man den Hansetag verschob, bis sich 1666 ein zwingender Grund bot, die Städte zusammenzurufen: Halb London und mit ihm der Stalhof waren abgebrannt. Eine gemeinsame Entscheidung mußte getroffen werden, was nun mit dem Kontor zu geschehen habe.

Bis sich aber die Städte tatsächlich an einen Tisch setzten, vergingen noch einmal drei Jahre. Im Juli 1669 trafen sich dann endlich neun Städte in Lübeck, der klägliche Rest von einstmals 180 Mitgliedsstädten. Es waren: Lübeck, Hamburg, Bremen, Danzig, Rostock, Braunschweig, Hildesheim, Osnabrück und Köln.

Dieser Hansetag war der letzte in der Geschichte der Gemeinschaft. Man ging ohne greifbares Ergebnis auseinander. Übrig blieb der Dreierbund Lübeck–Hamburg–Bremen von 1630. Nicht eine Fortsetzung der Hanse, sondern ihre Nachlaßverwalter, die das Antwerpener Kontorgebäude, den Londoner Stalhof und das Kontor in Bergen zu versorgen hatten.

Die Niederlassung Bergen wurde 1774 aufgelöst, der Stalhof 1853 und das Antwerpener Haus 1862 veräußert. Was blieb, war die Erinnerung an eine wechselvolle, friedliche wie kriegerische Epoche europäischer Wirtschaftsgeschichte.

Bibliographie

Andersson, Ingvar: Schwedische Geschichte, München 1950
Bahr, Konrad: Handel und Verkehr der Deutschen Hanse in Flandern, Leipzig 1911
Barthold, F. W.: Die Geschichte der deutschen Hanse, 2 Bände, Leipzig 1909
Bessell, Georg: Bremen, 3. Aufl., Bremen 1955
Boehn, Max von: Die Mode, München 1925
Brandt, Ahasver von: Die Hanse als mittelalterliche Wirtschaftsorganisation, Köln 1963
Caspar, Erich: Vom Wesen des Deutschen Ordensstaates, Königsberg 1928
Daenell, Erich: Die Blütezeit der deutschen Hanse, 2 Bände, Berlin 1906
Dollinger, Philippe: Die Hanse, Stuttgart 1966
Ellmers, Detlev: Frühmittelalterliche Handelsschiffahrt in Mittel- und Westeuropa, Neumünster 1972
Ennen, Edith: Die europäische Stadt des Mittelalters, Göttingen 1972
Franzén, Anders: Das Kriegsschiff Vasa, Stockholm 1961
Freytag, Gustav: Bilder aus der deutschen Vergangenheit, 5 Bände, Leipzig 1924
Friedell, Egon: Kulturgeschichte der Neuzeit, München 1929
Halfar, Wolfgang: Gotland – Glück und Unglück einer Insel, Würzburg 1966
Heinrich von Lettland: Lettland-Chronik, Darmstadt 1959
Heinsius, Paul: Das Schiff der hansischen Frühzeit, Weimar 1956
Helm, Karl: Bremens Holzschiffbau, Bremisches Jahrbuch 1955
Helmold von Bosau: Slawenchronik, Darmstadt 1963
Hermann, Joachim: Die Slawen in Deutschland, Berlin 1974
Hoffmann, Max: Geschichte der freien und Hansestadt Lübeck, Lübeck 1889
Johansen, Paul: Novgorod und die Hanse, Lübeck 1953
Keutgen, Friedrich: Die Beziehungen der Hanse zu England, Gießen 1890
Le Goff, Jacques: Das Hochmittelalter, Fischer Weltgeschichte, Band 11, Frankfurt 1965
Lüth, Erich: Seeräuber und Geraubte, Flensburg 1970
Mollwo, Carl: Das Handlungsbuch von Hermann und Johann Wittenborg, Leipzig 1901
Pagel, Karl: Die Hanse, 3. Aufl., Braunschweig 1963
Pirenne, Henri: Sozial- und Wirtschaftsgeschichte Europas im Mittelalter, 3. Aufl., München 1974
Planitz, Hans: Die deutsche Stadt im Mittelalter, Graz 1954
Ropp, Ortwin Frh. v. d.: Kaufmannsleben zur Zeit der Hanse, Pfingstblätter des Hansischen Geschichtsvereins, 1907
Rörig, Fritz: Die europäische Stadt, 4. Aufl., Göttingen 1964
Rörig, Fritz: Wirtschaftskräfte im Mittelalter, Köln 1959
Schäfer, Dietrich: Die Hansestädte, Jena 1879

Schäfer, Dietrich: Die deutsche Hanse, Leipzig 1925
Steinhausen, Georg: Der Kaufmann, Leipzig 1899
Stieda, Wilhelm: Hildebrand Veckinchusen, Leipzig 1921
Tumler, Marian: Der Deutsche Orden, 1955
Vogel, Walther: Ein seefahrender Kaufmann um 1100, Hansische Geschichtsblätter, 1912
Vogel, Walther: Geschichte der deutschen Seeschiffahrt, Berlin 1915
Vogel, Walther: Kurze Geschichte der Deutschen Hanse, Pfingstblätter, 1915
Vollbehr, Friedel: Die Holländer und die deutsche Hanse, Pfingstblätter 1930
Winterfeld, Luise von: Tidemann Lemberg, Hansische Volkshefte 1927

Verzeichnis der Hansestädte

Ahlen
Alfeld
Allendorf
Altena
Anklam
Arnheim
Arnsberg
Aschersleben
Attendorn
Balve
Beckum
Belecke
Belgard
Berlin
Bielefeld
Blankenstein
Bochold
Bochum
Bödefeld
Borgentreich
Borken
Brakel
Brandenburg
Braunsberg
BRAUNSCHWEIG
Breckerfeld
Bremen
Breslau
Brilon
Bockenem
Buxtehude
Cölln a. d. Spree
Coesfeld
DANZIG
Demmin
Deventer
Doesborg
Dorpat
Dorsten

DORTMUND
Drolshagen
Duderstadt
Dülmen
Düsseldorf
Duisburg
Einbeck
Elbing
Elburg
Emmerich
Erfurt
Essen
Eversberg
Fellin
Frankfurt a. d. Oder
Freienohl
Fürstenau
Gardelegen
Geseke
Göttingen
Goldingen
Gollnow
Goslar
Greifenberg
Greifswald
Grevenstein
Grieth
Gronau
Groningen
Hachen
Hagen
Halberstadt
Halle
Haltern
Hamburg
Hameln
Hamm
Hannover
Harderwijk

Hasselt
Hattem
Hattingen
Havelberg
Helmstedt
Herford
Hildesheim
Hirschberg
Hörde
Hüsten
Iburg
Iserlohn
Kallenhardt
Kalmar
Kamen
Kammin
Kampen
Kiel
KÖLN
Königsberg
Köslin
Kokenhusen
Kolberg
Krakau
Kulm
Kyritz
Langenscheid
Lemgo
Lemsal
Lippstadt
LÜBECK
Lüdenscheid
Lüneburg
Lünen
Magdeburg
Melle
Menden
Merseburg
Minden

Mühlhausen (Thür.)
Münster
Naumburg
Neheim
Neuenrade
Neustadt (Hessen)
Neuss
Nieheim
Nimwegen
Nordhausen
Northeim
Oldenzaal
Olpe
Ommen
Osnabrück
Osterburg
Osterode
Paderborn
Peckelsheim
Perleberg
Pernau
Plettenberg
Pritzwalk
Quakenbrück
Quedlinburg
Ratingen
Recklinghausen

Reval
Rheine
Riga
Roermond
Roop
Rostock
Rügenwalde
Rüthen
Salzwedel
Schlawe
Schwerte
Seehausen
Soest
Solingen
Stade
Stargard
Staveren
Stendal
Stettin
Stockholm
Stolp
Stralsund
Sundern
Tangermünde
Telgte
Thorn
Tiel

Treptow a. d. Rega
Uelzen
Unna
Uslar
Venlo
VISBY
Vörden
Vreden
Warburg
Warendorf
Warstein
Wattenscheid
Wenden
Werben
Werl
Werne
Wesel
Westhofen
Wetter
Wiedenbrück
Windau
Wismar
Wollin
Wolmar
Zaltbommel
Zutphen
Zwolle

Namen- und Sachregister

Aardenburg 119 ff., 127
Adalbert von Bremen, Erzbischof 82
Adam von Bremen, Chronist 57 f., 82, 99
Adolf II von Schauenburg, Graf 33 ff., 37, 39, 64
Adolf III, Graf 45
Ältermann 80 f., 96, 146, 148, 190, 228, 234, 239
Albert von Livland, Bischof 83
Albert von Wismar, Herzog 299
Albrecht der Bär, Markgraf 63
Albrecht von Brandenburg 328
Albrecht von Mecklenburg 351
Albrecht von Preußen 353
Albrecht, König von Schweden 177, 277
Alt-Lübeck 35, 64
Amerika, Entdeckung von 341, 383
Antwerpen, Hansehaus in 371 ff.
Atterdag, Waldemar 368
»Augustburger Interim« 365
Ayrmann, Hans Moritz 332

Baglioni, Ludovico 143
Balk, Hermann von 101
Banken 142 f., 334, 384
Bardi, Florentiner Banker 138, 145
Bardowick 36, 52
Barthory, Stephan, poln. König 378
Batu Khan 330
Beaufort, Heinrich 315
Bedarfsdeckung 109
Bedarfsweckung 109
Béla IV 100
Beneke, Paul 312 f.
Bergen 90-93
»Bergener Spiele« 224

Bergenhandel 91 ff.
Bergen-op-Zoom 371
Birger, Jarl 89
Birger, schwedischer Herzog 41
Bojaren 74
Borgkauf 142
Borwin 65
Bosau, Helmold von 34, 36, 40, 63 f.
Bouillon, Gottfried von 212
Bourgeosie 211
Brömse, Nikolaus 344, 351, 354 ff., 358
Broke, Kento ten 245
Brügge 97 ff., 286 f., 371
–, Boykott von 119 f.
Bueri, Gerardo 143
Bugenhagen, Johannes 343
Buren, Godeman van 143
Burgund, Handelssperre gegen 289
Burse, Lorenz von der 160, 163
Byzanz 33, 49

Cabral, Antonia Bernardo da Costa 341
»carta mercatoria« 135 ff.
–, Aufhebung der 137
»cernj« 75
Chancellor, Richard 378
Christian, Herzog von Schleswig und Holstein 346, 348
Christian I, aus dem Hause Oldenburg 282 f.
Christian II, dänischer König 345, 348 ff., 364
Christian III, dänischer König 350, 354, 358 f., 363 ff.
Christian IV, dänischer König 388, 390 f.

Christoph von Bayern 282
Christoph von Oldenburg 349 f.
»civitas imperii« 46
Colvyle, John, engl. Ritter 256
Conette, Thomas 214
Cortez, Hernando 341
Dänemark: 33
  Expansionspolitik 124-132
  Handelssperre gegen 170 f.
  Krieg gegen die Hanse 279 ff.
Damen, Marquard von 297, 306
Damme 98, 233, 286, 371
Detmar, Chronist 122, 126, 178, 211
Deutsche Hanse 96
Deutscher Orden 84, 100, 132, 170, 174, 187 f., 190, 192, 194, 247, 249, 265, 279, 284, 289, 300, 308, 315, 318, 325, 332
Deutsches Schiffahrtsmuseum (Bremerhaven) 28
Dithmarschen 265 f.
Domann, Johann 120
Dordrecht 161 f.
Dorestad 61
Doway, Johann 120
Drake, Francis 376, 386
Dreifelder-Wirtschaft 57
Drei-Kronen-Krieg 379
Dreißigjähriger Krieg 383, 389
Dritteltage 267

Eastland Company 375
Eduard I von England, »Langbein« 135
Eduard II von England 135 f.
Eduard III von England 135, 137 ff., 145, 156 f., 188
Eduard IV von England 317, 319, 321, 374
»Eidechsenbund« 326
Elisabeth I 147, 374, 376
Erich von Pommern 303, 305 f.
Erich VI, Menved 124-128, 130 f., 181
Erich XIV, schwed. König 379, 388
Ethelred II, engl. König 94
Eyck, Jahn von 233

Farnese, Alexander 373
Ferdinand II 391
Fernhandel, nordeuropäischer 50
-, transkontinentaler 50
Fernhandelsrouten 16
Fernkaufleute 59
Finchal, Godric von 52 ff.
»Fitte« 87
Flandern, Handelskrieg gegen 161 ff., 190, 192, 288 f.
Focke-Museum (Bremen) 20, 23
Fratres militiae Christi s. Schwertbrüder-Orden
Freibeuter 156 f., 159, 176, 190, 231, 245, 247, 249 f., 256, 265, 277, 281 f., 303, 311 f., 347, 376
»frequentantes« 71
Friede von Stralsund 167, 181, 185, 211, 277
Friedensschluß zwischen England und Spanien 1604 386
Friedrich I, Barbarossa 44 f., 211, 345 f.
Friedrich II, dänischer König 379
Friedrich II, deutscher Kaiser 45 f., 95, 101, 125
Fron 58
Frunt, Dr. Johann 270
Fugger 227, 236, 325, 334 f., 337 f., 341
Fugger, Georg 334
Fugger, Jakob 334
Fugger, Ulrich 334

Gama, Vasco da 341
»Genossenschaft der Gotland besuchenden Deutschen« 41
Genueser Geld-Clan Springhel 239
Gert der Große von Dänemark 131
»Gesellschaft der Schwarzhäupter« 217
Gilden 59 f.
Gildhalle 51, 94 ff., 137, 146, 317
Gokstadschiff 18 f.
»Goldene Horde« 330
Gotländische Genossenschaft 80 f., 83, 96, 114 f.
Gotland 33, 49 f., 69 ff.

»Gottespfennig« 234
Grammaticus, Aelfryc 53
Grammaticus, Saxo 87
Große Ravensburger Handelsgesellschaft 227
Grotius, Hogo 348
Guido von Flandern 120
Gustav Adolf, schwed. König 391
Gustav Wasa, schwed. König 349, 351, 359, 363 f.

Händler, ambulante 38
—, seßhafte 38
Hakon IV, schwed. König 91
Hakon VI, norweg. König 123, 178, 182, 277
Handel, vorhansischer 51 f.
Handelssperren 186, 333
Handelswege, Netz der 38, 49 ff.
Hanse:
  Begriff 60, 96
  Strukturwandel 114 f.
  Zentralismusbestrebungen 159
  Blütezeit 185
  Aufnahme- und Ausschlußverfahren 264 f.
  Drittelung 267
  Reorganisation 364 f.
Hanseforschung 16
Hansekaufmann 226, 263
Hansetage 160, 163, 173 ff., 194, 263, 267, 301, 303, 307, 321, 392, 394
Hartwig, Erzbischof von Bremen 82
Hedwig, poln. Thronerbin 327
Heinrich, Slawenfürst, Obotritenkönig 35, 64 f.
Heinrich der Seefahrer 253
Heinrich II, engl. König 51, 94
Heinrich III, engl. König 96
Heinrich IV, engl. König 95
Heinrich VI, engl. König 315, 319
Heinrich VII, engl. König 316
Heinrich VIII, engl. König 347, 349, 352, 374, 377
Heinrich der Löwe, Sachsenherzog 33 f., 36 f., 39-42, 44, 52, 59, 61, 63, 65, 69
Heinrich, Herzog von Braunschweig und Lüneburg 354

Heinrich von Lettland, Missionar 17
Heinrich von Mecklenburg 127 ff., 182
Heinsius, Paul, Schiffahrthistoriker 17 f.
»Hellweg« 38
Hemmingstedt, Schlacht bei 266
Hermann von Salza 100 f.
Hersfeld, Lambert von 59
Holbein, Hans d. J. 147
Holberg, Ludwig 224
Hollandhandel 283 ff.
Hoya, Graf von 349, 352
Huddessen, Evert von 213
Humanismus 341
Hundertjähriger Krieg 155
Hungersnöte 17, 57, 123, 288
Hus, Jan 304

Indien, Erschließung des Seeweges nach 341, 383
Innozenz III, Papst 83
»itinerantes« 56
Iwan I, Fürst von Moskau 330
Iwan III der Große, Großfürst von Moskau 330 f., 332
Iwan IV der Schreckliche, Zar 377 f.

Jaroslaw der Weise, Fürst von Kiew 77
Jaroslaw von Nowgorod, Fürst 42
Johann von Wismar, Herzog 299
Johann Friedrich, Kurfürst von Sachsen 351, 365
Johanna, Königin von Navarra 233
Johannes XXIII, Papst 270
Jungingen, Konrad von 249
Jungingen, Ulrich von 327
»Junkergesellschaften« 217

Kale, Hartwig 180
Kalmarer Union 278, 298
Kannibalismus 57
Karbow, Peter 237
Karl der Kühne, Herzog v. Burgund 298, 313, 317, 321
Karl IV, Kaiser 177
Karl V 341, 344, 359, 364 f.

Kasimir, König von Polen 333
»Kaufleutekompanie« 217
Kaufmannshanse 61, 92
Kletzeke, Johann 280
Knochenhaueraufstand von Lübeck 60
»Kölner Konföderation« 175 f., 180 182, 262 f., 367
Kölner Richerzeche 60, 217 f.
Kogge (Bremer Fund): 19 f., 22, 24
Altersschätzung 22 f.
Bergung 23 ff.
Identifizierung 22
Konservierung 28 f.
Koggen: 16, 257
Bedeutung 16 ff.
Entwicklung zum Lastschiff 51
Leistungsfähigkeit 17
Tragfähigkeit 18
Kolonisation 34
Kolumbus, Christoph 341
»koncy« 77
Konrad von Masovien, Herzog 100
Kore, Recht der 40
Kredit 141 ff., 239 f., 306
Kreditverbot 143 f.
»Kreuzküssung Nieburs« 195
»Kulmer Handfeste« 101
»kupcy« 74, 79
Kupferhandel 335

Lanken, Rigmann von der 179
Lemberg, Tidemann 135, 139 f., 142, 145, 156
Likator 110
Lilien-Siegel 701
Lille 97
Lions, Sir Richard 147, 152
Litauer-Reisen 187, 325
Liubice 35
–, Untergang von 35
Livland 81 ff.
Livland-Handel 144
Löwenstadt, Gründung von 37
»Lombarden« 239
London 95
– Gründung des Handelskontors 96
Lothar III, Kaiser 41

Ludwig XIV 393
Lübeck:
Gründung der Stadt 33
Verwüstung 36 f.
Marktverbot 36
Brand der Stadt 37
Neugründung und Wiederaufbau 37
Aufstieg 41
Verleihung der Reichsstadtwürde 46
Verschuldung 294
Verfassungsreform 295 f.
Verhängung der Reichsacht 301
Aufhebung der Reichsacht 305
Letzter Hansetag 394
Lüneburg 301, 303
Luther, Martin 341 ff.
– Verbreitung der Lehren 341 f.
– Verbot der Lehren 343

Magellan, Ferdinand 341
Magnus, schwed. König 92
Male, Ludwig, Graf von Flandern 155, 159, 162 f., 191
»manentes« 71
Margarete von Dänemark 182, 248 f., 277, 298
Maria »die Katholische«, Königin von England 374
Marienkirche 81, 83, 297 f., 306
Maximilian I 231, 336
Medici 312
Meinhard, Bischof von Livland 82
Memling, Hans 233, 312
»merchant adventures« 187, 313 f., 375
Meyer, Marx 346, 350
Meyerberg, Baron Augustin von 332
Michael, Godecke 250
Mittelalter:
Stadtplanung 42 f.
Sozialgefüge 54 ff., 227
Bevölkerungsexplosion 55
Revolutionierung der Landwirtschaft 56
Übergang zur Dreifelder-Wirtschaft 57

Mittelalter:
Blüte der gewerbl. Wirtschaft 58
Entstehung der Bürgerklasse 58 ff.
Ansiedlungsverfahren 110 f.
Kreditformen 141 ff.
Stadtbild 200 ff.
Stadtmensch 208 f.
Mode 211-215
soziale Gegensätze 216 f.
Weltbild 341
Moltke, Vicko von 179 f.
Monopolismus 336
mercatores s. Fernkaufleute
»Moscovy Company« 378
Moritz von Sachsen 365
Munt 62

Narwa 378
Niebur, Johann 195
Niederlande, Handelssperre gegen 289
Nielsson, Olav 283
Niklot, Slawenfürst 35, 64
Nordischer Siebenjähriger Krieg
s. Drei-Kronen-Krieg
Norwegen, Bykott von 122
Nowgorod 33, 49 f., 74, 82
-, Ende von 328 f.
-, Handelssperre gegen 193
Nyenstädt, Franz 332

Obotriten
-, Kriegszug gegen die 41
-, Reich der 35
Olav Hakonsson 182
Oldesloe 36
Organisationen, berufsständische 218
Oseberg, Wikingerschiffe von 19
Ost-West-Handel 38, 88
Osterlinge 93-97, 109, 120, 122
Ostkolonisation 63 f.
Ostseehandel 115
Ottokar von Böhmen, König 102

Patrizier 217, 226, 266, 299, 307 f., 317, 352
Pawest, Bernd 311 f.
Pelzhandel 95

Peruzzi, Florentiner Banker 138, 145
»Pfundzoll« 170, 173, 176
Philipp II, König von Spanien 385
Philipp IV, König von Spanien 391
Philipp der Gute 287 ff.
Philipp der Kühne von Burgund (Graf von Flandern) 192
Philipp von Schweden 83
Philipp von Valois 138
Piraten s. Freibeuter
Piraterie 248, 336 f.
Pizarro, Francisco 341
Pleskow, Jordan 193, 279, 298-302, 304 ff., 308
Plönnies, Hermann 344
»Pogribbe« 78
Pole, Wiliam de la 138
Polock 84
Polock, Fürst von 83
Polyäthylenglykol 28
Pommern, Erich von 278 f., 281 f.
Potinari, Thomas 312 f.
Preußen 100 ff., 325 ff.
Putbus, Henning von 167, 178, 181

Rat 60, 114, 218, 227, 238, 246, 293, 295-308, 313, 354, 357
Ratsverfassung 307
Ratswahlrecht 297
Raubritter, Kampf gegen die 112
Raubrittertum 187
Reformation 341 f.
Regensburger Reichstag von 1541 365
Reichsacht 301, 304 f., 351, 365
Richard II, engl. König 188 ff., 262
Richard Löwenherz 94
Robenoghe, Gerhard 156
Roles d'Oleron 252
Rosenkriege 316, 319 f.
Rucenberg, Bertold 227
Rudolf II 376
Ruprecht, König von der Pfalz 299 ff.
Rußland, Handelssperre gegen 332

Sachsen 34
Sagens, Marquard 173
Salzas, Hermann von 84
Scharpenberg, Ritter von 112

Scherfgin, Heinrich 139
Schiffbau, bremischer 26 f.
Schiffbauer-Berufsverbot 26
Schiffsrecht 252
- Hamburger 252, 258
- Lübecker 258
- Visbysches 252
Schiffstypen:
  Barke 257
  Ewer 257
  Holke 257
  Kraier 257
  Kraweele 257
  Pleyten 257
Schleswig 49, 51
-, Herzogtum 278, 282
Schmalkaldischer Bund 344, 346, 351, 359, 365 f.
Schmuggel 122, 163, 228
Schonen 69, 88, 169
Schonensche Messen 88
»Schoß« 234, 289, 317, 321
Schoßerhebung 317
Schotteler, Jakob 240 f.
Schra 81
Schütte, Paul 281
»Schütting«, Gildehaus der Kaufmannschaft 27
Schwertbrüder-Orden 83 f.
Sechzigerausschuß 296, 298 f.
»Seebuch« 254
Seeräuber s. Freibeuter
Selbstverwaltung, Recht auf 110
Sigtuma 49, 51
Sluis 233, 286, 288, 371
Smolensk 82 f.
Soester Stadtrecht 39
Sondersteuer 123, 190
Spekulationsgeschäfte 145
Sporenmaker, Philipp 238
Stadtgründungen 11 f.
Stadtsiegel: 21
  Elbinger Siegel 21
  Gotland Siegel 70 f.
  Lübecker Siegel 40
  Stralsunder Siegel 21
Städtebündnisse 113
Städtehanse 61, 92, 263

Stalhof (London) 145, 149, 151 f., 188, 374
Stapelordonanzen 287
Steen, Tiedemann 280
Steuer 40, 94, 142, 180, 293 ff., 300, 307, 315
»Steven« 80
Stettiner Frieden von 1570 379
St. Marien 43, 72
St. Peter 76, 78
Stockholm 89
-, Gründung von 89
Störtebeker, Klaus 245 ff., 250
Stralsund 293 f., 392
Straßenraub 102
Straßenschlachten 75
Streitmacht, deutsche 17
Sudermann, Heinrich 268, 369 f., 372, 375, 384
Supplinburg, Lothar von 64
Swin, Versandung des 286, 371
»Syndikus der Hanse« 369

Tannenberg, Schlacht bei 279, 327
Taxis, Franz von 231
Thorn, Friedensschluß in 327
Thurzo, Johann 335
Tilly, Johann 391
Tour Landry, Ritter de la 214
Transitverbot 336
Tribut 121, 330
Turku 42
Tyler, Watt 151
Tyske-Brygge 92

Universalismus 341
Utrecht, Simon van 247
Utrechter Frieden 186, 321 f.
Vece s. Volksversammlung
Veckinchusen, Cäsar 228 f.
Veckinchusen, Hildebrand 227-230, 232, 234, 236-242
Veckinchusen, Sievert 227 f., 230, 236, 238 f.
Verchen, Schlacht bei 64
Vesteras 69, 88
Vetter, Jacob 335
Visby 50, 71 f., 115, 127, 267

Vitalienbrüder 247 f., 277
Vitebsk 84
Voet, Bartholomäus 281
Volksversammlung 74
Vordingborg, Friede von 282

Wagrien, Besiedlung von 34
Waldemar I, dänischer König 41
Waldemar II, dänischer König 45
Waldemar Atterdag, dän. König 132, 167-171, 173-176, 178, 181 f., 211
Wallenstein, Albrecht 391, 393
Warendorp, Brun, lübischer Ratsherr 180
Warenumschlag 33
»Wasa«, schwedisches Kriegsschiff 19, 23, 28
Wassermüller 26
Wechsel, Einführung des 98
Wehrpflicht 62
Welser 227, 276, 337, 341
Westfälischer Bund 113
Westfälischer Frieden von 1648 392
Westhof, Heinrich 193, 298

Wettin, Konrad von 63
Wigerinck, Godert 375
»Wik« 61
Wiken 62, 109
Wilhelm, Graf von Holland 303
Wirtschaftsleben 26
Wirtschaftsmacht 33
–, Eroberung durch die Dänen 168 f.
Wismar 129, 392
Wladislaw II alias Fürst Jagiello 327
Wollhandel 136 f.
Wullenwever, Joachim 344, 353, 355
Wullenwever, Jürgen 344, 358, 363, 387

Ypern 97

»Zirkelgesellschaft« 217
Zölle, Herabsetzung der 98
Zoll 39, 52, 62, 135 ff., 139 f., 142, 155, 190, 279, 350
Zollfreiheit 96, 333, 363, 375